高等院校航空运输类专业教材精品系列

民航旅客运输

PASSENGER TRANSPORTATION FOR CIVIL AVIATION

（第2版）

赵 影 ◎ 主 编
王 卉　张 玉 ◎ 副主编
陈 颖 ◎ 主 审

人民交通出版社股份有限公司
北 京

内 容 提 要

本书系统地介绍了民航旅客运输的相关知识,全书共七章,内容包括:民航旅客运输概述、民航旅客运价、民航客票销售、民航客票的退改签业务、民航旅客进出港业务、国际航空运价基础知识和国际航空运价计算。

本书可作为高等院校民航运输、空中乘务以及相关专业的教学用书,也可供民航相关从业人员培训、参考使用。

图书在版编目(CIP)数据

民航旅客运输/赵影主编. —2版. —北京:人民交通出版社股份有限公司,2023.8
ISBN 978-7-114-18173-3

Ⅰ.①民… Ⅱ.①赵… Ⅲ.①民用航空—旅客运输—教材 Ⅳ.①F560.83

中国版本图书馆 CIP 数据核字(2022)第 154802 号

Minhang Lüke Yunshu

书　　名:	民航旅客运输(第2版)
著 作 者:	赵　影
责任编辑:	吴燕伶
责任校对:	赵媛媛　魏佳宁
责任印制:	张　凯
出版发行:	人民交通出版社股份有限公司
地　　址:	(100011)北京市朝阳区安定门外外馆斜街3号
网　　址:	http://www.ccpcl.com.cn
销售电话:	(010)59757973
总 经 销:	人民交通出版社股份有限公司发行部
经　　销:	各地新华书店
印　　刷:	北京建宏印刷有限公司
开　　本:	787×1092　1/16
印　　张:	15.25
字　　数:	350千
版　　次:	2014年8月　第1版
	2023年8月　第2版
印　　次:	2023年8月　第2版　第1次印刷　累计第5次印刷
书　　号:	ISBN 978-7-114-18173-3
定　　价:	42.00元

(有印刷、装订质量问题的图书,由本公司负责调换)

前言

民航运输是人们出行的重要选择之一,随着社会经济的发展,民航客运在国家政治、经济、科技、文化及社会生活中的作用越来越突出,民航客运量也在逐年增长。同时,航空公司之间的竞争也越来越激烈,在客源的竞争上,各航空公司竞相采取措施扩大销售量,争夺客源。特别是近年来经济社会形势发生巨大变化,航空公司面临着非常严峻的市场竞争态势,提升自身实力的需求日益迫切。在此情况下,提升从业人员的专业素养和专业技能,进而提升员工队伍的整体素质,是航空公司在市场竞争中获得优势的重要因素。

为适应专业教学和培训的需要,经过详细的市场调研,在近20年教学实践的基础上,我们编写了此书。在编写过程中,我们力图贴近市场,坚持理论与实践相结合,本着理论性、知识性与实用性相一致的原则,突出基本理论在实践工作中的应用。本书可作为高等院校民航运输、空中乘务等专业教学用书,也可供民航企业员工进行短期培训、职业技能培训、自学提升使用。

本次再版修订,根据当前行业发展变化,删除了部分陈旧内容,结合中国民用航空局近年来公布实施的各类民航旅客运输规则,更新教材内容,同时注意与民航运输专业其他课程教材之间的知识衔接。

本书由海南职业技术学院陈颖担任主审。本书的编写分工为:第一章、第二章由张玉编写;第四章由王卉编写,第三章、第五章、第六章和第七章由赵影编写。赵影负责全书统稿及再版修订工作。

在编写过程中,我们借鉴了多位同行、专家的学术成果,参考和引用了他们的部分资料,在此特作说明并谨致谢忱。由于编者水平有限,书中难免会出现不妥和疏漏之处,恳请广大专家和读者不吝赐教。

编　者
2022年12月

目录

第一章　民航旅客运输概述 ··· 1
　第一节　民航客运业的发展 ·· 1
　第二节　民航订座系统 ·· 4
　复习思考题 ·· 11

第二章　民航旅客运价 ··· 12
　第一节　民航运价的特点及发展 ·· 12
　第二节　民航旅客运价的种类 ·· 18
　第三节　包机运输 ·· 25
　第四节　国内航线旅客运价的使用和管理 ·································· 28
　复习思考题 ·· 31

第三章　民航客票销售 ··· 33
　第一节　民航客票销售工作程序 ·· 33
　第二节　民航旅客运输凭证 ·· 38
　第三节　电子客票销售的系统操作 ·· 53
　第四节　民航旅客订座 ·· 60
　第五节　电子客票销售 ·· 69
　复习思考题 ·· 75

第四章　民航客票的退改签业务 ··· 76
　第一节　民航客票的退票工作 ·· 76
　第二节　民航客票的变更与改签 ·· 84
　复习思考题 ·· 91

第五章　民航旅客进出港业务 ··· 94
　第一节　民航旅客值机工作 ·· 94

第二节	行李运输	107
第三节	民航旅客进出港服务组织	116
第四节	航班不正常处置	123
第五节	民航旅客运输特殊情况处置	128
第六节	重要旅客运输	134
第七节	民航特殊旅客运输服务	139
复习思考题		146

第六章 国际航空旅客运价基础知识 ... 148

第一节	国际航空运输参阅资料	148
第二节	国际航程	154
第三节	国际航空旅客运价的种类与使用	160
复习思考题		167

第七章 国际航空运价计算 ... 171

第一节	直达航程运价	171
第二节	非直达航程(单程)运价	174
第三节	中间较高点检查	181
第四节	单程回拽检查	185
第五节	比例运价	188
第六节	来回程与环程运价	193
第七节	混合等级运价	198
复习思考题		204

附录 部分城市/机场三字代码表 ... 228

参考文献 ... 235

第一章　民航旅客运输概述

> **学习目标**
> ◎ 了解我国民航客运业的发展现状及影响民航客运业发展的因素；
> ◎ 了解航空运输销售代理的改革情况；
> ◎ 初步认识民航订座系统。

航空运输（Air Transportation），又称飞机运输，它是在具有航空线路和飞机场的条件下，使用航空器完成空中地理位置的移动，把旅客、货物、行李、邮件等从一地送往另一地的交通作业。按照航线种类的不同，航空运输分为国内运输和国际运输两大类，即在国内或国际航线上从事的航空运输活动。由于航空运输具有速度快、能远距离运输以及效益高等特点，其在总产值上的排名不断提升，在经济全球化的浪潮中，对国际交往发挥着不可替代的越来越大的作用。

第一节　民航客运业的发展

中华人民共和国成立 70 多年来，作为国民经济和社会发展的重要行业和先进的交通运输方式，我国民航客运业伴随整个国民经济的发展而不断发展壮大。特别是改革开放 40 多年来，航空运量持续快速增长，航线网络不断扩大，机队运输能力显著增强，民航客运业的发展更是日新月异，在国民经济建设中发挥着越来越大的作用。

一、我国民航客运业的地位

第一，民航是国民经济现代化的基础构架。交通运输是国民经济的基础，民航运输作为能实现高速长途运输的交通运输方式，不仅是国民经济的基础，而且是实现国民经济现代化的基础，又是现代化的标志和综合国力的直接体现。我国民航正处于全面建设多领域民航强国的起步阶段，民航业应把握住新一轮科技革命和产业变革的战略契机，强化科技自立自强和创新引领，深化体制机制改革，积极应对资源环境约束，加快推进民航质量变革、效率变革和动力变革。

第二，民航运输是以高新技术装备起来的现代化运输方式，具有快捷性、舒适性、机动性、安全性和国际性等特点。随着它对旅客运输的占有率不断提高，其在综合运输体系中的地位已经由改革开放前的从属地位和运输辅助力量，成长为旅客运输的主力之一，特别是在长途客运和国际运输方面，已成为最主要的运输方式，也是某些其他运输工具不能通达地区和特殊需要的主要运输方式。

第三，改革开放是我国的基本国策，中国经济与世界经济接轨，融入世界经济体系，必须有民航运输作为支撑。发展民航运输对把外国企业"请进来"具有重要的促进和支撑作用。

因此,随着我国开放度的加大,航空运输必须有一个更快的发展。

二、我国民航客运业的发展现状

我国幅员辽阔,人口众多,资源丰富,适合发展快捷便利的民航运输。经济持续快速增长,改革开放不断深入,人民生活逐步提高,更是促进了民航客运业的发展;同时,随着对外交往的增多,旅游外贸不断发展,对民航运输也产生了更大需求。

1. 民航客运规模扩大

中华人民共和国成立之初,我国民航运输规模很小,基础薄弱,仅有12架小型飞机、12条短程航线和40个能起降小型飞机的简易机场,运输总周转量仅为150多万吨公里,旅客运量仅1万人。随着经济的发展,在综合运输体系中,民航运输增长最快,地位不断上升。2019年,中国民航完成旅客运输量6.59亿人次,同比增长7.9%。2020年,新型冠状病毒感染疫情给民航业造成巨大冲击,全行业明确了"保安全运行、保应急运输、保风险可控、保精细施策"的防控工作要求,准确把握疫情形势变化,科学决策,创造性应对,因时因势精准施策,统筹推进疫情防控和安全发展,中国民航在全球率先触底反弹,国内航空运输市场成为全球恢复最快、运行最好的航空市场。在国家整个交通运输总量中,民航运输所占的比重逐步加大,其已成为我国旅客运输方式的重要力量。

2. 民航运力增强

截至2022年底,我国民航运输飞机期末在册架数4165架,其中客运飞机3942架。目前,我国民航的主力机队配备了世界上最先进的机型,机龄短、技术新、经济性能好,提高了飞行的安全性、舒适性和经济效益。

3. 航线网络迅速扩展

截至2022年底,我国共有定期航班航线4670条(国内航线4334条,国际航线336条)。其中,较多地开辟了省会(首府)城市、沿海开放城市、旅游城市、重点经济城市之间和通往中西部边远地区的航线,现已基本形成以北京、上海、广州、西安、成都、沈阳等大城市为中心枢纽,连接全国各地的航线网络格局;一些面积较大的边远省区形成了区域航线网络。中国民用航空局(简称"中国民航局")进一步放宽航线航班许可市场准入条件,发挥市场配置资源的决定性作用的政策效果进一步显现。干线网络逐渐优化,京沪穗大三角等干线航线运输能力不断提升。

三、影响民航客运业发展的主要因素

民航客运业的发展与民航企业自身的经营管理水平有着重要关系,但受其他因素的影响也非常大。了解这些影响因素,在民航客运的发展过程中利用或避免这些因素,才能促进我国民航客运业更好、更快地发展。

1. 国民经济的发展速度是影响民航客运市场的首要因素

从统计规律看,经济发展速度与民航运输的发展速度直接相关联。一般来说,民航运输发展速度是经济发展速度的1.5~2倍。从我国来看,1978年以前的10年,我国的经济在原有的水平上徘徊不前,民航运输业也基本上在低水平上有少量发展;而1978年后的15年中,国民经济年均增长15.3%,民航运输年均增长22.5%。从世界范围看,20世纪50~60年代,民航运输得到持续稳定的发展,年均增长率在10%以上;而在20世纪70年代,由于石油危机的爆发,民航运输的年增长率降到5%左右。国民经济的发展促使各行业的发展,使公务性的客运市场有很大增长;同时,人均国民收入的增长,也带动了居民出行人数的大幅增加。

2. 旅游业发展的影响

民航客运业是旅游业中的上游产业,对国外游客来说,民航运输是他们的首选旅行方式,对于国内旅游市场,民航运输也占有很大的比例。因此,旅游市场是民航客运市场的重要组成部分,特别是对我国这样一个旅游资源丰富的国家而言,更要把旅游市场作为民航客运市场的重要组成部分进行深入研究与挖掘。

3. 其他运输行业相互竞争的影响

民航运输与其他运输方式相互配合,组成完整的国民运输体系,它们各具优势,相互配合又相互竞争。近年来,随着铁路行业(高速铁路)的快速发展,对于长距离相对时间充裕的行程,飞机不再是人们首选。面对铁路运输的竞争压力,民航客运业不仅需要在价格上有所优惠,在服务上也要有所创新改变,这样才能在竞争中取得更大的优势,立于不败之地。

4. 国家政策的影响

在计划经济年代,国家对空运市场的政策具有决定性的影响,如票价规定、对特区政策的倾斜、税收的减免等。随着市场机制的健全,国家的政策主要集中于宏观调控,对空运市场的影响相对减少,但在关系到行业发展、地区平衡、航线布局、合理竞争等方面,国家政策仍然对民航客运市场有着重要影响。

四、民航客运销售代理

民航客运销售代理人,是指从事民用航空客运销售代理业的企业。

1. 销售代理管理服务改革

改革开放以后,我国航空运输快速发展,民航客运销售代理人应运而生。为规范代理人的经营行为,维护市场秩序,自20世纪80年代中期至21世纪初,民航客运销售代理人的设立须由民航行业管理部门进行行政审批。随着政府职能转换,2006年3月31日,原中国民用航空总局(简称"民航总局")将航空运输销售代理资质认定及相关管理工作移交中国航空运输协会(简称"中国航协"),但其仍是带有审批性质的行业准入,是一种过渡性的管理模式。

航空销售代理市场历经多年发展,呈现出以下主要特点:一是目前销售代理能力基本可以满足市场需求。新加入的销售代理人很难得到几大主要航空公司的授权,航空公司大都有着稳定和相对固定的分销渠道和代理队伍,整个销售代理市场呈现趋于饱和的状态。二是现代科技手段使分销渠道更加多样和畅通。互联网的飞速发展,电子商务的兴起,航空机票销售已经发展成为一个较为成熟的行业。旅客和货主对机票和货运方面的需求很方便就可以得到满足,消费者已转变为对服务更高的要求。三是航空公司直销能力和对销售代理管控手段日益完善。近年来,为了降低分销成本、提升服务、形成自身独特竞争力,航空公司直销比例逐年上升。利用先进的科技手段和管理措施,航空公司对销售代理人的管控也日趋完善,有效控制了资金风险,保证了服务质量。

按照国家对企业放管结合、优化服务的改革方向,中国航协一直在研究推进销售代理管理服务改革,自2018年12月起已暂停受理资质认可。2019年1月23日,中国航协销售代理分会第三届第一次会员大会推出了改革方案,宣布该年全面实施这项改革,这标志着实行了三十多年的销售代理资质认可制度画上了句号。

根据国家放管服改革要求,为进一步适应航空运输销售代理市场发展,结合销售代理行业发展实际,经中国航协四届三次理事会审议通过,中国航协决定自2019年3月1日起全面停止销售代理资质认可工作,采取新的方式,加强行业自律,提供相关服务。

结合改革工作,中国航协发布了《航空客货运输销售代理行业自律办法》,对销售代理行业实行自律管理;发布《中国航空客运销售代理人业务规范》,供申请企业进行自我评估和航空公司选择代理人时采用。申请从事销售代理业务的企业以此规范为标准,先行开展自我评估,满足条件的方可向航空公司提出签订销售代理协议要求。航空公司按照民航局相关法规和规章、中国航协客货运输销售代理业务规范和本公司的相关要求,对申请成为航空公司销售代理人的企业进行审核,与符合条件的企业签约,该企业即可认定为销售代理人。

中国航协建立了"中国航协销售代理人综合信息平台",发布与航空公司签订协议的代理企业名录,便于航空公司和消费者进行选择。

2. 中国航协销售代理人综合信息平台

中国航协在其建立的"中国航协销售代理人综合信息平台"上对与航空公司签订协议的代理企业进行对外发布,同时在平台登载代理企业违法违规、被处理、受表彰以及经营年报信息等综合情况,以此对销售代理行业进行自律管理。航空公司、行业相关管理部门以及消费者可通过该平台实现信息共知、共享,从而达到倡导诚实守信经营的目的。

销售代理人将与航空公司签订代理协议的情况及时登录到信息平台,并根据销售代理协议签订的期限随时予以更新。航空公司定期与其签订销售代理协议的企业通过双方商定的方式及时告知中国航协。

中国航协负责定期将民航局、公安机关及业内相关管理部门对销售代理人的通报情况汇总整理,并在信息平台发布;根据销售代理人的综合信息和信用情况进行分类,航空公司依据情况自行选择与其续签或终止代理业务。对未与航空公司签订委托销售代理协议的单位和个人从事航空客货运输销售行为,应视为扰乱销售代理市场秩序。航空公司和销售代理人可向中国航协反映此类情况,航协视情向有关市场监管和司法部门提出处理建议。

取消销售代理资质认可后,中国航协继续受理消费者对代理人的投诉,督促责任方妥善处理并将相关情况在"信息平台"上发布,以便航空公司、行业管理部门及社会公众共同监督。对销售代理人发生的严重违法违规事件和用户投诉的严重问题,中国航协及时告知销售代理人整改;情节严重和整改不力的,中国航协将向有关市场监管和执法部门提出处理建议。

第二节　民航订座系统

民航订座系统,包括计算机订座系统(Computer Reservation System,CRS)和编目航班控制系统(Inventory Control System,ICS)两部分。CRS 是为代理人提供的计算机分销服务系统,ICS 是为航空公司提供的航班控制服务系统。

一、民航订座系统的发展历史

1. CRS

在 CRS 诞生之前,代理人为了能够代理各航空公司的机票,必须装上不同的终端,导致大量重复建设和系统冗余。对于代理人来说,订座系统范围越广,收益越大,但投资相应越大,他们希望尽快寻找到能够降低投资而保证收益不致减少的新的解决方案,CRS 应运而生。CRS 为航空代理商提供全球航空航班的分销功能、非航空旅游产品的分销功能以及准确的销售数据与相关辅助决策分析的结果。

1962 年,航空公司建立了以旅客订座记录(Passenger Name Record,PNR)为原理的计算机订座系统。20 世纪 60—70 年代,美国和欧洲许多大型航空公司相继建立了以航空公司订座控制和销售为主的计算机系统 ICS;20 世纪 70—80 年代,为满足代理人销售多家航空公司机票的需求,产生了同时与多家航空公司系统 ICS 相连接的 CRS。

CRS 通过计算机大容量的信息存储、高速数据处理、跨地区的联网能力,将分布于各地的售票终端和主机连接起来,使得各营业部门能及时共享系统内所有信息,这不仅提高了售票员的工作效率,方便了旅客,还增加了座位的销售机会,提高了航班座位控制能力,严格了座位管理,提高了座位利用率。

2. 全球分销系统(Global Distribution System,GDS)

20 世纪 80—90 年代,随着世界经济全球化和旅客需求多样化,航空公司、旅游产品供应商逐渐形成联盟,为旅客提供航空运输、旅游等一体化的服务。GDS 就是由于旅游业的迅猛发展而从航空公司订座系统中分流出来的面向旅行服务的系统。多家 CRS 形成联盟关系,产生了以运输、旅游相关服务一体化、全球化的 GDS。

GDS 应用于民用航空运输及整个旅游业的大型计算机信息服务系统,它集航空公司座位情况、航班时刻、酒店、出租车、旅游场所等一系列旅游信息于一体,为顾客提供快捷、便利、可靠的多元化服务。

GDS 通过复杂的计算机系统将航空、旅游产品与代理商连接在一起,使代理商可以实时销售各类组合产品,从而使最终消费者(旅行者)拥有最透明的信息、最广泛的选择范围、最强的议价能力和最低的购买成本。目前,全球民航业通过 GDS 的销售量约占总销售量的 90%。

目前,国际 GDS 的市场主要操纵在少数几个 GDS 公司手中。世博(Sabre)、伽利略(Galileo)、阿玛迪斯(Amadeus)、沃德斯潘(Worldspan)是目前世界上规模最大的四家 GDS 公司。

3. 中国民航订座系统的发展

1986 年,在原中国民用航空总局的统一领导和部署下,由当时的民航局计算机中心(中国民航信息网络股份有限公司的前身)引进的中国民航旅客计算机订座系统正式投入使用。国内航空公司国内航班随即陆续加入该系统。

1995 年,为适应国内机票销售代理业务蓬勃发展,遵循代理分销订座系统与航空公司订座系统相互独立的国际惯例,在原订座系统的基础上,完成了机票代理商订座系统与航空公司订座系统分离的工作。同时,我们与国际上各大代理人分销系统开展对等商务合作,实现了外航航班直接销售,既满足了国内航空公司在国外的销售需求,又满足了国内代理商销售国外航空公司服务的需求。代理分销订座系统的建立有效地促进了国内销售代理事业的发展,使中国代理销售市场朝着健康、有序的方向发展,为中国航空旅游业走向国际市场奠定了基础。

经过十几年的发展壮大,到 2000 年底,通过中国民航订座系统(含航空公司订座系统和分销代理订座系统)的旅客订座占全民航旅客运输量的 98% 以上,系统规模在全球排名第五位。虽然如此,当时的中国民航订座系统还仅仅是 GDS 的雏形,还不能很好地满足国内航空公司参与国际竞争和未来发展的需求,也不能很好地满足销售代理商日益复杂和多样化的代理业务需求。

为提高我国航空销售系统的竞争能力,保护航空公司的长远利益,迎接加入世界贸易组织(WTO)的挑战,中国民航信息网络股份有限公司已着手在原中国民航订座系统(ICS/CRS)的基础上建设中国航空旅游分销系统(GDS)。该项目 1999 年 6 月经原国家发展计划委员会批准立项,1999 年 12 月原民用航空总局批复了初步设计和工程概算。

GDS 工程建设,包括在 CRS 基础上建设先进的航空旅游分销系统(包括核心主机系统及周边系统)、完善现有的航空公司订座系统(ICS)、建设先进的分销网络系统和电子商务平台。

中国民航信息网络股份有限公司(Travelsky Technology Limited,TTL),简称中国航信,是中国民航信息集团旗下的重点企业,是中国航空旅游业信息科技解决方案的主导供应商。它的客户涵盖航空公司、机场、非航空旅游和服务供应商、分销代理人、机构客户、民航旅客及货运商等所有行业参与者。中国航信已建成以订座系统(包括 CRS 代理人分销系统和 ICS 航空公司系统)、离港系统、货运系统三大主机系统为支柱的发展格局。主机系统已发展成为中国最大的主机系统集群,担负着中国民航(包括国内所有航空公司)重要的信息处理业务。

代理人分销系统提供的服务有:中国民航航班座位分销服务;国外民航航班座位分销服务;开帐与结算计划(Billing and Settlement Plan,BSP)自动出票系统服务;运价系统服务;常旅客系统服务;机上座位预订服务;各类等级的外航航班分销服务;旅馆订房等非航空旅游产品分销服务;旅游信息查询(TIM)系统服务;订座数据统计与辅助决策分析服务。

中国民航计算机中心开发的通用网络前端平台 eTerm 软件,是专门为广大代理人、航空公司开发的基于 PC 的仿真终端软件,用户可以通过网络或者进入中国民航计算机中心的企业网,完成现在亚终端的所有功能。同时,该软件还能为用户提供亚终端所不能提供的其他许多功能。

中国航信在国内有完善的技术支持体系和分销网络,在订座系统处理的所有旅客中,约 75% 是通过该分销系统销售实现的,另外 25% 左右则是通过航空公司系统实现的。通过用户使用中国的 CRS,一方面,可供分布于世界各地的销售代理使用网络的终端来出售机票及旅行副产品;另一方面,航空公司通过将自己的运营数据投入 CRS 中销售,可在最大限度的区域中销售自己的航班座位,同时通过有效的座位控制,可提高航班座位利用率和商业利益。

二、CRS 的主要功能

CRS 的主要功能有：

(1) 显示功能。显示航班班期时刻、指定航班座位可利用情况、票价信息等。

(2) 旅客订座功能。对控制或非控制航班预订单程、联程、回程座位，申请候补，取消座位，以旅客订座记录为单元进行存储和处理。

(3) 航班控制功能。包括航班控制人员对航班实施管理的功能，建立及修改航班数据，调整航班座位开放情况，划分营业员职能范围，设置航班配额，保证航班正常、合理地运营。

(4) 信息自动处理功能。对系统外来电报自动接收，对系统外发电报自动拍发。

(5) 管理报告功能。为航空公司决策者和管理部门提供各种类型的航班运营统计资料，包括各航班旅客订座数量和流向、营业员工作状况及外航对本航空公司订座等情况。

(6) 预付票款功能。通过预付票款（PTA）电报往来，为旅客提供当地付款、异地取票服务，以方便旅客。

(7) 自动出票功能。使用客票打印机，替代手工抄写客票，为旅客快速、准确、清晰地自动打印客票。

(8) 票价计算功能。在国际航线上，两点或多点之间可能有多种票价计算公式。票价计算功能能够自动计算，提供最为合理的价格，为旅客节省票款。

三、CRS 网络的主要特征

CRS 作为代理人分销系统，其目的：一是为航空代理商提供全球航空航班的分销功能；二是为代理商提供非航空旅游产品的分销功能；三是为代理商提供准确的销售数据与相关辅助决策分析结果。基于这个目的，从 CRS 的组成上，它是一个覆盖广大地域范围的计算机网络。该网络主要有以下特征：

(1) 实时性。网络上的终端从提交命令到结果答应，这段响应时间一般不超过 3s。

(2) 不间断性。由于 CRS 覆盖的地域十分广泛，一天 24h 内，任何时间网络上都有终端在工作，因此，系统运行在任何时间都不能中断。

(3) 高可靠性。系统中的数据在任何意外情况下都不能被破坏，为此，系统实行了多套主机、随时备份等措施。

四、CRS 提供的服务

CRS 发展到今天，已经具备了非常完备的功能，包括中国民航航班座位分销服务、国外民航航班座位分销服务、BSP 自动出票系统服务、运价系统服务、常旅客系统服务、机上座位预订服务、各类等级的外航航班分销服务、旅馆订房等非航空旅游产品分销服务、旅游信息查询系统服务、订座数据统计与辅助决策分析服务等。

通过未来对代理人分销系统的建设，中心的代理人分销系统将发展成为服务于整个航空及旅游业的一个通用系统。除原有的航空运输业外，旅馆、租车、旅游公司、铁路公司、游轮公司等产品的分销功能也将拿到代理人分销系统中来，使中心代理人分销系统能够提供一套完整的旅游服务。经过技术与商务的不断发展,中心代理人分销系统将能够为旅行者提供及时、准确、全面的信息服务,满足消费者旅行中对交通、住宿、娱乐、支付等方面的需求。

五、ICS 与 CRS

1. CRS 与 ICS 之间的连接

一般来说,CRS 的模式如图 1-1 所示。

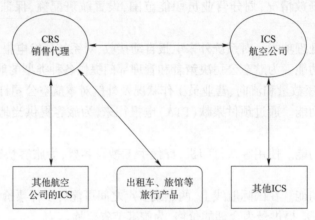

图 1-1　CRS 与 ICS 之间的关系

图 1-1 中,ICS 为航空公司专用,CRS 则面向销售代理。在民航的订座系统中,ICS 的服务对象为航空公司的航班与座位控制人员、航空公司市场与运营部门的管理人员及航空公司售票处。而 CRS 的服务对象则为从事订座业务的销售代理人员。

CRS 如何销售航空公司的座位是由 CRS 与 ICS 的技术连接方式及商务协议决定的。ICS 加入 CRS 的协议等级主要有如下几种方式(按由低到顺序):

①无协议级;

②次高等级,直接存取级 DA(Direct Access);

③较高等级,直接销售级 DS(Direct Sell)。

中国 CRS 与中国 ICS 的技术连接方式是无缝存取级(Seamless),它是直接销售级中的最高级别,也是世界上最先进的连接方式。航空公司的座位管理人员,借助于 ICS 与 CRS 的实时连接,可完成如下功能:

①各类 PNR 的提取、座位确认、取消、修改 PNR 中的航段;

②随时向 CRS 拍发航班状态更改电报;

③可针对 CRS 中的具体订座部门进行座位销售的分配与限制。

由于 CRS 可以与国外航空公司的 ICS 连接,而 ICS 系统也可同国际上的大 CRS 系统连接,这样就可以将我国的航空市场推向世界。

2. CRS 与 ICS 的关系

CRS 与 ICS 之间存在着不同等级的连接方式,以及 CRS 内部连接等级,使得它们之间传递数据的时候也有着不同的影响。

(1) CRS 与 CRS 之间的连接

①直联的航空公司。连接等级高,AV、SD 数据都会比较准确(AV、SD 是两个订座指令)。

②通过其他系统连接的航空公司。与该系统间的连接等级高的航空公司,AV、SD 数据比较准确;与该系统间的连接等级低的航空公司,AV、SD 数据比较性较差。

③无连接关系的航空公司。无法取得数据,只能申请座位,硬件、软件及其数据库相互独立,但紧密连接。

(2) CRS 与 ICS 之间的连接

①与国外航空公司系统连接,可以对其进行销售,显示的内容也更加准确;

②与国外代理人系统连接,可以显示对方系统的航班信息,与众多航空公司建立起联系。

无论它们是如何连接的,它们之间都保持着以下关系:

①数据传递实时进行;

②保证数据传输准确性和匹配性;

③共享网络系统。

3. 世界各大 CRS 名称及标识

世界各大 CRS 名称及标识见表 1-1。

世界各大 CRS 名称及标识　　　　　　　　表 1-1

地 区	CRS 名 称	标 识	地 区	CRS 名 称	标 识
美国	SABRE	1W	东南亚	ABACUS	1B
美国	WORLDSPAN	1P	日本	INFINI	1F
美国	GETS	1X	日本	AXESS	1J
欧洲	AMADEUS	1A	中国	eTerm	1E
欧美	GALILEO	1G	韩国	TOPAS	1T

目前,在我国国内的外航服务公司,使用比较普遍的是 GALILEO 和 ABACUS 这两大计算机订座系统。

六、代理人在 CRS 中的主要操作

(1) 各种信息的查询。如座位可利用情况、票价、航班时刻表、飞行时间、城市/机场三字代码的查询等。

(2) 预订 PNR 的建立。如单程、来回程、联程 PNR 及成人带婴儿、成人带儿童 PNR。

(3) 出票 PNR 的建立。如单程、来回程、联程 PNR 及成人带婴儿、成人带儿童 PNR。

(4) 建立 SSR、OSI 项。在 PNR 中添加 SSR(Special Service Requirement,特殊服务组)、OSI(Other Service Information,其他服务信息组)信息。SSR 组中的代码均为四字代码,它是对特殊服务和设施的要求,订座工作人员需要确认航空公司是否能满足旅客提出的这些需求,需要提前做好服务准备;OSI 组中的代码是和旅客相关的其他信息,航空公司只是需要注意到这一点,不需要提前准备及确认。代理人通过这种电报形式向航空公司传递旅客信

息(如特殊餐食、轮椅、重要旅客、旅客证件号码等信息),引起航空公司的注意。同时航空公司的控制人员也可以此形式与代理人进行信息沟通,如通知代理人在最迟出票时限内,提醒旅客尽快出票,告知航班延误信息等。

(5)PNR 的修改与删除。如修改旅客电话号码、进行旅客退票等操作。

(6)队列(QUEUE)信箱的处理。

(7)做销售统计等。

例如,查询7月17日北京—上海的中国国际航空公司的票价,可在计算机订座系统中输入:FD:PEKSHA/17JUL/CA,则显示:

```
FD:PEKSHA/17JUL/CA              CNY /TPM  1178/
                                    ⑥       ⑦
01 CA / F        / 1700.00= 3400.00/F/F/ /    .     / 01JUL07   / 7001
02 CA / C        / 1470.00= 2940.00/C/C/ /    .     / 01JUL07   / 7001
03 CA / Y        / 1130.00= 2260.00/Y/Y/ /    .     / 01JUL07   / 7001
04 CA / B        / 1040.00= 2080.00/B/Y/ /          / 20APR09   / 7001
05 CA / M        /  990.00= 1980.00/M/Y/ /          / 20APR09   / 7001
06 CA / H        /  950.00= 1900.00/H/Y/ /          / 20APR09   / 7001
07 CA / K        /  900.00= 1800.00/K/Y/ /          / 20APR09   / 7001
08 CA / L        /  860.00= 1720.00/L/Y/ /          / 20APR09   / 7001
 ①    ②              ③         ④   ⑤                    ⑧         ⑨
```

说明:

①指承运人,如 CA 指中国国际航空公司。

②指票价基础,如全价票可表示为 F,C,Y;折扣票可表示为 H,K 等。

③指单程票价,如北京—上海 F 舱票价为人民币 1700.00 元。

④指来回程票价,如北京—上海往返 F 舱票价为人民币 3400.00 元。

⑤指舱位,如北京—上海单程票价为人民币 990.00 元,则应订在 M 舱。

⑥只付款货币,如 CNY 代表人民币。

⑦指实际里程,如北京—上海实际里程为 1178 公里。

⑧指票价有效期,如北京—上海 F 舱票价为人民币 1700.00 元,票价自 2007 年 7 月 14 日生效至今。

⑨指注示号,如注示号为 7001,通过 PEN 指令可以查询到注示内容(此内容通常是对票价的限制条件)。

票款的支付方式由以下几种形成:

①现金支付:指直接交付现金票款以获得机票。

②支票支付:指用相关航空公司或代理点认同的支票支付票款。

③信用卡支付:指选择确定的金融卡交付票款。

④网络电子账户支持:指用相关航空公司或代理点认同的电子账户支付票款。

复习思考题

一、单项选择题

1. 为航空销售代理人提供的计算机分销服务系统是（   ）。
   A. ICS 系统　　　　B. 离港控制系统　　　　C. CRS 系统　　　　D. 配平系统
2. 为航空公司提供的航班控制服务系统是（   ）。
   A. ICS 系统　　　　B. 离港控制系统　　　　C. CRS 系统　　　　D. 配平系统

二、多项选择题

1. CRS 的主要功能包括（   ）。
   A. 显示功能　　　　　　　　　　　　B. 旅客订座功能
   C. 航班控制功能　　　　　　　　　　D. 配载平衡计算功能
2. CRS 网络的主要特征包括（   ）。
   A. 自动性　　　　　　　　　　　　　B. 实时性
   C. 不间断性　　　　　　　　　　　　D. 高可靠性
3. ICS 的服务对象包括（   ）。
   A. 航空公司售票处　　　　　　　　　B. 销售代理商
   C. 航空公司的航班控制人员　　　　　D. 航空公司运营部门管理人员
4. 航空公司的座位管理人员借助于 ICS 和 CRS 的实时连接，可以完成（   ）功能。
   A. 值机　　　　　　　　　　　　　　B. 提取 PNR
   C. 修改 PNR 中的航段　　　　　　　 D. 配载平衡计算
5. 空运代理人在 CRS 中可实现（   ）操作。
   A. 值机　　　　　　　　　　　　　　B. 提取 PNR
   C. 修改 PNR　　　　　　　　　　　　D. 销售统计

三、判断题

1. 民用航空运输销售代理人指从事民用航空运输销售代理业的企业，但不包括包机企业。（   ）
2. 民航销售代理人对所代理的产品不拥有所有权。（   ）
3. 民航订座系统包括 CRS 和 ICS 两部分。（   ）
4. 我国 CRS 与 ICS 的技术连接方式是直接销售级中的最高级别，即无缝存取级。这是世界上最先进的连接方式。（   ）
5. 目前在我国国内的外航服务公司，使用比较普遍的是 GALILEO 和 ABACUS 两大计算机订座系统。（   ）

第二章 民航旅客运价

学习目标

◎ 了解民航运价的特点及发展历程,掌握民航运价的种类及其比例关系;
◎ 了解国内航空旅客运输价格的基本概念,掌握不同旅客类型和服务等级的运输定价标准;
◎ 了解包机运输,掌握国内航线旅客运价的使用规则。

民航旅客运价,也称客票价,是指由出发地机场到目的地机场的航空运输价格,不包括始发地或目的地机场与市区之间的地面运输费用,也不包括机场建设管理费以及旅客购买其他付费服务、使用其他付费设施所需要的费用。航空旅客运价,包括国际航空旅客运价和国内航空旅客运价。

第一节 民航运价的特点及发展

民航运价与其他运输方式的价格一样,遵循着价格围绕价值变动的经济规律。

一、运输价值与价格

1. 运输价值

运输价值是凝结在运输产品中的一般人类劳动,是运输劳动者在实现商品位移过程所耗费的物化劳动和活劳动的总和。与这两部分劳动相适应,运输价值由两部分组成:一是过去劳动创造的价值,即已消耗的生产资料价值,也叫转移价值;二是活劳动创造的价值,即新创造价值。活劳动创造的价值又可分为两部分:一是生产者为自己所创造的劳动价值;二是生产者为社会所创造的劳动价值。

因此,运输价值由三部分组成:运输生产过程中转移的物化劳动价值,运输生产者为自己所创造的劳动价值,运输生产者为社会所创造的劳动价值。

2. 运输产品价值的构成特点

由于运输产品不具有实物形态,只是所运的对象发生空间位置的变化,因此运输产品在价值的构成和实现上具有以下自身特点。

一是运输业的产品不具有实物形态,只是货物和旅客在空间位置上的转移,构成运输产品价值(运输价值)的材料,不是用于制造产品本身,而是用于设备的维修和养护上。

二是运输生产的特点决定了对运输设备的投资比较大,因此固定资产损耗的价值补偿对运输价值影响较大。

三是运输产品的生产过程同时也是消费过程,因此运输价值的创造过程也就是运输价值的实现过程。

3. 运输价格

运输价值是运输价格的基础,是指运价总是以运输产品上凝结着要在交换中取得补偿的抽象人类劳动这一社会关系为基础。运输价格作为运输价值的货币表现,可以分为以下三个组成部分。

(1)物化劳动的消耗支出,表现为设备的磨耗(固定资产折旧)、材料、燃料、油脂等方面支出。

(2)劳动报酬(工资)支出,即生产者为自己劳动所创造价值的货币表现。

(3)盈利,即生产者为社会劳动所创造价值的货币表现,如利润。

由于市场供求关系变化,运输价格并不总是等于运输价值,而是围绕运输价值上下波动。运输价格与运输价值之间在量上的不一致现象是客观存在的,因为在运输生产过程中,劳动耗费经常变动,因此要求作为运输价值表现形态的运价随时变动是不可能的;同时,运输价格的形成也受运输市场供求关系变化、国家宏观价格政策等因素的影响。从总体上看,运输价值与运价一致是客观经济发展的一般趋势。

二、民航运价的构成

民航运价就是民航运输产品的价格,是单位旅客或单位货物一定运输距离的价格,是经批准的民航运输产品价格的总称。运价的构成是以民航运输价值为基础的,而运输价值难以精确计算,在实际工作中,民航运价是由其运输成本、利润和税金等要素构成的。

1. 运输成本

运输成本是补偿运输生产中消耗的物化劳动和活劳动的货币表现。航空运输成本包括飞机折旧(或租金)、燃油费、飞机维修费、飞机保险费、空勤人员工资、起降服务费、管理费等。它近似地反映了运输价值量的变动趋势,可以作为制订运价的主要依据,是运输产品定价的最低界限。

飞机的运输成本,也可以称作总使用成本,用 TOC 表示。TOC 可以分为两部分:与飞机运营直接相关的"直接使用成本"(DOC);与飞机运营无直接关系的"间接使用成本"(IOC)。用公式表示为:

$$TOC = DOC + IOC$$

(1)直接使用成本(DOC)的构成

DOC 是衡量飞机使用经济性的依据,由现金成本和所有权成本构成。

现金成本包括:

①飞行机组费,包括工资、福利、津贴和熟练飞机训练费。

②客舱乘务员费用,包括工资、福利、津贴。

③燃油费。

④维修费。维修成本由直接维修费和间接维修费组成。

⑤飞机起降费和灯光费。按中国民航局规定,对每次航班只收费一次,根据飞机总重量分档收费,国际航班收费还需区分机场、机型和起落时间是否在峰值时间。

⑥航路费和机场进近指挥费。按中国民航局规定,根据飞机在航路上飞行的公里数及飞机的总重分档收费。

⑦旅客过港服务费和运输服务费。

⑧机上餐食、饮料供应费。

⑨飞机清洁费和商务特种车辆使用费。

所有权成本包括:

①保险费。保险费包括基本费、战争险费和旅客保险费等。

②折旧。折旧只是对当初购置费的分摊,其中包括飞机、备品配件等。起飞全重大于或等100t的新飞机,折旧年限是12~15年,10%的残值;起飞全重小于100t的新飞机,折旧年限是8~10年,10%的残值。旧飞机的折旧年限为7年,无残值。

③利息。其具体指购买飞机融资所产生的利息。

(2)间接使用成本(IOC)的构成

IOC是指与飞机飞行无直接关系的费用,如航空公司的管理费和财务费用、销售费用、广告宣传费、地面交通费、办公室租赁费、通信费和机组培训费等。为了便于分析,航空公司往往将IOC费用折合成DOC费用的百分数。各航空公司折合的百分数是不一样的,我国大多数航空公司的折合百分数为25%~50%,有的甚至更大些。

2. 利润

保证一定的利润是扩大再生产的资金来源。运价中的利润确定问题,关系到国民收入在国民经济各部门的分配,关系到正确处理国家、企业、个人三者之间的经济利益问题。制订运价时,应保证企业获得一定的利润,以维持简单再生产和扩大再生产。

3. 税金

从理论上说,税金和利润的性质是一样的,同属于劳动者为社会创造的价值,但是税金和利润的职能不同,税金根据国家的政策收取,受国家的政策支配。

三、民航运价的特点

民航运价的特点是由其本身在经济技术上的特点所决定的。

1. 运价与运输距离有密切关系

运输价格的构成,包括两个因素:运输数量、运输距离。在运输数量一定的情况下,运输距离不同,运输所消耗的费用也不同。运价的制订是以运输成本为主要依据的,运输中的所有地面作业费虽然不因距离长短而增减,但运行作业费是随运输距离的远近而发生变化的,因此运输成本是随着距离的变化而递远变化的,单位产品的运价也会随着运输距离而增减。

2. 运价只有销售价格一种

由于运输生产过程与消费过程是合一的,所以表现在运价上只有单一的销售价格形式,而不像工矿企业的产品价格有出厂价和销售价格的区别,农业产品价格有收购价和销售价的区别。由于运输工业产品在生产的同时被消费,不能脱离生产过程,所以运价只有销售价格一种。

3. 运输价格高

航空运输生产的耗费大,运输产品成本高。这主要是由于飞机本身的价值高,这种运输工具在运输生产过程中的价值转移(磨损、折旧等)对产品成本的影响较大。航空运输工具的燃料消耗也比其他运输方式高几倍到几十倍,另外,旅客服务设备及维修等方面的要求也较高。

4. 运价有较复杂的差价体系

民航运输业是公用事业,运输对象既有旅客又有货物,各种运输对象对运输服务、运输质量有不同的要求,需要提供的运输条件也是多种多样。这就决定了运输业必须实行适应多种运输需要的多种运价制度。国内航线客运价有公布运价和折扣运价两种,根据客舱布局、餐食以及服务标准的等级差别不同而票价不同。国内航线客运票价中还有根据不同情况制定的特别票价,如儿童票价、婴儿票价、旅游票价、团体票价、季节浮动票价,以及各种各样的优惠票价。航空运输客运价种类之多是其他交通方式所没有的,正因为如此,航空运价较其他运价具有更大的灵活性。

5. 运价与运量的变动关系密切

国内航空运价对旅游线路或运力不能满足运量需求的航线采用高运价,对运力充足、运量不足的航线采用低运价。同时,给航空企业一定范围内的票价浮动权,使其根据航线执行情况进行适当运价调剂,或实行临时性优惠客运价,以便给航空企业带来活力。例如,2016年9月29日,中国民航局和国家发展和改革委员会(简称"国家发改委")联合发布的《关于深化民航国内航空旅客运输票价改革有关问题的通知》中,对进一步扩大市场调节价航线范围进行了指导:800km以下航线、800km以上与高铁动车组列车形成竞争航线旅客运输票价交由航空公司依法自主制定。国内航空旅客运输票价实行市场调节价的航线目录,由中国民航局会同国家发改委,根据运输市场竞争状况实行动态调整。航空公司上调市场调节价航线无折扣的公布票价,原则上每航季不得超过10条航线,每条航线每航季票价上调幅度累计不得超过10%。

四、民航运价制定的原则与方法

1. 民航运价制定的原则

民航运价制定的原则主要有以下五点:

(1)制定价格必须以运输价值为基础,以运输成本为主要依据。

(2)符合商品定价原则,保证有合理的利润,确保企业的正常运转。

(3)有利于运量在各种运输方式中间合理分配,运价必须制定在适当的水平上,遵循客观经济规律,有利于促进工农业生产的合理布局。

(4)有利于合理运输,有利于提高运输的载运率,有利于企业自身的发展。

(5)运价制定还要照顾消费者的利益。

2. 民航运价制定的方法

制定民航运价的方法有很多,首先,为了使企业正常运营,就必须使航空运价高于成本,因此,成本定价法是航空运价制定的最基本的方法。按照成本定价法,运价是由运输成本、利润和税金三个要素组成。其中:运输成本是制定运价的主要依据,包括飞行费用、维修费用、燃油消耗费、业务经营费和管理费用等;利润和税金关系到国家、民航企业和民航旅客三方面的利益,定价既要保证国家合理的税金收入和企业的生存、发展所需要的盈利水平,又要不能侵害旅客的利益。

目前,我国民航客运价格的形成在国际航线和国内航线上有较大的差异,国际航线运价由航空运输企业根据双边航空运输协定制定,或通过国际航空运输协会(International Air Transport Association,简称 IATA)运价协调大会制定,报各自政府批准;国内航线运价则根据《中华人民共和国民用航空法》,由中国民航局会同国家物价主管部门,按照"递远递减"原则确定基础运价水平,对国内客运价实行政府指导价,对基准价格和浮动幅度间接管理,航空运输企业在政府规定的幅度内建立多级票价体系,根据市场供求情况实行有限制的差别票价。

五、国内民航客运价的发展历程

自 1950 年 8 月 1 日开航以来,我国民航客运价格机制经历了一个不断演进发展的历程。

1. 计划价格阶段(1950 年—1984 年 8 月)

在传统计划经济体制下,政府对民航客运价格实行严格的政府管制,国内航线旅客票价由国家民用航空主管部门会同原国家计委(现为国家发改委)、物价和财政等有关部门统一制定管理,以国家定价的方式进行统一定价,由国务院审批后公布,各地民航单位严格遵照执行。

国内客运价格的制定主要依据航空运输成本、航空运输市场的运输量流向、国际上的汇率变化以及国家政治、经济发展的需求等诸多因素进行综合平衡后确定。这种计划价格管理方式的基本特征是:在价格形成方式上,实行单一的政府定价方式,政府价格机构是定价主体,企业没有定价权;在价格管理权限上,定价权高度集中于中央;在价格制定过程中,排斥供求关系的作用。在这种高度集中、过于僵化的价格管理模式下,民航客运价格既没有反映成本,也不反映供求,暴露出诸多弊端。伴随着民航事业的发展、民航体制的变化、运输机型更新和航空运输成本变化等原因,民航客运价格也经过了多次调整。

1950 年,国家首次制定了国内航空运价,当时是根据经营成本,并参照铁路、水运运价水平制定的。航空运价为沿铁路航线平均每客公里 0.20~0.24 元,不沿铁路航线为 0.31 元。1952 年 7 月,每客公里运价由 0.24 元降至 0.14 元。1955 年,将沿铁路线的航线确定为每客公里 0.11 元,不沿铁路线的航线确定为每客公里 0.27 元。之后,经过 1958 年、1964 年、1966 年和 1971 年等几次较大幅度下调,不计成本,沿铁路线为每客公里 0.05~0.06 元,仅为 20 世纪 50 年代初票价水平的 15%;不沿铁路线航线为每客公里 0.06~0.07 元,仅为 20 世纪 50 年代初票价水平的 18%。这种运价水平一直维持到 1984 年 8 月底。

2. 统一、调整票价阶段(1984 年 9 月—1997 年)

1984 年 9 月,民航实行统一运价,即取消第一种票价,以第二种票价(即公布运价)为统一运价,同时对中国公民(包括台湾同胞)、华侨和港澳同胞实行折扣优惠,平均折扣率为 60%,折扣票价约合每客公里 0.08 元,比原定的第一种票价略有提高。

1992 年以前,国内航线旅客票价由国家物价局会同中国民航局管理,管理的形式是国家定价。

1992年,国务院召开关于研究民航运价管理体制改革问题的会议,会议确定了国家物价局和中国民航局在国内航线运价管理方面的分工:公布票价及浮动幅度、航空邮件价格由国家物价局管理;折扣票价和省区内航线公布票价以及货运价格由中国民航局管理。同时允许航空公司票价可以上下浮动10%。

1996年3月1日起至今,根据《中华人民共和国民用航空法》和《中华人民共和国价格法》,国内航线票价管理明确为以中国民航局为主,会同国家发改委管理,管理形式为政府指导价。国内航线货物运价由中国民航局统一管理。

1997年7月1日起,实行境内和境外旅客乘坐国内航班同价政策,即境内、外旅客在境内购票统一执行每客公里0.75元的票价(称为B票价);在境外购票统一按公布票价每客公里0.94元(后称为A票价)执行。1997年12月1日起,实行"一种票价、多种折扣"的票价体系。

3. 联营阶段(1998年—2002年)

1999年2月1日,为规范市场秩序,原国家计委、原民航总局联合发文,规定各航空公司票价按国家公布价销售,不得滥用折扣。

2000年,原民航总局决定,自5月15日起,先期以海南联营航线为试点,实行旅游团队优惠票价;自10月1日起,放松对支线票价的管理,即对支线飞机所飞省(自治区、直辖市)内航段票价,支线飞机独家经营的跨省(自治区、直辖市)航段票价,实行最高限价管理,最高票价不得超过公布票价(A票价)的10%。限价内具体票价由航空公司自行确定,并报原民航总局备案。支线飞机所飞省(自治区、直辖市)内航段以外,且由航空公司共同经营的航段票价,需经航空公司协商后,报原民航总局审批。

自2001年11月5日起,对国内航线实施"燃油加价"政策,允许航空公司票价最大上浮15%,单程不超过150元。同时建立票价与油价联动机制,当国内航油价格变动10%时,允许航空公司票价最多可变动3%。

2001年,原民航总局决定,自3月6日起,在北京—广州、北京—深圳等7条多家经营航线上试行多级票价体系;自5月20日起,在海南联营航线也试行多级票价体系。

2002年,原民航总局决定进一步完善国内航线团体票价政策,自6月10日起,对国内航线(港、澳航线除外)团体票价试行幅度管理,团体票价最低折扣率可根据购票时限、航程性质、人数不同而有所区别,最大优惠幅度为30%。

4. 指导价格阶段(2003年至今)

2004年4月20日,国家发改委、原民航总局在经过公开听证后出台的《民航国内航空运输价格改革方案》经国务院讨论通过后正式实行。《民航国内航空运输价格改革方案》在经过有关听证方案的基础上,对民航客运价格做出了以下新的规定:

第一,国内航空旅客运输,将以现行航空运输企业在境内销售执行的国内各航线客运价格水平作为基础价,允许航空运输企业在上浮幅度不超过基础价的25%、下浮幅度不超过基础价45%的范围内,自行制定具体客运价格种类、水平、适用条件,同时取消燃油加价和A、B类运价的划分方式。

第二,位于省(自治区、直辖市)内的短途航线,以及与相邻省(自治区、直辖市)之间,已与其他运输方式形成竞争的短途航线,实行市场调节价,不再规定客运价格浮动幅度。

第三,对于由航空运输企业独家经营的航线,以及部分以旅游客源为主的航线,客运价格下浮幅度不限,以适于消费者的需求,鼓励航空运输企业积极开拓市场。

民航国内运价从较为单一的票价体系转变为一种票价、多种折扣的多等级票价体系,进一步适应了国内航空运输市场发展变化,满足了旅客不同的消费需求,使旅客能有更多的选择。同时,促进了航空公司提高运价管理水平,在提高收益的基础上提高市场占有率,体现了现代企业收益管理的思想。

六、民航运价的种类及其比例关系

民航运价的种类,包括客票价、货物运价、行李运价、包机运价等。

国内运价中,除了包机运价有其独特的计算方法,其他运价计算方法如下:

①行李运价为相应经济舱客票价的1.5%。航空公司对超出免费行李限额的旅客交运行李,每公斤收取相应航线经济舱全享价1.5%的超重行李费。

②货物运价分为每批货物重量在45kg以下及45kg以上两级。45kg以下货物,每公斤运价为相应经济舱客票价的8%;45kg以上货物,每公斤运价为相应经济舱客票价的6%。

③邮件运价按照国内普通货物运输价格计费。

简而言之,这几种国内航空运价之间的比例关系大致为:

经济舱客票价:行李每公斤运价:45kg以下货物每公斤运价:45kg以上货物每公斤运价 = 1:0.015:0.008:0.006。

> **【例2-1】**
> 旅客张先生乘坐厦门航空公司运营的哈尔滨(HRB)—厦门(XMN)航线,该经济舱成人全票价为CNY2300.00,经济舱免费行李限额为20.0kg,张先生办理值机手续时交运行李为32.0kg。计算张先生需要交纳的行李运费。
> 超重行李重量:32.0kg − 20.0kg = 12.0kg
> 每公斤行李运费:CNY2300.00 × 1.5% = CNY34.50/kg
> 张先生需要交纳的行李运费:CNY34.50/kg × 12.0kg = CNY414.00

第二节 民航旅客运价的种类

国内航线客票票价根据服务等级、旅行方式和出票时间、地点等具体情况,可划分为不同的票价种类。

一、普通票价

普通票价包括公布票价和折扣票价两类。

1. 公布票价

我国民航企业对外公布的客运价是公布票价。公布票价适用于在国内购买国内航线机票的外国人、华侨、港澳台同胞,或在国外购买国内航线机票的所有旅客。公布票价是单程单个成人全票价。除此之外,下列旅客应按公布票价购票:

(1)持我驻外使馆签发的因私普通护照的中国旅客。

(2)持我公安部门签发的因私普通护照的中国旅客(包括自费留学生),第一次回国自其入境之日起15天外(超过15天),或第二次及多次入境在国内乘机。

(3)在国内学习的华裔、华侨和港澳台学生。

2. 折扣票价

除公布的票价外,我国民航企业对境内中国旅客和持有特别规定的旅客实行折扣票价,折扣票价在公布票价的基础上,根据不同航线制定不同的折扣票价。折扣票价是在单个成人全票价基础上进行一定的折扣,适用范围如下:

(1)持中华人民共和国居民身份证的国内公民,凭本人身份证购票;持中华人民共和国公务护照的旅客,在我公安部门规定可持中国护照购买国内机票的有效期内购买机票。

(2)驻华机构工作的中方人员(如驻华大使馆、领事馆、商务处、商社、公司办事处工作的中方人员)。

(3)持我国公安部门签发的中国因私普通护照的旅客(包括自费留学生)第一次回国,自其入境之日起15天以内购票。

(4)港澳台地区人民代表和政协委员,凭有关部门证明购票。

二、服务等级票价

服务等级是指为旅客提供服务的等级,按照提供服务的等级不同收取不同的票价。国内航线的客运价一般分为三个服务等级:头等舱票价、公务舱票价和经济舱票价。每种等级又按照正常票价和多种不同特殊优惠票价划分为不同的舱位代号。

1. 头等舱票价(代号F)

航空企业在有头等舱布局的飞机飞行的国内航班向旅客提供头等舱座位。头等舱是大多数民航客机里最豪华的一个舱位等级(部分航空公司提供更高一级的豪华头等舱),通常设置在飞机的前端。头等舱的航空座椅较经济舱座椅更宽大舒适,排距更大;向旅客免费提供的餐食及地面膳宿标准高于经济舱。头等舱每人免费交运行李的限额一般为40kg,头等舱票价实行市场调节价,由各航空公司自主定价。价格水平及适用条件需提前30日通过航空价格信息系统(AIRTIS·NET)报中国民航局和国家发改委备案后,向社会公布执行。

2. 公务舱票价(代号C)

航空企业在有公务舱布局的飞机飞行的国内航班上向旅客提供公务舱座位。公务舱是为了适应公共旅客对座位和服务的需求,在飞机客舱布局方面较头等舱窄,餐食及地面膳宿标准略低于头等舱,但高于经济舱。航空公司在主要航线的飞机上都安排了公务舱座位。公务舱每人免费行李额一般为30kg,国内航线公务舱票价的规定与头等舱相同,具体价格均由各航空公司自行确定。航空公司根据公务舱与经济舱的差异以及相匹配的设施设备、服务标准等确定具体价格。

3. 经济舱票价(代号 Y)

经济舱运价,也称普通舱运价。航空企业在飞机飞行的国内航班上向一般旅客或团体旅客提供经济舱座位。经济舱内旅客所接受的服务是各个舱位等级中最基本的,票价水平最低。经济舱每人免费行李额为 20kg。

国内经济舱运价分为公布运价和折扣运价两种,公布运价是由政府制定并发布的、适用于国内航班(含中国民航国际航班国内段)的上限运价。该运价为国家对外公布的直达票价,是国内旅客运价的基础价格,其形成要经过法律、行政和听证等程序。

折扣运价是由承运人根据政府有关公布运价的规定,结合自身的市场情况和企业发展战略制定的运价,即在公布运价基础上有一定折扣的运价。除其另有规定外,不得重复享受其他票价优惠。大多数票价的优惠幅度为5%~60%,航空销售淡季、清晨、凌晨或旅客流较少的航线、航班上优惠最多可达70%以上。具体优惠幅度由航空公司根据航线、航班的运营情况确定。购买折扣运价的客票要符合航空公司规定的购票时间、购票地点等条件,例如,有的要求7天前购票,有的要求3天内购票,有的要求在航空公司售票处或官方网站处购票。旅客购买各种折扣客票时,必须注意航空公司规定的特别限制条件,如不得提前订座、不得签转、不得退票等。

4. 分程或联程运输中的混合等级票价

混合等级运价就是旅客在整个旅程的某个航段使用不同的服务等级的运价。例如:部分航段乘坐经济舱座位,部分航段乘坐头等舱座位。混合等级运价同样适用于乘坐头等舱和公务舱座位、公务舱和经济舱座位。在国内航线上,其票价按旅客实际乘坐的不同等级航段分段相加。

【例2-2】

广州(CAN)—北京(PEK)—沈阳(SHE)航段中,广州(CAN)—北京(PEK),旅客乘坐 Y 舱,Y 舱票价为 CNY2370.00;北京(PEK)—沈阳(SHE),旅客乘坐 C 舱,C 舱票价为 CNY4470.00。

则旅客应付:

CNY2370.00 + CNY4470.00 = CNY6840.00

国际航线混合等级运价,则按国际航空客运价计算公式进行计算,在后面的章节中会涉及此问题。

三、按照旅程方式确定的旅客票价

国内航线客票价按旅客不同的旅程方式分为单程票价、来回程票价、联程票价和分程票价。

1. 单程票价

单程票价,也称为直达票价。它仅适用于规定航线上的甲地到乙地的航班运输。我国现行对外公布的票价均为航空运输的直达票价。

例如,昆明(KMG)—成都(CTU)现行的 Y 舱单程票价为 CNY1620.00。

2. 来回程票价

来回程票价是指从出发地至目的地,并按原航程返回原出发地的客票票价。来回程票价由两个单程票价组成:一个是使用直达票价的去程运输;另一个是使用直达票价的回程运输。某些航空公司为促销其产品,在航空公司的业务文件中规定,某一时间段内,如果来回程均乘坐本公司的航班,则票价在两个单程票价的基础上可享受一定的折扣。

> **【例2-3】**
> 广州(CAN)—北京(PEK)Y舱直达票价为CNY1700.00,来回程票价应为:
> $$CNY1700.00 \times 2 = CNY3400.00$$
> 南方航空公司规定,如一次性购买来回程机票可优惠5%,即旅客只需要支付:
> $$去程 CNY1700.00 \times 95\% = CNY1615.00$$
> 进位后为CNY1620.00;
> $$回程 CNY1700.00 \times 95\% = CNY1615.00$$
> 进位后为CNY1620.00;
> 总票款为CNY3240.00。

3. 联程票价

联程票价是指旅客的旅程超过一个以上航班,需在某航班的中途站或终点站换乘另一个航班才能到达目的地(称之为联程)的票价。在国内航线上,其票价按旅客实际乘坐的不同航段分段相加。

> **【例2-4】**
> 旅客购下列联程机票旅行:
> 广州(CAN)420.00 贵阳(KWE)370.00 成都(CTU)400.00 西安(SIA)。
> 应收取这位联程旅客的票款为:
> $$CNY420.00 + CNY370.00 + CNY400.00 = CNY1190.00$$

国际航线联程票价,则按国际航空运价计算公式进行计算,在后面章节中会涉及此问题。

4. 分程票价

中途分程是航空客运的专用术语。旅客在预定航班的旅途中,非承运人原因在中途站中断其旅行超过24小时的航程称为中途分程。在国内航线上,其票价按旅客实际乘坐的不同航段分段相加。

> **【例2-5】**
> 旅客计划从广州(CAN)—乌鲁木齐(URG),先从广州(CAN)飞武汉(WUH)停留几天后再前往乌鲁木齐,运费应为广州—武汉的票价加上武汉—乌鲁木齐的票价,而不考虑广州—乌鲁木齐的直达票价。

国际航空运输中,只要事先得到承运人的安排并给予签票,在任何定期航班的经停点得到中途分程均没有限制,但承运人或航线有具体规定的,则按国际航空客运价计算公式进行计算,在后面章节中会涉及此问题。例如承运人在中途分程点无运输权,特殊票价或折扣票价把中途分程排除在外,航程的规则禁止或限制中途分程等。

四、儿童、婴儿旅客票价

1. 儿童旅客票价

在航空运输上,儿童是指年满 2 周岁但未满 12 周岁的旅客。这类旅客在国内航线上应按成人票价的 50% 购买儿童票;在国际航线上则按照不同地区的票价管理规定,按照成人票价的 50%、67% 或 80% 付费(具体规定可查阅相应地区的运价手册),航空公司为其提供座位,有相应舱位等级的免费行李额。

年满 12 周岁的儿童乘机按成人运输规则执行,购买全票或成人折扣票。

2. 婴儿旅客票价

出生时间在 14 天以上,但未满 2 周岁的婴儿,按成人票价的 10% 购买婴儿票,航空公司不为其提供座位,也没有免费行李额,仅可免费携带一个摇篮或可折叠式婴儿车。如需要单独占用座位,应按照相应航线的儿童票的付款金额付款。一般情况下,航空公司不接收出生不满 14 天的婴儿旅客。

【例 2-6】

哈尔滨(HRB)—厦门(XMN)的 Y 舱成人票价为 CNY2300.00,则相应航段的 Y 舱婴儿票价为:

$$CNY2300.00 \times 10\% = CNY230.00$$

Y 舱儿童票价为:

$$CNY2300.00 \times 50\% = CNY1150.00$$

每位成人旅客所带未满 2 周岁的婴儿超过一名时,其中只有一名婴儿可购婴儿票;超过的人数应该购买儿童票,承运人为其提供座位、提供相应舱位等级的免费行李额。

【例 2-7】

某旅客带孪生婴儿(未满两周岁),欲购买大连(DLG)—宁波(NGB)的 Y 舱客票,票价为 CNY1150.00,则该旅客共需要支付:

$$CNY1150.00 + CNY1150.00 \times 10\% + CNY1150.00 \times 50\%$$
$$= CNY1150.00 + CNY115.00 + CNY575.00$$
$$= CNY1150.00 + CNY120.00 + CNY580.00(进位后)$$
$$= CNY1850.00$$

3. 无成人陪伴儿童旅客票价

5 周岁以下的儿童乘机,须有成人陪伴,如无成人陪伴,不予接收。5 周岁(含)以上、12 周岁以下无成人陪伴儿童乘机时,应在购票前提出申请,经承运人同意后方可购票乘机。另外,一些航空公司对未满 12 周岁的无成人陪伴儿童乘机,按儿童票价购票(适用成年人票价的 50%)。但有个别航空公司规定,无成人陪伴儿童乘机,儿童票价不适用,必须按成人票价的 100% 购票。售票时,应按有关航空公司的规定办理。

儿童和婴儿的年龄是指开始旅行的实际年龄,如其在开始旅行时未满规定的年龄,而在旅途中超过规定年龄,不另外补收差价。

五、特种票价

承运人向部分个人和团体提供特种票价,其适用范围如下。

1. 团体旅客特种票价

旅客人数在 10 人(含)以上,航程、乘机日期、航班和舱位等级相同并按同一类团体票价支付票款的旅客称为团体旅客。购买儿童、婴儿票价客票旅客不计入团体人数内。

团体旅客可以在开放的航班上申请订座,订妥座位后,应在规定或预先约定的时限内购票,否则,所订座位不予保留。

航空公司可以按有关规定向国内、外团体旅客提供优惠特种票价,大型团体在某一航班上的、经过专项批准的,可提供更为优惠的票价。该票价附有不得转签、出票时限等限制条件。

2002 年,原民航总局决定进一步完善国内航线团体票价政策,自 6 月 10 日起,对国内航线(港澳航线除外)团体票价试行幅度管理,团体票价最低折扣率根据购票时限、航程性质、人数不同而有所分别,最大优惠幅度为 30%。

2. 军(警)残旅客票价

凡因公致残的现役军人和因公致残的人民警察在乘坐国内航班时,凭《残疾军人证》或《人民警察伤残抚恤证》,在规定的购票时限前,按适用正常票价的 50% 计收。

【例 2-8】

青岛(TAO)—三亚(SYX)的 Y 舱全票价是 CNY2380.00,则符合军残规定的旅客购票只需要支付:

$$CNY2380.00 \times 50\% = CNY1190.00$$

3. 教师、学生票价

教师和学生在寒暑假期间乘坐国内航班时,凭教师证和学生证,按适用正常票价的 60% 和 50% 计收(具体请参见各航空公司的相关业务规定)。

【例 2-9】

海口(HAK)—兰州(LZD)的 Y 舱全票价是 CNY2110.00,则寒暑假期间,教师凭教师证购票只需要支付:

$$CNY2110.00 \times 60\% = CNY1266.00$$

进位后为 CNY1270.00。

学生凭学生证购票只需要支付:

$$CNY2110.00 \times 50\% = CNY1055.00$$

进位后为 CNY1060.00。

4. 季节票价

航空公司在旅游淡季向旅客提供优惠票价,属于促销票价。

5. 其他特种票价

在经济舱正常票价的基础上,对符合购票的时限、旅客身份、航班时刻表、季节浮动等限制条件的团体或单个旅客给予一定优惠。限制条件详见各航空公司优惠运输文件。

六、免票运输

免票运输通常有以下三种类型：

(1) 航空公司内部职工、销售代理人、民航局职工及协作单位职工因私乘坐飞机，经航空公司批准，可销售低于适用票价50%的一种票价；由承运人特殊批准授权的旅客，可凭免费证明给予免费乘机。

(2) 货运包机押运人员凭包机货运单和包机单位乘机介绍信可填发免费客票，工作人员在填开客票时，需在客票的票价计栏内写明包机运输协议书号码。

(3) 航空公司常旅客可凭里程积分换取免票，有关说明与规定可见各航空公司常旅客手册。

七、包舱运输票价

在有小客舱的大型飞机飞行的航班上，可以向旅客提供包舱，人数以小客舱内的座位数为限，包舱内的座位数乘以直达票价，即包舱票价。

根据旅客乘坐飞机的特殊需要，购票单位向航空公司购买飞机中某一舱位的全部座位，但旅客人数不得超过所包舱的总座位数。

按照舱位的座位总数乘以适用的票价计算总票款，购买包舱票价旅客的免费行李额，按适用舱位票价享受免费行李额乘以包舱的座位总数计算，而不是按旅客实际人数计算。

【例2-10】

某团体共58人，包用B-757飞机共60个座位的B舱，自昆明（KMG）—桂林（KWL），适用的Y舱票价为CNY840.00，该团体共付票款为CNY840.00×60=CNY50400.00；免费行李额为20.0×60=1200.0kg。

八、额外占座位的票价

旅客因各种原因希望额外占用座位，可根据实际占用的座位数计收。当额外占用的座位超过一个时，需在额外占用的座位标识"EXST"前注明额外占用座位数。旅客多占座的计算方法：

(1) 病伤旅客，如要求放置担架或躺卧，需拆去或多占座位时，按病伤旅客的运输要求办理。在飞行途中，旅客临时因病需要多占座位时，如当时有空余座位，应予照顾解决，不另补票。

(2) 旅客因放置物品（如自理行李、外交信袋等）而多占座位，应按实际占用座位数购票。每个座位装载的物品重量不得超过75kg。根据自理行李、商业信袋、外交信袋的全部实际重量按超重行李计收运费，与实际占用客舱的座位数的正常客票价计收的费用相比，取高者为其运费。

【例2-11】

旅客张先生购买厦门航空公司运营的哈尔滨（HRB）—厦门（XMN）航线机票，张先生此行携带一个商务信袋，重量为62kg，为确保安全，张先生计划将此商务信袋带入客舱放置于单独座位上，该航线经济舱成人全票价为CNY2300.00，张先生购票时经济舱无折扣票。计算这一占座行李需交纳的费用。

按超重行李费计算：CNY2300.00×1.5%×62.0kg=CNY2139.00

按正常客票价计算:CNY2300.00

二者取高者,则这一占座行李需缴纳的费用为CNY2300.00。

(3)旅客因舒适或其他目的多占座位,按实际占用的座位数购票。

九、税费与保险费

1. 税费

税费是指政府、有关当局或机场经营人规定的对旅客或由旅客享用的任何服务、设施而征收的不包括在公布票价中的税款或费用,该项税款或费用应由旅客支付。我国当前针对民航旅客收取的税费主要有以下两种:

(1)民航发展基金(代号 CN)

民航发展基金由承运人代为收取,不包括在票价中,由旅客支付。乘坐国际航班和地区航班出境的旅客每人次缴纳 90 元人民币(含旅游发展基金 20 元),乘坐国内航班的旅客每人次缴纳 50 元人民币。下列情况免征民航发展基金:持外交护照乘坐国际及地区航班出境的旅客;年龄在 12 周岁(含)以下的乘机儿童;乘坐国内支线航班的旅客,此处所称的支线,是指使用支线飞机执飞的航班,如 208、D38、AT7、CRJ、ERJ、MA60、YN2,机型如有更改,由中国民航局会同财政部公布。

(2)燃油附加费(代号 YQ)

各航空公司根据燃油价格调整燃油附加费的金额。婴儿旅客免收燃油附加费,儿童按成人收费标准的 50% 收取燃油附加费。因公致残的现役军人和人民警察,燃油费附加费减半收取。

其他国家(地区)对民航旅客运输相关税费的收取各有规定,具体需查询该国(地区)的相关规定。

2. 保险费

航空保险是指保险人在其承保的航空领域中,各种保险指标发生承保范围内的损失时,保险人按保险单条款给予赔偿的一种保险。

(1)国内航空运输承运人对旅客身体损害赔偿。

2006 年 3 月之前,此项赔付的最高限额是人民币 7 万元。2006 年 2 月 28 日,经国务院批准,《国内航空运输承运人赔偿责任限额规定》发布,并于 2006 年 3 月 28 日起正式施行。自此,我国航班赔偿责任限额从 7 万元人民币提高到 40 万元人民币。

(2)旅客还可以向保险公司投保航空运输人身意外伤害险,此项保险金额的给付,不得免除或减少承运人应当承担的赔偿限额。

由上可见,我国现行的国内航空运输旅客人身意外伤害保险是"双向保险制"。航空承运人的赔偿是必有的;保险公司的赔偿则按旅客乘机前自愿投航空运输人身意外伤害险的数额来确定。

第三节 包机运输

包机运输是承运人和包机单位单独签订运输合同的客运、货运或客货兼运的特殊形式。航空公司应根据客观实际需要及运输能力妥善安排包机,在充分考虑经济利益的前提下,尽力满足客户的包机需求,确保飞行安全。

一、包机运输的一般规定

1. 包机组织

承运人组织包机运输,必须根据客观实际需要、航空公司运力等主观力量妥善安排,尽力满足包机需求,确保飞行安全,合理、经济地安排包机运输。对于有重大政治影响的包机任务,优先承担;必须合理、经济地安排包机的机型、数量及包机飞行的路线,以减轻包机单位的负担,避免运力浪费。

在组织安排包机时,要考虑解决好在包机运输中有关运力、始发地、目的地的地面设施及运输服务方面的问题。

非固定航线的包机,只有在符合飞行安全的条件下,方可接受。

2. 不正常运输处理

如包机在订座系统中显示(即包销航班),航班不正常时的旅客处理与正班一致;如包机不在订座系统中显示,如果是承运人的原因造成的航班不正常,则由包机人承担责任。

包机人应按合同条款所列包机起飞时间,安排旅客提前 1 小时到达机场,办理登机和出境手续;如发生旅客误机,其后果由包机人负责。

3. 有效证件

包机人保证每个旅客都持有有效证件,包括护照、签证、卫生免疫证及其他必需证件;如因此出现差错而造成承运人蒙受经济损失,由包机人承担责任。

二、受理包机的一般程序

(1)需要包机的单位,应凭单位介绍信或证明信事先同承运人联系,说明包机的任务性质、旅客人数和身份、包机的机型和架次、使用日期和航程等事项,填制包机申请书。如当地政府规定各单位包机需经有关部门批准,应附包机审批文件。

(2)经双方协商包机的运输条件后,签订包机合同,承运人凭包机合同,按飞行架次填写客票给包机单位,作为乘坐飞机的凭证。

(3)经航空公司有关部门对运力、机组配置、包机运行规范许可审定、包机运输经营许可审批、包机时刻申报及审批和地面服务工作进行妥善安排后,双方履行包机合同。

三、包机运输契约和凭证

包机人包机申请经承运人同意,双方签订有效合同。包机运输合同如图 2-1 所示。包机合同是航空公司与包机单位所签订的运输契约,航空公司与包机人都应严格履行包机合同规定的各自承担的任务和义务。

航空公司凭包机合同,按飞行架次填写包机客票给包机人,作为乘坐飞机的运输凭证。航空公司应给乘坐包机的每位旅客填开一张客票,并按规定填写:

(1)在旅客姓名栏中,填写旅客中的负责人姓名以及包机人数。

(2)在签注栏内,填写旅客包机协议书的号码。

(3)在票价级别/客票类别栏中,填写注明"包机"字样。

(4)在票款栏中,填写"包机"字样和本架次包机运费和地面运输费。

包机运输合同

包机人:＿＿＿＿＿＿＿＿＿＿＿＿＿＿＿＿＿

地址:＿＿＿＿＿＿＿邮码:＿＿＿＿＿电话:＿＿＿＿＿

法定代表人:＿＿＿＿＿＿＿职务:＿＿＿＿＿＿＿

承运人:＿＿＿＿＿＿＿＿＿＿＿＿＿＿＿＿＿

地址:＿＿＿＿＿＿＿邮码:＿＿＿＿＿电话:＿＿＿＿＿

法定代表人:＿＿＿＿＿＿＿职务:＿＿＿＿＿

包机人于＿＿年＿＿月＿＿日起包用 型飞机 架次担任(旅客、货物、客货)包机运输,其航程如下:

＿＿年＿＿月＿＿日＿＿自＿＿至＿＿,停留＿＿日;

＿＿年＿＿月＿＿日＿＿自＿＿至＿＿,停留＿＿日;

＿＿年＿＿月＿＿日＿＿自＿＿至＿＿,停留＿＿日;

包机费总共人民币＿＿＿＿＿元。

根据包机航程及经停站,可供包机人使用的最大载量为＿＿＿ kg(内含客座)。如因天气或其他特殊原因需增加空勤人员或燃油时,载量照减。

包机吨位如包机人未充分利用时,空余吨位得由民航利用;包机人不能利用空余吨位载运非本单位的客货。

承运人除因气象、政府禁令等原因外,应依期飞行。

包机人签订本协议书后要求取消包机,应交付退包费＿＿＿元。如在包机人退包前,承运人为执行本合同已发生调机等费用时,应由包机人负责交付此项费用。

在执行本合同的飞行途中,包机人要求停留,应按规定交纳留机费。

其他未尽事项按承运人客货运输规则办理。

包机人:＿＿＿＿＿＿＿＿＿＿＿＿＿

代表人:＿＿＿＿＿＿＿＿＿＿＿＿＿

＿＿年＿＿月＿＿日

承运人:＿＿＿＿＿＿＿＿＿＿＿＿＿

代表人:＿＿＿＿＿＿＿＿＿＿＿＿＿

＿＿年＿＿月＿＿日

图 2-1 包机运输合同

四、包机费用

包机费用,由承运人与包机单位共同商议而定,包括包机费、调机费、留机费。

1. 包机费

包机费有两种计算方法:

(1)每公里费率×计费里程。

(2)每小时费率×飞行时间。

包机费则是根据包用机型的每公里费率和计费里程或包用机型的每小时费率和飞行时间计算后,取其高者。如每日飞行不足 1 小时,按该机型的 1 小时包机费率收取最低包机费。

2. 调机费

调机是指为执行包机任务而调用基地的飞机,由基地调往执行任务始发地的飞行。每飞行小时调机费按包机收费标准的 50% 收取。包机单位单程包机,其调机和包机航段的收费标准按包机收费标准的 150% 收取,其包机航段的回程和调机的回程不再收费。

现在各航空公司的包机费一般采取协议收费,没有严格按照上述计算方法。

3. 留机费

如包机单位在包机期间要求停留,停留时长在 1 小时内不收留机费;凡超过 1 小时,从第二小时起,每停留 1 小时(不足半小时按 0.5 小时计算,超过半小时且不足 1 小时的按 1 小时计算),按该机型 1 小时包机收费标准的 20% 收取留机费。不是包机单位的原因导致需停留 1 小时以上的,不收取留机费。

【例 2-12】

旅客一行,包 B-757 飞机一架,从广州(CAN)—北京(PEK),飞机基地在广州,空中航线距离 1966km,单程空中飞行时间 1 小时 40 分钟,计算包机费。

(每公里费率 CNY115.00,每飞行小时费率 CNY67878.00)

包机费:按距离计算 CNY115.00 × 1966 = CNY226090.00

　　　　按时间计算 CNY67878.00 × 5 ÷ 3 = CNY113130.00

　　　　取其高者 CNY226090.00

调机费:50% × CNY226090 = CNY113045.00

留机费:无

则总体费用为:

　　CNY226090.00 + CNY113045.00 = CNY339135.00 元

五、包机剩余吨(座)位的利用

包机可乘坐的人数和可利用的载运量,应以包机合同上填写的座位数和吨位数为限。

包机如有剩余座位和吨位,包机单位不能用来承运其他单位的人员和行李、货物等。承运人如需利用剩余座位和吨位组织客货运输,应征得包机单位的同意。

专机的空余吨位以及执行任务前的调机,禁止载运与该专机无关的旅客与物品,执行完专机任务的调机,可按一般加班飞机载运客货。

六、包机变更

因承运人原因而发生变更,超过包机合同规定的离站时间 2 小时不能执行包机任务或退包,承运人应按合同规定的全部费用的 10% ~ 50% 赔偿包机方。

因包机人原因而发生变更,承运人因执行该包机任务而发生的调机等费用,应由包机单位承担;包机人因故取消包机,应付承运人退包费。

第四节　国内航线旅客运价的使用和管理

一、国内航线旅客运价的使用

在使用国内旅客运价时,需考虑下列原则:

(1)应根据旅客的航程、座位等级,按开始旅行之日的适用运价使用和计算。

(2)客票售出后,如票价调整,票款不作变动。

【例2-13】
　　某国内旅客于4月28日购买了5月3日CZ3101航班经济舱由广州(CAN)—北京(PEK)客票一张,当时票价为1000.00元,但5月1日起,票价调整为1200.00元,那么该旅客在5月3日乘机时其票价不作变动。
　　相反,若4月28日旅客购票时票价为1200.00元,而5月1日后票价调整为1000.00元,其票价亦不作变动,若旅客要求退回差价,处理时应先按自愿退票处理,后另按新票价重新购票;退票应根据退票的有关规定收取退票手续费。

(3)现行直达票价只适用于规定航线的航班运输。如旅客由于其本身的需要,不乘坐直达航班而选择非直达航班运输路线时,则按旅客实际经行的航程,分段相加计算票价。

【例2-14】
　　旅客张先生的旅行路线是自天津(TSN)—上海(SHA),乘坐CA1501航班,然后转乘MU5301航班从上海(SHA)—桂林(KWL)。运价为天津—上海CNY820.00;上海—桂林CNY1040.00。
　　如果为其出票,全航程的票价应为:
$$CNY820.00 + CNY1040.00 = CNY1860.00$$

(4)使用特种票价的旅客,应遵守该特种票价规定的条件。

(5)旅客应按国家规定的货币和付款方式交付票款,除与航空公司另有协议外,票款一律现付。

(6)当收取的票款与使用的票价不符或计算有错误时,应按照航空公司相关规定,由旅客补付不足的票款或由航空公司退还多收的票款。

(7)客票价以人民币10元为计算单位,航空公司收取的其他费用以人民币元为计算单位,尾数一律按照有数就进的原则进位。

(8)政府、有关当局或机场经营者规定的对旅客或由旅客享用的任何服务、设施而征收的税款或费用,不包括在航空公司所公布的票价范围内。

二、国内航线旅客运价的管理

1. 目前国内航空旅客运输价格的制定和管理遵循的原则

在政府宏观调控下,逐步扩大民航运输企业定价自主权,通过合理价格竞争,优化资源配置。建立通过市场竞争形成价格的机制,鼓励航空运输企业降低成本,拓展航空运输市场。

规范企业经营行为,提高民航价格透明度,保护消费者合法权益。加强政府对价格活动的监督和调控,维护正常的价格秩序。适应现阶段经济发展水平,根据民航体制和企业制度改革进展情况,积极稳妥,分步推进价格形成机制改革。

2. 运价管理的目标

建立适应社会主义市场经济体制要求,政府宏观调控,企业自主有限浮动,反映市场供求变化的客货运输价格形成机制。即政府根据航空运输的社会平均成本、市场供求状况、社会承受能力,合理确定基准价及浮动幅度;航空运输企业在规定的幅度内,确定具体价格。加强对航空运输业务的宏观调控,强化市场监管,防止恶性竞争。

3. 运价管理的具体措施

(1)国内航空运价以政府指导价为主,政府价格主管部门由核定航线具体票价的直接管理改为对航空运输基准价和浮动幅度的间接管理。国家发改委会同中国民航局,依据航空运输的社会平均成本、市场供求状况、社会承受能力,确定国内航空客货运输基准价和浮动幅度。

(2)民航国内航空旅客运输票价:以现航空运输企业在境内销售执行的各航线公布票价为基准价(平均每客公里0.75元)。对方案执行过程中发现不合理的个别航线基准价,由中国民航局会同国家发改委适当调整。

(3)省、自治区内,以及直辖市与相邻省、自治区、直辖市之间的短途航线,已经与其他代替运输方式形成竞争的,实行市场调节价,不规定票价浮动幅度。具体航线目录由中国民航局和国家发改委规定,并通过航空价格信息系统对外公布。

(4)除规定航线外,民航国内航空旅客运输票价实行浮动幅度管理。票价上浮幅度最高不得超过基准线的25%。票价下浮幅度,根据不同航线情况,按下列规定执行:部分以旅游客源为主的航线票价下浮幅度不限,具体航线目录由中国民航局和国家发改委规定,并通过航空价格信息系统对外公布;航空运输企业独家经营的航线票价下浮幅度不限。除上述实行市场调节价和票价下浮幅度不限的航线外,其他国内航线票价下浮幅度最大不得超过基准价的45%;少数航线因特殊情况需要突破票价统一浮动下限的,由有关航空运输企业报中国民航局和国家发改委批准后执行。

(5)航空运输企业在政府规定的幅度内,自行制定具体票价种类、水平、适用条件,提前30天通过航空价格信息系统报中国民航局、国家发改委备案,并对外公布后执行。

(6)对伤残军人和因公致残的人民警察继续实行优惠票价,具体票价优惠办法由中国民航局依据有关法规制定。允许航空运输企业对教师、学生等特殊消费群体实行优惠票价,具体票价优惠办法,由航空运输企业在不超过伤残军人优惠幅度的前提下自行确定,提前30天报中国民航局备案,并对外公布后执行。

4. 灵活的运价管理机制

按我国民航现行定价制度,国内航线运价和专业收费标准由国家统一制定,航空公司除遵守国家规定的价格和协议运价外,有一定的定价决策权,各航空公司在同一航线上的运价可能会不一致。

各航空公司对国内干线在规定的季节差价范围内,根据当时供求情况的变化上下浮动;有的航空公司在本公司同一航线上的去程、回程运输也采用不同的定价;对国内用户包机运输,在规定运价范围内允许向下浮动。各航空公司在决定运价上下浮动的幅度时,要考虑飞机的载运能力和提高企业经济效益。

对有特殊要求的运输,可在不违反价格政策的前提下,视具体情况,兼顾企业和用户的利益临时定价。对多家竞争的专业飞行项目或个别地区的专业飞行任务,也可灵活定价。

5. 目前国内运价的管理依据

为进一步完善国内旅客运输价格体系,最大限度地满足市场需求,国家发改委、原民航总局发布2004年第18号公告《民航国内航空运输价格改革方案》,并于2004年4月20日起实施。

为贯彻落实《国务院关于促进民航业发展的若干意见》精神,发挥市场对资源配置的基础性作用,促进民航运输业持续健康发展,国家发改委和中国民航局在 2013 年 10 月 9 日联合发布了《关于完善民航国内航空旅客运输价格政策有关问题的通知》,通知要求如下:

(1) 对旅客运输票价实行政府指导价的国内航线,均取消票价下浮幅度限制,航空公司可以基准价为基础,在上浮不超过 25%、下浮不限的浮动范围内自主确定票价水平。

(2) 对部分与地面主要交通运输方式形成竞争,且由两家(含)以上航空公司共同经营的国内航线,旅客运输票价由实行政府指导价改为市场调节价。航空公司可以根据市场供求情况自主确定票价水平。实行市场调节价的国内航线目录由中国民航局协商国家发改委规定,于每年一季度调整公布。

(3) 航空公司在上述范围内指定或调整旅客运输票价时,应至少提前 7 日向社会公布,并通过航空价格信息系统抄报中国民航局、国家发改委。同时要加强内部管理,为广大旅客提供质价相符的航空运输服务。

(4) 各级民航行业主管部门,要建立健全国内航空运输价格监测制度,加强对国内航空公司运输价格执行情况的内部监督。各级价格主管部门要加强对国内航空运输价格的监管,依法查处航空公司及其销售代理人的价格违法行为,维护航空运输市场价格秩序。

三、国内航线减、免客运价的批准权限

为了适应民航经济体制改革的需要和民航国内航线旅客运输票证结算办法的顺利进行,有利于企业加强经营管理,提高经济效益,对国内航线减、免客运价的批准权限规定如下:

(1) 根据航班客货载量情况和特殊任务的需要,各航空公司领导有权批准本单位经营的航班上载运减价或免费的旅客和货物。

(2) 各运输企业间,不能跨越本单位经营的航班范围批准减、免费客货运输。如因发展业务确有需要,可经双方协商同意后,临时签批或通过双方签订协议方法解决。

复习思考题

一、单项选择题

1. 在航空运输上,儿童旅客是指年满 2 周岁但未满(　　)周岁的旅客。
   A. 10　　　　　B. 12　　　　　C. 14　　　　　D. 16

2. 航空公司一般只接收(　　)岁以上的无成人陪伴儿童旅客。
   A. 3　　　　　　B. 5　　　　　　C. 6　　　　　　D. 7

3. 在我国民航运输中,团体旅客是指旅客人数在(　　)人以上,航程、乘机日期、航班和舱位等级相同并按同一团体票价支付票款的旅客。
   A. 10　　　　　B. 15　　　　　C. 20　　　　　D. 30

4. 航空旅客因各种原因希望在旅途中额外占用座位超过一个时,需在额外占用的座位标识(　　)代码。

A. EXTRA　　　　B. MORE　　　　C. TAKE　　　　D. EXST

5. 民航运输中,旅客因需要放置物品而多占座位的,需按实际占用座位数购票,但放置于座位上的物品最大重量不得超过(　　)。

　　A. 50kg　　　　B. 65kg　　　　C. 75kg　　　　D. 80kg

6. 为旅客预订客票时,如旅客是按成人全票价10%付费的婴儿旅客,需要在婴儿旅客名字后面加上(　　)代码。

　　A. CHD　　　　B. SP　　　　C. INF　　　　D. YP

7. 为旅客预定客票时,如旅客是无成人陪伴儿童旅客,需要在儿童旅客名字后面加上(　　)代码。

　　A. CHD　　　　B. SP　　　　C. UM　　　　D. YP

二、判断题

1. 儿童旅客和婴儿旅客的年龄是指开始旅行的实际年龄。如果在旅行开始时未满规定的年龄,而在旅途中超过规定年龄则不另外补收差价。（　　）

2. 在飞行途中旅客因生病需要多占座位时,如当时有空余座位,应予以照顾解决,不另补票。（　　）

3. 各航空公司收取的燃油附加费根据燃油价格的变动而进行调整。婴儿旅客按成人收费标准的10%收取燃油附加费。（　　）

4. 包机如有剩余座位和吨位,承运人可以自由使用。（　　）

三、计算题

1. 某旅客携带了35.0kg的行李,从北京前往上海,北京(PEK)—上海(SHA)的经济舱票价为1130.00元,该旅客需要支付的超重行李费用是多少?

2. 某旅客需要携带60.0kg的行李,从广州前往兰州,广州(CAN)—兰州(LZD)的经济舱成人全票价为1890.00元,该行李计划带入客舱放置于单独座位上,则该旅客需要支付的运输费用是多少?

3. 旅客预购买广州(CAN)—乌鲁木齐(URG)的机票,要求在此航班经停北京时,停留若干天后再继续乘该航班旅行,广州(CAN)—北京(PEK)的经济舱折扣票价为1450.00元,民航发展基金为50.00元,燃油税为130.00元;北京(PEK)—乌鲁木齐(URG)的经济舱折扣票价为1610.00元,民航发展基金为50.00元,燃油税为130.00元,旅客此次旅行的费用为多少?

4. 旅客预购买北京(PEK)—西安(SIA)的机票,C舱的全票价为3050.00元,民航发展基金为50.00元,燃油税为130.00元,C舱旅客托运行李65.0kg,则该旅客乘坐C舱旅行费用合计为多少?

5. 一位母亲带着两个婴儿欲购海口(HAK)—温州(WNZ)的机票,Y舱的全票价为1480.00元,机场建设费50.00元,燃油税为130.00元,则一行三人乘坐Y舱费用合计为多少?

6. 某航空公司运营的国内航线经济舱成人全票价为1680.00元,该公司规定此航线免费行李限额为7.0kg。有旅客办理值机手续时交运行李为23.0kg,则该旅客需缴纳的行李费用为多少?

第三章　民航客票销售

> **学习目标**
> ◎ 了解民航客票销售的流程；
> ◎ 熟悉民航客票的内容及具体要求，并能在客票销售工作中熟练运用这些要求；
> ◎ 了解电子客票销售系统的操作指令，能熟练运用操作指令进行订座与出票。

民航客票销售是民航旅客运输工作的重要程序之一，是航空运输企业经营的主要工作，其工作质量的好坏直接关系到企业能否实现经济效益和社会效益最大化。因此，健全售票工作，正确发售客票，准确核收票款，妥善处理好在售票过程中出现的各类问题，是客票销售工作的重要要求。售票工作主要包括填开客票、收取票款、办理退票、办理客票遗失以及客票换开、客票变更、客票签转等业务。

第一节　民航客票销售工作程序

一、购票证件

由于航空运输的特殊性，旅客需要出示政府主管部门规定的证明身份的"有效证件"方能购票。航空客票销售均采用实名制。

1. 国内航线购票证件

（1）购买国内机票，应出示本人有效居民身份证或有效护照或公安机关出具的其他有效身份证件，香港、澳门地区居民应出示港澳居民来往内地通行证，台湾地区居民应出示台湾居民来往大陆通行证。

法定不予颁发或尚未领居民身份证的人民解放军、人民武装警察官兵及其文职干部，离退休干部，可以使用军官证、武警警官证、武警士兵证，文职干部证等；未办理居民身份证的16周岁以下未成年人及12周岁以下的儿童购票乘机的，可使用户口簿；未办理户口的婴儿旅客购票乘机的，应提供出生证明。

（2）外国旅客、华侨、外籍华人购票，须出示有效护照或公安机关出具的其他有效身份证件。

（3）有些特殊情况，旅客因故不能出示身份证者，可凭下列证件或证明，予以购票。

①公安机关出具的临时身份证明。旅客的居民身份证在户籍所在地以外被盗或丢失的，凭发案、损失地公安机关或机场公安机关出具的临时身份证明或临时登机证明。

尚未领取居民身份证或士兵证的，可使用当地公安机关或所在部队出具的临时身份证明。临时身份证明应贴有本人近期免冠一寸照片，写明姓名、性别、年龄、工作单位、有效日期，并加盖公章。人民解放军、人民武装警察部队院校学员，凭学员证。

②民航部门出具的证明。旅客因特殊情况(如执行紧急任务、危重病人)急需乘机,但又不能出示居民身份证,经当地航空公司、机场最高值班领导批准,予以购票。

持民航局出具的免票、购买 1/4 票乘机介绍信(由民航局办公厅出具的写有乘机人姓名、单位、职务、乘机航程、事由等项内容)的旅客,购票时须持本人身份证。

③其他机构出具的身份证明:

a. 全国人民代表大会代表、全国政协委员,凭本届全国人民代表大会代表证、中国人民政治协商会议本届全国委员会委员证。

b. 出席全国或省、自治区、直辖市的党代会,人民代表大会,中国人民政治协商会议,工、青、妇代表会,劳动模范和先进工作者表彰大会的代表(委员),凭所属县、团级(含)以上党政军主管部门出具的临时身份证明。

c. 中央部、局级,地方省、直辖市级负责同志因紧急事务,未携带身份证件乘坐其他交通工具外出或返回时需要乘坐飞机者,可凭有关接待单位出具的证明。

d. 国家机关工作人员因故外出不在单位所在地,而其单位又急需为其预购机票,可凭司、局、厅级(含)以上国家机关出具的证明信和乘机人的身份证件(如工作证)购票。但在办理乘机时,必须核查居民身份证或民航规定的其他有效身份证明。

e. 省、部级(副职)以上重要旅客,如无居民身份证,可凭购票介绍信和省、部级(含)以上单位出具的身份证明,予以购票。

④优先购票。凡经国家批准的有突出贡献的中、青年科学、技术、管理专家,外出工作参加学术活动等,可凭人力资源和社会保障部颁发的"有突出贡献中青年科学家证书",在全国各地的民航售票处优先购买机票。

2. 国际航线购票证件

国内外旅客购买国际航线客票均需凭护照购买。对于难民,联合国公约与宣言中"关于难民地位的公约"规定:"联合国缔约国发给难民的旅行证件,缔约各方应予承认。"难民所获取的由缔约各方颁发的旅行证件,可用于购买国际客票。

二、旅客购票单

旅客购票单是组织旅客运输的一种业务单据,是航空公司的销售人员或销售代理人据以订座、填开客票的凭据。旅客购买客票应填写购票单;旅客所填写的购票单在出票后,即成为客源统计及航空意外事故调查的重要资料。

旅客应对所填写的旅客姓名、证件名称、证件号码、国籍、工作单位或住址、职务、购票单位、联系人或电话号码等内容的准确性负责。

出票后的旅客购票单,应按航班、日期装订,妥善保管,以备查考。售票部门对已出售客票的旅客购票单,自出票之日起 3 个月内可予销毁。

旅客购票单样式如图 3-1 所示。

购票单的填写要求:

购票单的内容以粗线为界,分成两部分,粗线以左部分由旅客填写,粗线框内由售票人员填写。旅客应逐项填写,填写内容要正确、清楚,售票人员应逐项查看,特别是"购票单位、联系人、电话",以便在航班发生变化或有其他特殊情况时,能及时通知旅客或联系处理。

××航空公司
国内旅客购票单

旅客订座记录编号：

旅客姓名	工作单位	证件号码	票价类别	机票号码

航程	航班号	等级	乘机日期	起飞时间	订座情况	是否购买航空人身保险
						是□　否□
						备注：

旅客在本地地址及电话：_____

旅客自去机场 □　或乘民航车 □

购票单位、联系人、电话：

出票人：
出票日期：

图 3-1　××航空国内旅客购票单

　　航程、航班、订座舱位、乘机日期相同的同行旅客可合填一张购票单，如果旅客姓名不够用时，可另附旅客名单。

　　为便于旅客正确填写，各地售票处应填写若干张样本陈设在适当场所，供旅客在填写时参考。

三、客票销售业务流程

1. 做好营业前准备

（1）领取票证。凭"票证领取单"领取空白票证，与财务人员当面点清数量，核准后，收发双方在票证登记本上签字。领取的票证须妥善保管，每日清点并做好交接工作。如有遗失，及时上报。

（2）准备业务用品。备齐所需的工作用笔、订书机、复写纸、销售日报、营业用章、空白票证以及"退票、误机、变更收费单"等业务用品。

（3）测试订座电脑。测试订座电脑终端机，输入工作号，进入客票销售系统，准备售票。

2. 检查购票证件，接受订座

有旅客前来购票时，检查其购票证件。请旅客填写购票单，检查是否按规定格式填写，核对旅客姓名、身份证号码是否与购票单填写的内容相符。

按旅客购票单上的航班、地点、日期,正确、完整地在电脑中建立旅客订座记录(PNR)。重要旅客、特殊旅客需额外注明。

旅客订座后,需根据票价类别的限制条款按规定时间出票。一般情况下,承运人将保留无限制条件票价的航班座位,承运人此时约定的出票时间限制为起飞前2天的中午12:00以前,如果旅客未在该规定时间内购票,所预订的航班座位将被取消。以利于航班座位的再次预订销售,提高座位的利用率。

对于有特殊限制条件的航班座位,承运人一般不允许旅客预先订座,而采取随订随售的办法。团体旅客的座位由航空公司根据其规定办理。

3. 填开客票、收取票款

纸质客票要按顺序号使用。按照旅客订座记录(PNR)的内容打印客票。要求字体清晰、内容完整、代号规范、票价正确。客票打印完毕后应与PNR核对。填开客票后,将客票号码填入旅客订座单。

旅客购买联程、中途分程或回程客票,应检查有否订妥续程或回程航班的座位,订妥座位方可售票。如是预付票款通知(PTA)订座,把PTA的号码填入所填开客票的备注栏。

收取票款,将客票和旅客身份证件交给旅客。

客票出售后,根据旅客购票单按日期、航班及序号,在相应的航班座位控制表上填写旅客的姓名、航班、票号,发现有序号重复,及时查清,以防超售。如是电脑订座部门,售票后将客票号码输入相应的PNR。

4. 销售统计

销售日报是统计运输收入的依据;售票员把当日销售情况,经过整理、复核,登入销售日报,计算出当日销售收入的总额。

根据客票的会计联、出票人联以及作废的完整客票、退票等票证分别汇总做销售日报;按先后顺序做账,并按其顺序排放票证。按销售日报所做的数字准确统计计算,每张销售日报的人民币与合计数相符。准确统计票证存根张数,并按销售日报和运输收入汇总表格式列明,一并上交财务部门。

运输收入汇总表是每次所交销售日报各页的汇总数,一式三份,一并上交财务部门。

目前绝大多数航空公司和代理人均在电脑上利用计算机订座系统中的相关指令完成销售报表,纸质销售报表只有极少部分航空公司和代理人在用。

如某些接待单位因不能向乘机人收回客票旅客联报销,售票人员可以另外开报销证明。为防止重复报销,应在填开客票的备注栏内注明"不能报销"字样。报销证明一式二联,一联为报销联,交报销单位,另一联为存根联。电子客票则凭行程单报销,如图3-2所示。

5. 向旅客交代有关事项

(1)将客票交给旅客时,应请旅客看清客票上记载的有关内容,并说明乘机日期、起飞时间、机场名称、何时到机场办理乘机手续等事项。

(2)如旅客搭乘的航班及起飞时间与民航对外公布的班期时刻表有误差时,应提请旅客注意,以免旅客误机。

(3)联程、中途分程或回程旅客,应告知其到联程、分程或回程站时,与当地民航联系办理座位再证实手续。

(4)购买国际客票旅客,应告知其出入境国家(地区)海关、移民局关于旅客通关的相关规定。

```
                ××航空公司
                  报销证明
                   报销联              年   月   日

    兹收到 _____

    计人民币(大写) _____

    系付 _____

    客票号码 _____

    _____××售票处签章 _____ 经手人 _____
```

图3-2　××航空报销证明报销联式样

四、联程、来回程客票的销售

旅客的航程由两个或两个以上的航班所组成的运输称为联程运输。旅客的航程从出发站至到达站,再按原航程返回,这样的运输称为来回程运输。为了方便旅客,航空运输企业向旅客提供预订回程、联程座位的服务。

1. 联程航班衔接时间限制

联程航班如果是纯国内航班,衔接时间不得少于2小时;国际转国内或国内转国际航班,衔接时间不得少于3小时。特殊情况下或需要转换机场时,可根据具体情况适当延长。

2. 座位的再证实

旅客持有订妥座位的联程或来回程客票,在航空公司规定的时限内进行座位再证实,航空公司根据提供的客票内容与电脑记录进行核对,完成座位再证实程序。

(1)时限要求

旅客已订妥联程或回程座位,如在联程或回程地点停留72小时以上,需在所订航班离站前两天的中午12:00以前,向有关航空公司售票部门办理座位再证实手续。否则,座位不予保留;如旅客在联程或回程地点停留时间不足72小时,无须办理座位再证实手续,座位应予以保留。

如旅客持有未订妥座位的客票,在联程或回程地点要求证实已申请的座位时,应予以优先安排座位。

(2)办理手续

采取座位再证实的客票,承运人应在客票内印上再证实的规定,以引起旅客的注意。售票人员也应在交给旅客客票前主动告知有关的客票再证实的信息及办理手续的途径。座位的证实可到售票处办理,也可通过电话办理座位再证实手续。

航空公司接到旅客再证实的通知时,应记录该旅客在当地的联系电话和地址,在订座记录相关的航段组内将航班代码由"HK"改为"RR",表示已经完成了座位再证实手续。

办理团体旅客座位再证实,应对团体人数以及有关订座情况进行核实,把旅客订座记录中的航程行动代码由"HK"改为"RR"。

在旅客再证实所订座位后,在其客票有关乘机联的"签注"栏内填注"RCFM"(RECONFIRMATION)字样。

3. 操作要求

提取旅客的订座记录,输入 RT:记录编号。

将旅客需要再证实的航段代码由"HK"改为"RR"。

将该记录进行封口。

如果有旅客的客票,需将客票的相关乘机联用更改标签贴好,填好后盖章。

五、候补购票

候补旅客是指无订座或不持任何客票而自愿到机场等候座位的旅客。旅客可以在航班有空余座位的情况下购票。为充分利用航班座位,最大可能地满足旅客的购票要求,各售票处可以在航班规订座位配额已经售完的情况下,接受少量旅客候补购票的要求。

1. 旅客候补购票的处理

候补业务需在计划候补航班所属航空公司的"候补柜台"办理(有些航空司会将候补柜台与值班经理柜台合并)。旅客出示身份证件后,提出候补航班需求,柜台工作人员请候补旅客填写旅客购票单,按先后顺序登记存放,并将候补旅客要求的航程、航班、日期、舱位以及旅客的联系地址或电话号码等资料输入电脑,做候补订座记录。

当旅客所要乘坐的航班有空余座位时,按旅客登记的先后顺序,通知候补旅客前来购票。

2. 候补购票的实现

在下列情况下,候补旅客有可能实现购票的需要:

(1)有其他旅客购票后退票。

(2)有旅客误机。

(3)原定担任航班飞行的机型改变为大机型,座位增加。

(4)航班保留的以防特殊情况使用的控制座位没有使用。

(5)航班座位供不应求,有可能安排加班飞行。

(6)联程站中,前一站的配额没有用完,本站有可以多利用的座位。

第二节 民航旅客运输凭证

民航旅客运输凭证是指与从事民用航空旅客运输活动相关的凭据,包括客票及行李票、超重行李票,退票、误机、变更收费单,旅费证,预付票款通知等用于航空运输的纸质凭证。客票及行李票、航空货运单必须采用有效的防伪措施。

公共航空运输企业及相关单位有权印制各自相关的运输凭证。运输凭证,应由具有运输凭证印制资格的企业印制,没有运输凭证印制资格的单位和个人不得印制运输凭证。

航空公司国内票证由航空公司负责设计,经民航局企业管理司审核后,航空公司负责并监督印刷。航空公司国际票证由航空公司负责设计,经民航局国际司审核后,航空公司负责并监督印刷。

一、民航旅客运输凭证的管理

航空运输票证票款的管理(包括印制、保管、发放、使用、审核、对账、保存等)是航空公司运输销售和财务部门重要的日常工作,也是衡量航空公司经营管理好坏的主要标准。

1. 航空运输凭证的收发

航空运输企业及其涉及运输凭证收发的相关单位,应当依据各自职责建立运输凭证的收发登记制度。收发双方应当严格履行交接手续。票证发放时,应按票证顺序发放;任何人未经许可,不得将票证和销售日报带离工作地点,不得把票证交由无关人员填开。

2. 航空运输凭证的使用

运输凭证应当按照相关规定填制,各联填制的内容必须保持一致,不得分开填制。公共航空运输企业及相关单位在填制运输凭证的过程中,应当按照运输凭证的号码顺序填列,不得跳号、漏号、改号。擅自涂改和转让的运输凭证无效。作废的运输凭证,应当在其凭证的右上角打孔,或在凭证各联注明"作废"标志。任何单位和个人不得非法使用运输凭证。

3. 航空运输凭证的传递

公共航空运输企业及其涉及运输凭证传递的相关单位,应当按照民航局有关规定建立严格的交接手续,保证运输凭证及时、准确、完整地传递。

4. 航空运输凭证的保管

公共航空运输企业及其涉及运输凭证收发的相关单位,应当建立运输凭证的保管制度,保证运输凭证的存储安全。售后票据应按票证顺序号、销售日期整理成册,设专用库房保存。运输凭证的保存期应当按照国家有关规定执行。保存期满的,依照相关规定由专人监销。各级发放票证的登记簿保管期为 3 年;退款单证的保管期为 5 年。

5. 航空运输凭证的监控

公共航空运输企业及相关单位,应当对各自掌管的运输凭证有管理责任,并对其收发、使用、传递、保管及监控等情况,进行定期或不定期检查。

随着电子客票的普及应用,传统的纸质票证也将逐步退出航空客运市场。电子机票在出票、作废、退票、换开、改转签等操作上具有无纸化、电子化等优势,因此在管理上也将更加便捷,同时也更加环保,很大程度上减少了纸张的浪费。

二、航空客票的定义及分类

1. 航空客票的定义

航空客票及行李票简称客票,是由承运人或其代理人填开的,是旅客乘机或交运行李的证据。狭义的客票也称为机票(Flight Ticket)或飞机票。

航空客票是一种有价票证,是旅客与承运人之间的运输契约,是承运人之间及承运人与代理人之间进行业务处理和财务结算的凭证,也是旅客乘机、交运行李和报销的凭证。航空客票全部采用实名制。

2. 航空客票的分类

（1）从来源上分，可分为航空公司本票、BSP 中性客票、电子客票。

①航空公司本票。航空公司本票即在客票的封面上印有该票所属航空公司的名称,并有其航徽及其代码等标记,如图3-3所示。航空公司本票从联数上分,有一联客票、两联客票、四联客票;从书写方式上分,有手工客票和计算机自动打印票。

图3-3　中国东方航空公司客票及行李票

②BSP 中性客票。BSP 中性客票在其封面上印有 IATA 的标志及专门设计的图案:国际客票是以蓝底红色世界地图为封面,国内客票是以白底红色中国地图为封面。

航空公司本票与 BSP 中性票均为纸质客票,其计量单位为"本",一本客票包括运输合同条件、声明、通知及财务联、出票人联、乘机联和旅客联构成,其中乘机联是乘机凭证,旅客联是报销凭证。目前,纸质客票已停止使用。国际上统一采用的是 IATA 规定的 BSP 中性电子客票。

③电子客票。电子客票(Electronic Ticket,简称 ET),是除纸质客票以外的一种新兴的客票类型,是由承运人或代表承运人销售的,一种不通过纸票来实现客票销售、旅客运输以及相关服务的有价凭证。它是纸质客票的一种存在于计算机系统中的电子映像,是一种电子号码记录。

自从 1993 年第一张电子客票出现在美国航空运输市场后,这种全新的商务运行模式已形成航空运输销售的潮流。电子客票的推广和使用将成为航空运输业降低运营成本、规避运作风险、简化商务流程和提高效率的新途径。我国自 2008 年 6 月 1 日起,开始全面使用 BSP 中性电子客票。

电子客票的用途与普通纸质客票相同,不同的是电子客票的所有数据,如旅客航程、运价、舱位等级、支付方法和税费等信息均以数据的形式存储在出票航空公司的电子记录中,以电子数据交换替代纸票交换数据。

确认生效的承运人(VALIDATING CARRIER),是对电子出票业务管理和授权的单位(也就是出票航空公司)以电子数据形式追踪一个旅客运输的全过程。

电子客票不仅方便了旅客,更为航空公司和代理人带来了极大的益处,节省了大量的人力和物力,可以免去纸质客票的印刷、运输、保管和回收等费用;同时它使传统的纸质机票的票据流变为电子化数据流,它可以完成像纸票一样的功能,执行出票、作废和退票等操作,但又没有纸票遗失或被冒用的风险。

电子客票所有的销售、离港和结算数据全部安全地存储在航空公司的电子客票数据库中,航空公司通过联网的计算机能够及时、清晰、准确地掌握相关信息,对于提高航空公司整体的管理水平有着积极的促进作用。相对电子客票,大多数航空公司仍发放纸质的登机牌。

(2)从客票的时间上分,可分为定期客票和不定期客票。

①定期客票,又称 OK 票。是指由航空公司或代理人填开给旅客的列明航班、乘机日期、时间和订妥座位的客票。定期客票只适用于客票上列明的乘机日期和航班、起讫点。

②不定期客票,又称 OPEN 票。是指由航空公司或代理人填开给旅客的未列明航班、乘机日期、时间,未订妥座位的客票。旅客持不定期客票旅行,需要提前向承运人预订航班座位。

(3)从航程类型分,可分为单程客票、联程客票和来回程客票。

单程客票是指列明一个航班的点到点的客票。

联程客票是指列明两个(含)以上航班的客票。

来回程客票是指从出发地至目的地,并按原航程返回原出发地的客票。

三、航空客票的内容

无论是纸质客票还是电子客票,航空客票上均应当至少包括以下内容:

1. 承运人名称

承担本航程运输的航空公司的名称,一般都是实际承担运输的航空公司的名称。但在代码共享的航线上,航空公司的名称有两种可能:一是承运方名称,用实体飞机执行航班的航空公司;二是营销方名称,用自己的航班号销售航班,但不是由自己执行实际航班。

代码共享(Code Sharing)是一家航空公司营销而由另一家航空公司运营的航班。即旅客在全程旅行中有一段航程或全程航程是在 A 航空公司购买的机票,但实际乘坐的是 B 航空公司的航班,那么 A 和 B 的此航班号为代码共享。这对航空公司而言,不仅可以在不投入成本的情况下完善航线网络、扩大市场份额,而且越过了某些相对封闭的航空市场的壁垒。

对于旅客而言,代码共享航班具有以下显著优点:

①基于联合的航线网络,可以飞往更多的地点。

②协调有序的航班计划,可以使航班合理衔接。

③通过常旅客管理制度,旅客能够在营销公司获取里程积分。

④在衔接的机场减少中转时间。

⑤代码共享双方的联合网络,可以有更大的费用选择。

⑥无缝衔接的航班就像一个航空公司一样,方便旅客的出行管理。

⑦在一些机场,共享双方的运送旅客和行李的设备可以共享。

正因为代码共享优化了航空公司的资源,并使旅客受益匪浅,所以它于 20 世纪 70 年代在美国国内市场诞生后,到 20 世纪 90 年代便已成为全球航空运输业内最流行的合作方式。

根据合作协议,代码共享航班又可分为完全代号和包座代号两种情况。完全代号指共享航空公司和承运航空公司用各自的航班号共同销售同一航班,而不限制各自的座位数。包座代号指共享航空公司和承运航空公司达成合作协议,购买承运航空公司某一航班的固订座位数,共享航空公司只能在此范围内用自己的航班号进行销售。包座代号共享又根据所包座位能否在一定期限之前归还承运航空公司,分为锁定包座和灵活包座代号共享。从代号共享的深度和广度来分,又可分为战略性的网式共享和战术性的航线共享。

2. 出票人名称、时间、地点

出票人名称指销售该客票的企业名称,销售企业可能包括实际承运的航空公司、代码共享航空公司及民航客票销售代理人。

3. 旅客姓名

(1)旅客姓名的表示方式

国内旅客按旅客身份证件上的旅客全名填写;国外旅客按其购销证件上的姓名填写。

外国旅客:按其购票证件上的姓名填写为:姓/名(或名的首字母)。

如:旅客 JOHN SMITH,应填写为 SMITH/JOHN 或 SMITH/J。

如果名字不便使用或此栏无足够的地方打印时,可以用名字的首个字母取代。当姓氏中包含连字符或复姓氏时,要去掉连字符或用空白间隔。

如:旅客 WILLIAM HENRY SMITH,应填写为 SMITH/WILLIAM HENRY 或 SMITH/WH。

(2)国际客票旅客的称呼

按惯例,国际客票会在旅客姓名后加上称呼,一般有以下常用的称呼表述形式:

MR:成年男性旅客。

MRS:已婚的成年女性旅客。

MS 或 MISS:成年女性旅客。

MIST:女孩子(儿童或婴儿)。

MSTR:男孩子(儿童或婴儿)。

DR:医生。

REV:神职人员。

(3)特殊旅客代码

为方便做好运输准备及服务工作,对于特殊旅客,订票时需在其姓名后加上特殊旅客代码。常见的特殊旅客代码有:

CHD:按正常票价 50% 付费的儿童旅客。

INF:按正常票价 10% 付费的婴儿旅客。在出票时注意在客票签注栏内注明陪伴人客票的号码,在陪伴人客票签注栏内注明婴儿客票的号码。

有时在儿童或婴儿旅客的姓名后要加注出生年月日或年龄。例如:张良 CHD 22MAR08。

UM:5～12 周岁无成人陪伴儿童,姓名后注明 UM(Unaccompanied Minor) + 年龄。

YP:12～16 周岁无人陪伴儿童,姓名后注明 YP(Young Passenger) + 年龄。

VIP:最重要的旅客。

CIP:最重要的商务旅客。

CBBG：行李放入客舱自行照管，并占用座位的付费旅客。
COUR：商务信使。
DEPA：有押送人员随机同行的不符合入境规定而被遣返的旅客。
DEPU：无押送人员随机同行的不符合入境规定而被遣返的旅客。
DIPL：外交信使。
EXST：占用一个座位以上的付费旅客。
INAD：未办理签证手续或护照有效期失效而被有关国家拒绝入境的旅客。
STCR：使用担架的旅客。
BLND：盲人旅客。
DEAF：聋哑旅客。
TWOV：无须签证过境旅客。
WCHC/WCHS/WCHR：轮椅旅客。
SP(可不填)：加在旅客姓名之后，以说明由于无自理能力，此旅客须予以帮助。

(4)特殊服务需求代码

旅客根据自身需求，订票时提出的各类服务需求，航空公司如果具备服务能力，则满足旅客的需求，在其姓名后加注特殊服务需求代码，后续运输中要为旅客提供相应的服务。

BBML：婴儿餐。
CHML：儿童餐。
DBML：糖尿病人餐食。
VGML：素食。
MOML：清真餐。
KSML：犹太餐。
GFML：无麸质餐。
LFML：低胆固醇、低脂肪餐。
FRAG：易碎行李。
PETC：在客舱内携带宠物的旅客。
BSCT：要求婴儿座椅(摇篮)。
BULK：携带大型行李。
XBAG：超重行李。

4.航班始发地点、经停地点和目的地点

按照旅客航程顺依次填写始发地点、经停地点和目的地点。

(1)国内客票

地名一律用汉字全名，有时在后面加上三字代码标明机场。当一个城市有一个以上机场时，在填写城市名称后，再填写旅客乘机或到达的中文机场名。

(2)国际客票

地名使用英文全名，如果一个城市有两个以上机场时，应将涉及的机场的全称或三字代码填入城市全称之后；不同的国家有相同的城市名时，也要填入城市名的三字代码。

例如：

X/O	NOT GOOD FOR PASSENGER
	FROM MOSCOW SHEREMENYEVO

X/O	NOTGOOD FOR PASSENGER
	FROM MOSCOW　SVO

X/O	NOT GOOD FOR PASSENGER
	FROM LAPAZ　　LAP
TO	MEXICO
TO	LAPAZ　　LPB

如果一个城市有两个以上的机场，旅客达到的机场和离开的机场不同时，要在城市全称后先填写到达机场的三字代码，画一斜线后再填写离开机场的三字代码。

例如：

X/O	NOT GOOD FOR PASSENGER
	FROM VANCOUVER
TO	MONTREAL　YUL/YMX
TO	LONDON　LHR

缺口程的地面运输航段运价如果包括在运价中，填入"SURFACE"，不包括在运价中则填入"VOID"。

国际航程中的经停地点，如果该地点是中途分程点（即旅客在该地停留时间超过 24 小时），则需在该地点前标注"O"；如果经停点地点是中间经停点（即旅客在该地停留时间小于 24 小时），在该地点前标注"X"。但中途分程点一般省略掉不填写。

5. 航班号、舱位等级、日期和离站时间

（1）航班号

填写各航段已经申请或订妥座位的航班号。如果无已经申请或订妥座位的承运人，此栏不填；如果一个航段有两个承运人，只需填第一个承运人的代码。

（2）舱位等级/运价级别

填写已订妥座位或已申请座位的座位等级代号。

国内客票按照旅客所订座位等级分别以代号表示：头等舱 F，商务舱 C，经济舱 Y，特种票价舱位 T、K、H、M、G、S、L、R、Q 等（以各航空公司规定为准）。

国际客票的代号较为复杂，常见的如下：

①首位代号。首位代号是运价等级代号，必须填写。首位代号可以单独使用，也可以与其他代码组合使用。

F：头等舱。

P：超豪华头等舱。

R：超音速头等舱。

C:公务舱。

J:超豪华公务舱。

Y:经济舱。

M:经济舱折扣票。

K:经济舱折扣票。

②季节代号。季节代号不是必须填写项。

H:旺季。

K:平季。

L:淡季。

③星期及日的某部分代号。

W:周末(周五到周日)。

X:平日(周一到周四)。

N:夜航客票。

④运价类型代号。运价类型代号是和首位代号相对应的。

AP:提前购票运价。

EE:短程旅行票价,需要加上时间期限。

MM:军人票价。

OX:单程短途旅行票价。

PX:购物旅行票价。

⑤旅客类型代号。

AD:代理人折扣。

CG:导游折扣。

CH:儿童折扣。

DL:工人折扣。

DF:婴儿折扣。

SC:船员折扣。

SD:学生折扣。

⑥航程类别代号。

OW:单程运价。

RT:来回程运价。

CT:环程运价。

RW:环球程运价。

OJ:缺口程运价。

例如:

Excusion Fare with a Child's discount of 33%,代号为:YEE90/CH33

(3)乘机日期

乘机日期用 5 个字符表示:两个阿拉伯数字表示日,月份用三个字母缩写表示(DDMMM)。例如10月1日,表示为:01OCT。

（4）离站时间

根据承运人公布的班期时刻的离港时间填写，以 24 小时制表示。例如上午八点半应表示为 0830、下午八点五分应表示为 2005。以上时间为始发地当地时间。

美国和加拿大的航空公司使用 12 小时制，时间后面需要加上代号：

A：表示 AM(上午)。

P：表示 PM(下午)。

N：表示 Noon(中午)。

M：表示 Midnight(午夜)。

（5）订座情况

填入订座情况代号：

OK：座位已订妥。

RQ：已经订座但未获得证实或列入候补。

NS(NO SEAT)：不单独占座的婴儿。

SA：利用空余座位。

6. 票价和付款方式

（1）票价计算表达式

填写票价的计算过程或运用此票价的依据。国内客票与国际客票的计算方法有区别（后续章节会涉及国际客票运价的计算）。

国内客票的票价表达式将始发地、承运人、目的地（如有经停地点按顺序表述）、该航段票款、全航程票款按顺序表述出来，最后用 END 封口。

例如：旅客购买了四川航空公司运营的成都至上海航线机票，票价为 920.00 元，票价计算表达式为：

CTU 3U SHA 920.00 CNY920.00 CNY920.00 END

或　　　CTU 3U SHA 920.00 CNY920.00 TOT920.00 END

例如：旅客购买了广州至上海、上海至北京的联程机票；其中第一段是海南航空公司的航班，票价为 870.00 元；第二段是中国国际航空公司的航班，票价为 690.00 元，票价计算表达式为：

CAN HU SHA 870.00 CA PEK 690.00 TOT1560.0 END

或　　　CAN HU SHA 870.00 CA PEK 690.00 CNY1560.00END

国际客票的票价表达式包括两部分，竖式表达式和横式表达式。

竖式表达式由 5 部分组成：

"FROM/TO"：填入航程中的始发地、经停地、目的地城市的三字代码。

"CARR."：填入相应航段的承运人的两字代码，如果未指定承运人，填入"YY"。这一栏的最后一格，填入"IROE"或"ROE"。

"FARE CALC."：用 NUC 标明运价计算过程，具体方法见"国际航空运价计算"部分。在这一栏的最后一格，填入 IATA 兑换率，即始发国货币的 IROE。

"TOTAL FARE"：填入计算所得总的 NUC 数值。

"FARE"：填入运输始发地的货币代号及金额。

例如：

FROM/TO	CARR	FARE CALC
VIE		
FRA	NG	
NYC	LH	
MIA	DL	20M
PBM	PY	2303.17
—		
	ROE	11.16458
TOTAL		NUC2303.17
	FARE	ATS25720

横式表达是根据竖式表达式填写运价计算过程，具体方法见"国际航空运价计算"部分。

例如：根据上例中的竖式表达式，填写横式表达式：

```
VIE NG FRA LH NYC DL MIA PY PBM20M 2303.17
NUC2303.17END ROE11.16458
```

(2) 票款

票款包括机票价格与航空旅行相关的税费。

国内客票填写全航程的票价总额，付款货币为人民币时，应在票价总额前打印货币三字代码 CNY。客票价以人民币 10 元为计算单位，尾数按照有数就进的原则进位。国内航线的税费包括民航发展基金(CN)和国内航线燃油附加费(YQ)。

国际客票的票价总额在上文的竖式表达式中已经表述，税费根据各离境国、经停国、目的国的政策交纳，具体需查询相关国家对外公布的政策。

税款与实付货币一致的情况下，货币代号可省略不填；如果某国不收取税款，此处填写"EXEMPT"，如果税的种类超过三种，可将某一国所有税进行加总计算，后面加上这个国家的两字代码。如果税的种类较多，可将剩下的所有税加总到一起，后面加上"XT"，但需要在"签注(RESTRICTIONS/ENDORSEMENTS)"部分把税的内容表示出来，在竖式表达式剩下的空格内表示也可以。

(3) 实付等值货币

只有当付款货币和运输始发地货币不同时才填写，填入货币代号及金额。如果实付货币与运输始发地货币一致，可省略不填。

(4) 付款方式

根据旅客的实际付款方式填写。

CASH：用现金、旅行支票支付,国内旅客使用银联借记卡支付的也属于现金支付。

CHEQUE/CHEQUE：支票(不包括旅行支票)。

TKT：客票换开,换开客票需补收差价时,应填写原客票的付款方式和新的付款方式。

MCO：用旅费证支付。

PTA：用预付票款通知支付。

GR 加号码：政府运输申请书/委托书。

AGT：销售代理人。

CC：信用卡支付,国际客票需填入信用卡两字代码和卡号,有时需要表明信用卡的有效期。常用的信用卡的两字代码如下。

AX：American Express。

VI：Visa International。

CA：Mastercard。

EC：Rurocard。

DC：Diners Club。

7. 客票号码

(1)国内客票号码。国内客票的号码由13位数字组成,前三位数字为航空公司运输凭证代号;第四位数字为客票乘机联的联数;后八位数字是按不同航空公司标准制定的客票序号;第十三位数字是检查号(0~6)。例如,中国南方航空公司的二联式客票"784 - 221881208 5"。

【例3-1】
海南航空股份有限公司的两联客票的客票号码为：
880　-　2　　20807923　　0
航空公司票证代号　客票联数　客票顺序号　检查号

每个航空公司都有特定的票证代号,如999(国航)、784(南航)、781(东航)、479(深航)、880(海航)、731(厦航)、089(春秋)、876(川航)、774(上航)、324(山航)等。

(2)国际客票号码。国际客票号码由14位数字组成,前三位数字为航空公司运输凭证代号;第四位至第十三位数字是客票序号;最后一位是检查号。在客票号的最前面,还包含乘机联号码。

【例3-2】
2　　　618　　　440　　9065249　　4
乘机联号　航空公司代号　票证类别　客票序号　检查号

检查号是客票序号除以7之后所得的余数。

8. 运输说明事项

填入和客票使用或乘机需要特别注明的事项。例如：签转条件、特殊运价的限制条件、退款条件等。

四、电子客票行程单

航空运输电子客票使用"航空运输电子客票行程单"(以下简称"行程单")作为旅客购

买电子客票的付款凭证或报销凭证,同时具有提示旅客行程的作用。行程单由国家税务总局监制,并按照《中华人民共和国发票管理办法》纳入税务机关发票管理,是旅客购买国内航空运输电子客票的付款及报销凭证。

行程单采用一人一票制,不作为机场办理乘机手续和安全检查的必要凭证使用,自2006年6月1日起开始执行(图3-4)。

航空运输电子客票行程单
ITINERARY/RECEIPT OF E-TICKET   印刷序号:
FOR AIR TRANSPORT   SERIAL NUMBER:

旅客姓名 NAME OF PASSENGER		有效身份证件号码 ID NO				签注 ENDORSMENT/RESTRICTIONS(CARBBON)				
	承运人 CARRIER	航班号 FLIGHT	座位等级 CLASS	日期 DATE	时间 TIME	客票级别/客票类别 FARE BASIS	有效截止日期 NOT VALID BEFORE	有效截止日期 NOT VALID AFTER	免费行李 ALLOW	
自 FROM										
至 TO										
至 TO										
至 TO										
至 TO	票价 FARE		机场建设费 AIRPORT TAX		燃油附加费 FUEL SURCHARGE		其他税费 OTHER TAX		合计 TOTAL	
电子客票号码 E-TICKE NO		验证码 CK		提示信息 INFORMATION				保险费 INSURANCE		
销售单位代号 AGENT CODE		填开单位 ISSUED BY					填开日期 DATE OF ISSUE			

图3-4 航空运输电子客票行程单式样

五、旅费证

旅费证,也叫杂费证,全称是 Miscellaneous Charges Order,简称 MCO,是航空公司用以支付与旅客运输有关费用(如用于承兑、抵付各种服务项目和用途)而填开的一种国际运输票证。该凭证不得用于由一国至另一国款项的转移。

目前,国际上航空运输使用两种旅费证:承运人旅费证和旅行代理人旅费证。我国航空公司只使用承运人旅费证。

1. 旅费证的用途

旅费证用途很广,它可以支付航空运费、地面运输费、超重行李费(旅客有时不愿意携带现金到机场,可在售票处,用现金或支票购买 MCO,持 MCO 到机场支付超重行李费)等。

旅费证可用于支付以下费用:
(1)航空或地面运输费用。
(2)超重行李费。
(3)作为货物交运的行李运费。
(4)综合旅游的地面费用。
(5)出租车费。
(6)提供高级设备的航空或地面服务费用。

(7)提高座位等级或付款不足时的附加费用。
(8)税款。
(9)预先交付的款项。
(10)现金交付的款项。
(11)可以退还的差额。
(12)旅馆费用。
(13)作为填开"预付票款通知"的凭证。
(14)其他可以收取的服务费用。
在我国航空公司国际售票柜台,最常见的 MCO 的用途是提高座位等级和预付票款通知。

2. 旅费证的构成
旅费证由下列各联顺序组成:
(1)财务联:淡绿色,财务部门审核用。
(2)出票人联:粉红色,由填开旅费证的部门存查。
(3)换取服务联:黄色,由接收旅费证的空运企业撕下,据以换开票证或提供其他服务,供顾客结算用。
(4)旅客联:印在封底内侧,白色,由旅客留存。
旅费证根据所含换取服务联的多少分为三种,即一联 MCO、二联 MCO 和四联 MCO。

3. 旅费证的号码
每一本 MCO 的封面及每一张票联上均有一个 MCO 号码。
例如:999 401 0052238 3。

  999:航空公司票证代号。
  401:票证类别,表示一联 MCO。
  0052238:顺序号。
  3:检查号。

4. 旅费证的有效期
旅费证自填开之日起一年有效,旅游代理不能为非指定运输填开运输凭证。有些公司对 MCO 的填开和使用有特殊要求,可查阅航空运价资料及该公司对外发布的条款。

5. 旅费证的分类
旅费证根据其用途可以分成许多种类,我们可以将经常使用的旅费证简单分成两大类,即为指定运输而填开的 MCO 和为非指定运输而填开的 MCO。
(1)指定运输用旅费证(Specified Transportation)
为指定运输而填开的 MCO,可以支付航空、海运、铁路、汽车或其他地面运输费用或超重行李费用,填开时应遵守以下条件。
①开给一个指定的承运人并限定一种类型的服务,可同时包括旅客和行李运输。
②应指明运输起讫地点、座位等级、票价及票价计算点。
③应指明旅费证的用途,如:
  a. AIR TRANSPORTATION(航空运输);

b. PTA(预付票款通知);

c. EXCESS BAGGAGE(超重行李);

d. PAYMENT FOR(用现金支付);

e. DEPOSIT FOR(预交);

f. ADDITIONAL COLLECTION FOR(加收);

g. TAXES ON(税款);

h. EXTRA FARE FOR(额外付费);

i. SLEEPER/BERTH(卧席);

j. STATE ROOM(卧舱)。

④应列明旅客姓名,除非作为"预付票款通知"而填开MCO乘机人未确定者外。关于这一点,对航空公司和旅游代理有各自的规定。

⑤当一本为指定运输而填开的MCO是由一个以上的承运人接收时,可以填开二联或四联MCO,在MCO的各个不同的换取服务联上相应地列明各个指定的承运人。

(2)指定综合旅游的地面服务费用

为此类用途而填开的MCO需要开给指定的旅游代理人,用以支付综合旅游所安排的地面服务费用。目前我国各航空公司极少使用。

(3)非指定运输及其他服务用旅费证(Unspecified Transportation and Other Services)

为非指定运输而填开的MCO,用于不属于上述指定运输情况范围之内的运输和其他服务。例如:为退款而填开的MCO,交旅客持此MCO到原购证地点办理退款之用。

6. 旅费证的使用

(1)旅费证的价值限额

①为指定运输而填开MCO,价值不限,但不能超过要求提供航空运输及其他服务的实际价值。如果MCO的价值超过5000美元,则其必须得到填开MCO的航空公司确认后才能被接受。

②为非指定运输而填开的MCO,价值不能超过750美元或与其等值的其他国家货币。

③为退款而填开的MCO,不受价值限额限制。如退款额超过350美元或其等值货币,则MCO不能改作其他用途。即超过350美元,MCO只能指定用于退款;反之,它可以作为非指定运输和其他服务用的MCO而改作其他用途。

(2)旅费证的接收

①接收为指定运输而填开的MCO,只限在MCO上指定的航空公司或签转后指定的航空公司使用,并只限用于指定的运输服务项目或由MCO上列明的原填开航空公司退款。

②接收为非指定运输而填开的MCO,只限MCO上指定的航空公司或经签转后的航空公司使用,并只限于由MCO上所列明的原填开航空公司退款。

③对于任何价值总额超过5000美元或与之等值的其他货币的MCO,要得到出票航空公司的确认后方可使用。可采用电报确认,电报复印件应订在MCO的换取服务联上。

④任何价值超过350美元或与之等值的其他货币的为非指定运输而填开的MCO,均不予接收。

⑤如果 MCO 上用文字表示的金额与数字表示的金额不符,以文字表示的为准。

⑥为防止冒退或冒用,如发现 MCO 有改动的痕迹,应立即通知原出票航空公司或上级主管部门。

⑦使用换取服务联或退款时,必须同时出示 MCO 的旅客联。

(3)接收按"指定价值法"填开的旅费证

由指定价值的换取服务联上所指定的空运企业,将有关的换取服务联撕下,并根据指定的内容填开客票或提供某种服务,然后将换取服务联随同换取的客票或提供服务票证的会计联一同送交财务部门。

各联指定价值之和超过文字表示的金额的 MCO 不予接收;若换取服务联价值超过提供服务所需费用,应以余额填开退款用 MCO 给旅客。

(4)接收按"价值递减法"填开的旅费证

换取服务联只能按顺序使用,并需同时出示旅客联。

接收第一张换取服务联的空运企业,应将所提供服务的当地货币金额,使用接收 MCO 之日当地银行买入价(BBR)折合为与 MCO 所列货币价值相同的货币金额,填入"第一换取服务联价值"栏内,然后将 MCO 价值总数减去,此价值的余额填入"余额"栏内,并在相应的"订座记录"栏内用文字列明该余额价值,以此类推。然后将换取服务联撕下,随同换取的客票或提供服务票证的会计联送交财务部门。

若 MCO 的价值全部用完,但余下未用的换取服务联,则在换取服务联的深色部分写上"VOID"字样,撕下该联,同接收的换取服务联一起上交。

在接收最后一张换取服务联时,无论接收后有无余额,都应将 MCO 的余额全部填入"本联价值"栏,并撕下。若接收还有余额,则将余额填开一本新的 MCO,交旅客继续使用或作退款用。

无论是"指定价值法"还是"价值递减法"的 MCO,在接收时都需将有关换取服务联撕下,附在换取的运输凭证的会计联上,一同交财务部门。

在接收旅费证时,应检查与我方有无结算关系。

六、预付票款通知

预付票款通知,即 Prepaid Ticket Advice,简称 PTA,是指付款人在另一地点为旅客交付客票票款,并由收取票款的空运企业用电报或信函通知旅客所在地的某空运企业或办事处,填开客票给旅客,这种方法称作预付票款通知。

1.预付票款通知的用途

(1)用于支付航空运输票价及税款;

(2)预付超重行李费和其他相关费用;

(3)支付提高座位等级差额票款;

(4)用于支付与该预付票款通知指定运输有关的服务费用。

2.预付票款通知的使用权限

预付票款通知一般只限指定的旅客本人使用,不得转让。但在特殊情况下,可不指定旅客姓名,但应指定在出票地点出票空运企业与之联系的单位。

有些航空公司,在旅客成行前,收到发出 PTA 航空公司的授权改名电报,确认付款人同意后,可以更改旅客姓名。

预付票款通知只限指定的路线和承运人,如旅客要求更改旅行路线和承运人,也需要得到付款人的认可。

承运人对付款人向旅客提出的有关旅行的要求,不承担任何责任。在未根据预付票款通知填开客票给旅客以前,不能认为承运人与旅客之间已订立运输契约。

3. 预付票款通知的有效期

使用旅费证作为预付票款通知的凭证,自填开旅费证之日起一年有效。旅客必须在旅费证有效期内使用预付的票款,以预付票款填开的客票,自出票之日起,一年有效。

预付票款通知自发报之日起三个月之内有效,三个月之内不出票,将电报退回。

4. 预付票款通知的付款

中国民航各航空公司发售的预付票款通知,应优先预订中国民航有关航空公司的座位。必要时,也可根据旅客意愿,选择外航航班。

旅客要求国内航空公司向另一地亲友(或团体组织、政府机关)收取客票票款,如旅客全部或部分航程乘坐中国民航各航空公司的飞机,可以接受办理。由国内各航空公司向其驻外办事处发出通知,向付款人收取票款。

预付票款通知必须符合我国和有关国家货币管理和外汇管理的规定,防止利用预付票款通知办法进行违法活动。

第三节 电子客票销售的系统操作

中国民航电子客票订座系统对销售代理人采用两级授权机制,即对代理人授权和对工作人员的工作号授权。代理人只有获得以上两种授权才能开具电子客票。

订座终端线路接通后,便可以进入系统进行航班信息查询及座位销售。订座系统的基本使用信息包括:部门代号(OFFICE)、部门中的终端 PID、打票机、营业员工作号等信息。一个营业部通常有一个部门代号(OFFICE),一个部门中可以有多台终端,而每一台终端只能属于一个部门;同一个部门中的终端可以共享打票机;每台终端或打票机都有唯一的一个 PID。

一、系统及终端操作

1. 进入系统

键入:>$$ OPEN TIPB <XIMT>

系统显示:SESSION PATH OPEN TO:TIPB

表示已经进入了中国民航 ICS 系统。

格式说明:

>:在系统中是一个实心三角,按"ESC"键显示。输入的指令前面必须有一个">"。

B/C3:B 和 C3 是将要进入的系统的名称,在 ETERM 中,"C3"表示 CRS 系统,"B"表示 ICS 系统。

＜XIMT＞：＜XIMT＞是串键，在键盘上按"F12"或小键盘上的"Enter"键。表示执行
">"与光标之间的命令。

2．显示本台终端信息

显示本台终端信息的指令是 DA，DA 用于查看是否输入营业员工作号，以及本台终端的 PID。

指令格式：> DA：

【例3-3】

查看 ICS 中工作区状态。

输入：> DA：

系统显示：

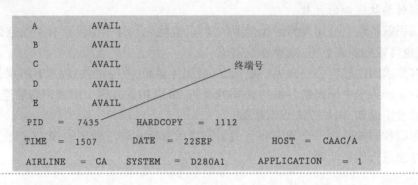

说明：

（1）用户在日常工作中，应明确在"DA"中，PID 是一项重要的参数。当终端不能工作时，维护人员经常要问到终端的"PID"。

（2）A、B、C、D、E 表示工作区，之后的"AVAIL"表示该工作区是可用的。

（3）DA 中的其他内容，营业员可以忽略。

3．输入营业员工作号

指令为 SI。每个营业部员工都有属于自己的工作号，工作号包括密码、级别等内容，每个工作号只能在自己的营业部（OFFICE）中使用。只有输入自己的工作号才可以正常使用订座系统。

指令格式：> SI：工作号/密码/等级/部门号

【例3-4】

工作号为11111，密码为1234A，级别为41，部门号为 PEK999 的营业员准备进入系统。

（1）输入：> SI：11111/1234A/41/PEK999

系统显示：PEK999　SIGNED　IN　A，表示 PEK999 这个部门的工作人员登录了 A 工作区。若正常进入，系统将显示系统注册公告信息。

（2）再输入 DA，查看工作区的信息：

输入：> DA：

系统显示：

```
A*         11111      22SEP       1504       41      PEK999
B                     AVAIL
C                     AVAIL
D                     AVAIL
E                     AVAIL
PID    =   7435       HARDCOPY   =   1112
TIME   =   1507       DATE   =   22SEP       HOST   =   CAAC/A
AIRLINE =  CA         SYSTEM =   D280A1      APPLICATION = 1
```

可以从系统显示上看出，PEK999 这个部门的工作号 11111 已于 9 月 22 日 15:04 进入系统工作。

说明：

(1) 所有营业员的工作级别都是 41；
(2) 工作号只能在本部门的终端上使用。

4. 临时退出系统

指令为 AO。在某些情况下，营业员临时离开系统时，需要将工作号退出来，可用 AO 功能。

指令格式：> AO。

【例 3-5】

工作人员 11111 已在终端 7345 上进入系统：

```
A*         11111      22SEP       1504       41      PEK999
B                     AVAIL                  工作区域
C                     AVAIL
D                     AVAIL
E                     AVAIL
PID    =   7435       HARDCOPY   =   1112
TIME   =   1507       DATE   =   22SEP       HOST   =   CAAC/A
AIRLINE =  CA         SYSTEM =   D280A1      APPLICATION = 1
```

现工作人员欲临时退出系统。

键入：> AO，系统显示 AGENT A-OUT，表示临时退出成功。

完成后，再用 DA 显示 PID7345 的状态，键入：> DA，系统显示：

```
A          11111      22SEP       1504       41      PEK999
B                     AVAIL
C                     AVAIL       "*"号消失，表示临时退出工作区
D                     AVAIL
E                     AVAIL
PID    =   7435       HARDCOPY   =   1112
TIME   =   1507       DATE   =   22SEP       HOST   =   CAAC/A
AIRLINE =  CA         SYSTEM =   D280A1      APPLICATION = 1
```

与例 3-4 中输入 DA 指令后系统显示相比较,可发现,在输入 AO 后再输入 DA 指令,A 工作区的活动表示＊没有了,这说明在输入 AO 以后,A 区已由本活动区变为非活动区。这时如进行航班查询等工作,系统将显示:"SI",意思是要求工作人员重新进入系统。

5. 恢复临时退出

指令为 AI。当工作人员在临时退出系统以后,需要重新进入工作,要用恢复临时退出的系统指令,即 AI 指令。

指令格式:＞ AI:工作区/工作号/密码

【例 3-6】

现工作人员 11111 欲重新进入系统。

键入:＞ AI:A/11111/1234A

系统显示:AGENT A —IN,表示重新登录成功。

6. 退出系统

指令为 SO。当工作人员结束正常工作时,需将工作号退出系统以防被他人盗用。

指令格式:＞ SO:

【例 3-7】

将工作号 11111 退出系统。

键入:＞ SO:

若正常,系统显示:PEK999 11111 SIGNED OUT A ,表示 PEK999 部门的工作号为 11111 的工作人员从 A 工作区退出(SIGN OUT)。

有时在退号时,系统显示其他内容而不让退号,这表明该工作号在退号时,有其他未完成的工作,需将未完成的工作结束后才能退号。常见的出错信息提示如下:

PENDING:表示有未完成的旅客订座 PNR,在退号前必须完成或放弃。

TICKET PRINTER IN USE:表示未退出打票机的控制,退出后即可。

QUE PENDING:表示未处理完信箱中的 QUEUE、QDE 或 ONE。

PROFILE PENDING:表示未处理完常旅客的订座,PSS:ALL 处理。

二、航班信息查询

1. 航班时刻显示指令:SK

SK 指令可以查询一个城市对在特定周期内所有航班的信息,包括航班号、出发到达时间、舱位、机型、周期和有效期限。SK 指令所显示出的航班信息的时间段为指定时间和前后三天共一周的时间。

指令格式:＞ SK:选择项/城市对/日期/时间/航空公司代码/座位等级

2. 指定日期的航班时刻表:DS

DS 指令用于显示指定日期内所有固定航班情况,其格式与 SK 完全相同。

指令格式:＞ DS:选择项/城市对/日期/时间/航空公司代码/座位等级

3. 座位可利用情况显示:AV

AV 指令用于查询航班座位可利用情况,以及其相关航班信息,如航班号、舱位、起飞到达时间、经停点等,是一个非常重要的指令。城市对为必选项,其余为可选项。

指令格式:AV:选择项/城市对/日期/起飞时间/航空公司代码/经停标识/座位等级(/D)

4. 显示回程航班信息:AV:RA

在已有 AV 显示的前提下,显示回程航班座位情况。

指令格式:> AV:RA/返程日期

5. 最早可利用航班的显示:FV

FV 指令提供了最早有座位的航班信息,它显示内容与 AV 相似。它会对选定日期以后的航班进行检索,指导找到最早可提供座位的航班。该指令只能查询中国民航航班信息。城市对为必选项,其余为可选项。

指令格式:> FV:选择项/城市对/日期/起飞时间/座位数/航空公司代码/座位等级

6. 航程情况显示:IT

IT 指令用于查询航程情况。

指令格式:> IT:航班号/日期

7. 航班情况显示:FF

FF 指令用于查询航班的经停城市,起降时间和机型。

指令格式:> FF:航班号/日期

8. 航段情况显示:DSG

DSG 指令可以显示指定日期的航段上的航班信息,包括:航班的起飞降落城市、起飞降落时间、航班的空中飞行时间、航班的空中飞行距离、经停点数、航班机型、餐食等,而且还包括航班信息标识等。该指令可以直接显示出旅客 PNR 中涉及的全部航段信息,便于旅客掌握旅行中的航班动态。

指令格式:> DSG:完整显示项/航班号/座位等级/日期/航段

> DSG:完整显示项/PNR 中所选航段的数字 1/PNR 中所选航段的数字 2

9. 国内票价查询:FD

FD 指令可以查询国内航空公司国内段票价。

指令格式:> FD:城市对/日期/航空公司代码

说明:

P:显示结果按照起飞时间先后顺序排列;

A:显示结果按照到达时间先后顺序排列;

E:显示结果按照飞行时间由短到长排列。

如果不选,默认为 P。

城市对用城市的三字代码表示,如海口—北京表示为 HAK—PEK。

【例3-8】

查询 10 月 20 日北京—上海的航班座位可利用情况。

使用 AV 指令进行指定日期的航班信息查询,显示座位可利用情况。

键入:> AV:PEKSHA/20OCT

系统显示：

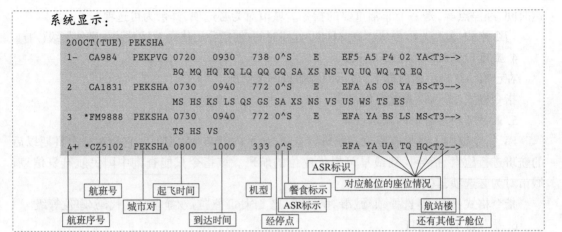

说明：

(1)经停点 0 后面的 ASR 标识"^",表示该航班可以为旅客预订航班座位。

(2)显示中在餐食标识后如出现 DS#,为该航空公司与 CRS 之间的协议级别,不同的协议级别,获取座位的方式不同,DS#是最高的协议级别;若显示 AS#,则表示该航班做过时间变更。

(3)FCYSBHKLMQT 为舱位等级。

(4)对应的座位可利用情况代号,有以下几种含义：

A:可以提供 9 个以上座位;

1-9:可以提供 1~9 个座位,这种情况下系统显示具体的可利用座位数;

L:没有可利用座位,但旅客可以候补;

Q:永久申请状态,没有可利用座位,但可以申请(HN);

S:因达到限制销售数而没有可利用座位,但可以候补;

C:该等级彻底关闭,不允许候补或申请;

X:该等级取消,不允许候补或申请;

Z:座位可利用情况不明,这种情况有可能在外航航班上出现。

(5)航班最后若有"＊"或"－－>",表示还有其他子舱位未显示完全,若要继续查询,可以键入 > AV:C/航班序号 ,或者 > AV:CZ5102/20OCT。

【例 3-9】

显示当天北京—上海的航班座位可利用情况。

键入：> AV:PEKSHA

系统显示：

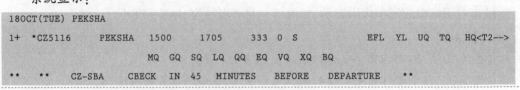

说明：

(1)若不加日期,则显示当天航班信息。

(2)若当天无航班,则显示最早有航班的日期的数据,这时应注意输出显示中的日期。

(3)若查询当天航班,还可以输入 > AV:PEKSHA/.
其中:"."表示当天;"+"表示后一天;"-"表示前一天。

【例3-10】
查询10月9日CA929航班。
使用FF指令显示航班情况。
键入: > FF:CA929/9OCT
系统显示:

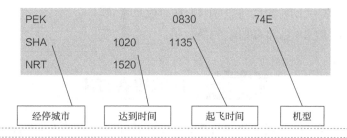

【例3-11】
查询国航从北京—上海当前的票价。
使用FD指令查询国内票价。
键入: > FD:PEKSHA/./CA
系统显示:

```
FD:PEKSHA/20OCT09/CA                    /CNY  /TPM     /
01  CA/F      /     1700.00=   3400.00/F/F/   /   .   /01JUL07     /7001
02  CA/C      /     1470.00=   2940.00/C/C/   /   .   /01JUL07     /7001
03  CA/Y      /     1130.00=   2260.00/Y/Y/   /   .   /01JUL07     /7001
04  CA/B      /     1020.00=   2040.00/B/Y/   /   .   /01SEP09     /7001
05  CA/M      /      990.00=   1980.00/M/Y/   /   .   /01SEP09     /7001
06  CA/M1     /      960.00=   1920.00/M/Y/   /   .   /01SEP09     /7001
07  CA/H      /      940.00=   1880.00/H/Y/   /   .   /01SEP09     /7001
08  CA/K      /      900.00=   1800.00/K/Y/   /   .   /01SEP09     /7001
09  CA/K1     /      880.00=   1760.00/K/Y/   /   .   /01SEP09     /7001
10  CA/L      /      850.00=   1700.00/L/Y/   /   .   /01SEP09     /7001
11  CA/L1     /      820.00=   1640.00/L/Y/   /   .   /01SEP09     /7001
12  CA/Q      /      790.00=   1580.00/Q/Y/   /   .   /01SEP09     /7001
13  CA/Q1     /      730.00=   1460.00/Q/Y/   /   .   /01SEP09     /7001
14  CA/G      /      680.00=   1360.00/G/Y/   /   .   /01SEP09     /7001
15  CA/V      /      620.00=   1240.00/V/Y/   /   .   /01SEP09     /7001
16  CA/V1     /      570.00=   1140.00/V/Y/   /   .   /01SEP09     /7001
PAGE  1/1
```

航空公司代码 舱位 单程票价 往返票价 生效日期

说明：

票价与时间有着密切的关系，不同时间，票价也会不同。查询当前的票价时，建议营业员按照航段后加上日期及航空公司代码进行查询，这样会比较简洁明了。

【例 3-12】
查询从北京—上海国航所有票价。
键入：> FD:PEKSHA/CA

【例 3-13】
显示国航北京—上海 2012 年 2 月 14 日的航班票价。
键入：> FD:PEKSHA/14FEB12/CA

第四节 民航旅客订座

订座需要在销售系统中建立旅客订座记录，旅客订座记录即 Passenger Name Record，简称 PNR，PNR 是一个记录旅客各种信息的记录，包括旅客姓名、航程、航班、日期、舱位、座位数、特殊需求、联系电话等信息。PNR 通过旅客订座系统的相关指令来完成操作。系统赋予每个 PNR 一个编号，即订座记录编号，一般为五位数字与字母的组合。

PNR 最主要的作用是订座，还可以打票、建立常旅客信息、订旅馆以及记录其他旅客相关信息。

一、PNR 的组成

一个 PNR 由以下几项组成：
(1) 姓名组（团体情况）：NM（GN）。
(2) 婴儿姓名组：XN。
(3) 航段组：SS、SD。
(4) 联系组：CT。
(5) 出票组：TK。
(6) 票价组：FN。
(7) 票价计算组：FC。
(8) 付款方式组：FP。
(9) 旅游代码组：TC。
(10) 签注信息组：EI。
(11) 特殊服务组：SSR。
(12) 其他服务组：OSI。
(13) 备注组：RMK。
(14) 邮寄地址组：MA。
(15) 开账地址组：BA。
(16) 选择处理组：OP。

在订座时,姓名组(团体情况)、航段组、联系组、出票组必须要输入;出票时,姓名组(团体情况)、航段组、联系组、票价组、票价计算组、付款方式组必须要输入。

二、创建 PNR

1. 姓名组:NM

姓名组是 PNR 必不可少的组项,它记录了旅客姓名、所订座位数、称谓、特殊旅客代码等内容。

成人姓名指令格式:> NM:该姓名的订座总数 旅客姓名(特殊旅客代码)
婴儿姓名指令格式:> XN:该姓名的订座总数 旅客姓名(特殊旅客代码)

说明:

(1)中国旅客预订国内票必须输入汉字,不可用汉语拼音代替。

(2)若输入英文字母的姓名,姓与名之间需用斜线(/)分开(中文姓名无此限制);每个旅客姓名最多只能有 1 个斜线(/);旅客英文姓名均应由英文 26 个字母组成;对于输入英文字母的姓名,姓不得少于两个字母。

(3)旅客姓名长度最大为 55 个字符,一个 PNR 最多可输入 511 个旅客姓名。

(4)旅客名单按照姓氏的字母顺序排列(PNR 封口之后)。

(5)散客记录最大旅客数为 9 人,旅客人数大于 9 人的记录为团体旅客记录。

【例 3-14】
输入旅客 REINHARD/HAETTI、STEFAN/PLETZER、ZHU/QI 的姓名。
按照姓氏的字母顺序排列输入旅客姓名:
键入:> NM:1ZHU/QI 1REINHARD/HAETTI 1STEFAN/PLETZER

【例 3-15】
为 REINHARD/HAETTI、REINHARD/PLETZER 建立姓名组。
两位旅客姓氏相同:
键入:> NM:1REINHARD/HAETTI 1REINHARD/PLETZER
或:> NM:2REINHARD/HAETTI/PLETZER

两种方法输入的结果是相同的;旅客姓名的顺序是按照姓氏的字母排列的,姓氏相同时,先输入的姓名排列在前面。封口以后的姓名顺序会按照姓氏的字母排列,即 REINHARD/HAETTI 是 1 号,REINHARD/PLETZER 是 2 号。

第二种输入方式中的"2"是指相同姓氏的旅客数;这种方法只适用于英文字母的姓名,不适用于中文姓名。

【例 3-16】
输入张三、李四、王二的姓名。
键入:> NM:1 张三 1 李四 1 王二

出国内票时,若自动打票,国内旅客要输入中文姓名;若手工出票,既可输入英文字母,也可输入中文;出国际票时,必须输入英文字母。

输入旅客姓名时,要保证姓名的准确,有一些航空公司禁止修改旅客姓名。提取中文姓名旅客时,RT 或 ML,要输入汉语拼音。

【例 3-17】
为一个 4 岁的无人陪伴儿童建立姓名组。
无人陪伴儿童姓名的输入:
键入:> NM:1 李丽(UM4)

UM 是无人陪伴儿童的英文缩写,4 是儿童年龄。SSR 项(特殊服务组)由系统自动产生,用来通知航空公司无人陪伴儿童的情况。

【例 3-18】
成人旅客张力带一个婴儿旅客张小敏,2012 年 3 月出生,为其建立姓名组。
婴儿姓名的输入:
键入:> NM:张力
> XN:IN/张小敏 INF(MAR12)/P1

婴儿旅客不占座位,手工出票或订座位时,PNR 中可以不输入婴儿项。

手工出票时,婴儿客票应按照成人旅客形式填写,注意使用婴儿票价;自动出票时,用 XN 指令输入婴儿姓名。INF 是婴儿标识,括号中的内容是出生年月,P1 是婴儿跟随旅客的序号,即旅客客票打印完后,会打印婴儿客票。

若婴儿占座,将婴儿按照儿童处理,可以参照成人携带儿童实例。

2. 航段组:SS、SD

对航班座位进行实际销售是由建立航段组来完成的。分为直接建立航段组(SS)和间接建立航段组(SD)。直接建立航段组是在营业员知道待订航班的所有信息(如航班号、日期、航段、舱位、座位数及起飞时间)的情况下建立起来的;间接建立航段组则需要先将航班信息提取出来,再根据旅客的要求选择适当的班次。

(1)直接建立航段组:SS

指令格式:> SS:航班号/舱位/日期/航段/行动代码/订座数

使用 SS 直接建立航段组时,对于中国民航航空公司的航班,只能订取系统中实际存在的航班;对于外国航空公司的航班,可以任意订取,即使该航班实际并不存在,也可以建立。故用 SS 订取外国航空公司的航班时,营业员应事先了解详细的航班情况。

营业员使用 SS 直接建立航段组时,一次输入最多可订 5 个航班。

行动代码可省略,默认为 NN 申请。

NN:座位申请;
LL:座位候补;
RR:准备直接出票。

【例 3-19】
申请订取 CA1301 的 Y 舱 20OCT 北京—广州的一个座位。
键入:> SS:CA1301/Y/20OCT/PEKCAN/NN1
NN1 为订取 1 个座位。

【例3-20】
候补订取CA1301航班N舱20OCT北京—广州的一个座位。
键入： > SS：CA1301/N/20OCT/PEKCAN/LL1
LL1为候补1个座位。

(2)间接建立航段组：SD
间接建立航段组是利用航班时刻表、指定日期班机时刻表或航班座位可利用情况建立航段组。
指令格式： > SD：航线序号 舱位等级(行动代号) 订座数
一般情况下,行动代码可缺省,只有在特殊情况下,才需要输入行动代码。例如,当某舱位已经没有座位,需要为旅客候补订座时,可以输入： > SD 1U/LL1,表示在AV显示的第一条航线的U舱候补一个座位,候补级别为缺省级别6。

【例3-21】
订取9月22日北京—广州航线的一个座位。
①查询9月22日北京—广州的航班座位可利用状态：
键入： > AV：PEKCAN/ +
系统显示：

```
22SEP(TUE) PEKSHA
1-   CA1351   PEKCAN  0800   1100   330 0^S    E    EFA A2 O1 YA BS<T3-->
                      MS HS KS LS QS GS SS XS NS VS US WS TS ES
              ** M1S V1S
2   *FM9853   PEKCAN  0800   1100   330 0^S    E    EFA YA BS LS MS<T3-->
                      TS BS VS
3   CA1321    PEKCAN  0900   1205   747 0^S    E    EFB A2 O1 CA D3<T3-->
                      ZS I2 RS YA BS MS HS KS LS QS GS SA XS NS VS US WS TS ES
              ** M1S V1S
4   *MU7116   PEKCAN  0915   1220   333 0^L         EFA CC YA BQ HQ<T2-->
                      LQ MQ RQ SQ VQ KA TQ QA
5+  CZ3108    PEKCAN  0915   1220   333 0^L         EFA AQ P4 CX DX<T2-->
                      IX JX YA TQ KQ HQ MQ GQ SQ LQ QQ UA EQ VQ BA XQ NQ RQ O3
```

②订取CA1351航班F舱1个座位：
键入： > SD：1 F 1

SD的输出内容与SS的结果是一样的。SS一个指令便可以建立航段组,而SD要经过两步,即AV、SD才可建立航段组。

3.联系组：CT
联系组的功能是记录各种联系信息,包括旅客和营业员的联系信息,以便于航空公司和营业员与旅客联系。旅客联系信息由航空公司营业员手工输入,记录旅客的联系电话,以便查找,输入格式由用户决定。
指令格式： > CT：城市代码/自由格式文本 旅客标识

【例3-22】

北京的一位旅客联系电话为66053747-2106,为其建立联系组。

键入:＞CT:PEK/66053747-2106

4. 出票组:TK

出票组注明旅客的出票情况,已出票的将给出票号,未出票的则写明具体出票的时限。到达出票时限,计算机系统会向相应部门拍发电报,提示营业员出票,否则会被航空公司取消订座。出票情况有以下几种类型:

T:已出票;

TL:出票时限;

TT:电传出票;

AT:机场出票;

WC:旅客自己取票;

MT:邮寄客票。

(1)未出票,在PNR中输入出票时限

指令格式:＞TK:TL/时间/日期/出票部门/旅客标识序号

【例3-23】

为PNR中旅客设置出票时限。

键入:＞TK:TL/1200/8DEC/BJS123

出票时限可以根据该票价的限制条款而定。

(2)已出票,给出客票号

手工出票的指令格式:＞TK:T/

自动出票则自动产生票号项。

5. 自动计算票价:PAT:A

自动计算票价指令是为了简化代理人票价查询、计算流程,减少出票过程中的人为操作失误,提高工作效率而设计开发的。自动计算票价指令自动搜索最优可适用运价,并自动生成FC/FN/FP/EI/TC。

成人票自动计算指令格式:＞PAT:A

儿童票自动计算指令格式:＞PAT:A*CH

婴儿票自动计算指令格式:＞PAT:A*IN

6. 特殊服务组:SSR

特殊服务组记录了旅客在旅行过程中需要的特殊服务,并以此与航空公司进行信息交换。旅客特殊服务包括特殊餐食、常客信息、无人陪伴儿童等内容,这些内容需要营业员手工输入来建立。

SSR项中还可以记录电子客票、证件号、预订座位等与旅客相关的各种信息。特殊服务组中,还可以包含各种类型的信息,如提醒营业员尽快出票的信息、机上预订座位的信息、旅客未登机信息等。

指令格式：> SSR:服务类型代码 航空公司代码 行动代号 需要该项服务的人数 自由格式文本 旅客标识 需要该项服务的航段序号

输入旅客身份证号码。

指令格式：> SSR:FOID 航空公司代码 HK/NI 身份证号/旅客标识

【例3-24】

为第二位旅客在序号为4的航段上订无盐餐食,系统显示：

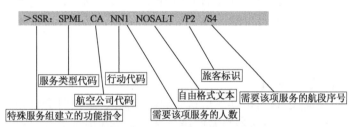

也可用另一种格式实现上述功能：

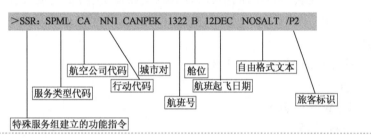

两种格式的输出结果是相同的。

【例3-25】

为旅客符亮输入身份证号：

键入：> SSR:FOID CZ HK/NI460201198512010033/P1

7. 构成PNR的其他组项

PNR还有一些可选项目供营业员选择,营业员可根据平日工作需要,选择使用。

(1)其他服务信息组：OSI

其他服务情况组用于不需立即回答的服务的情况。

指令格式：> OSI:航空公司代码 自由格式文本/旅客标识

(2)备注组：RMK

手工加入备注组的格式。其中旅客标识是可选项。

指令格式：> RMK:自由格式文本/旅客标识

(3)邮寄地址组：MA

邮寄地址组记录邮寄机票证的具体地址,该项目的地址没有特定的代号。

指令格式：> MA:旅客姓名,地址/旅客标识

(4)开账地址组：BA

开账地址组注明开账地址。

指令格式：> BA:旅客姓名,地址/旅客标识

(5)选择处理组:OP

可以利用选择处理组将 PNR 在指定的日期出在指定的部门的邮箱中。

指令格式: > OP:日期/部门代码/自由格式文本/旅客标识

三、PNR 的生效

在修改或建立新的 PNR 时,用封口指令"@"或"\",使修改或建立的 PNR 生效。

在封口之前,PNR 虽然显示在屏幕上,但并未正式生效,只有封口后,才可以继续建立其他记录。封口是 PNR 生效必不可少的一步。

正常封口:指令格式: > @

或: > \

强行封口:指令格式: > @ I

封口指令可以单独输入,也可以在一组指令的最后输入;封口时会自动检查所输入的内容是否完整;封口后,旅客订座记录编号及航段信息将显示在屏幕上。

强行封口在航段不连续、邮寄时间不够、有航班变更标识、两个连接航段的停留时间小于最小连接时间时使用。

【例 3-26】

建立 PNR,并对 PNR 封口,确认生效。

键入: > SD:1Y/1

键入: > NM:1WANG/JUN

键入: > CT:66017755

键入: > TK:TL/1200/7DEC/PEK123

确认无误后,进行 PNR 的封口,键入: > @

系统显示:

W97R4

W97R4 即为 PNR 号码。

四、提取 PNR

在日常工作中,经常要提取旅客订座记录,可以通过以下几种方法进行:

1. 根据记录编号提取

每个订座记录在封口后都有一个记录编号,它是由 5 位数字或字母组成,计算机系统随机给出来的。

指令格式: > RT:×××××(5 位的记录编号)

2. 根据旅客姓名提取

可以根据旅客姓名、航班日期提取订座记录。

指令格式: > RT:姓名 /航班/日期/航段

【例 3-27】

提取 12 月 10 日 CA1501 航班上姓名为"WANG/JUN"旅客的订座记录。

键入: > RT:WANG /CA1501/10DEC

系统显示：

```
NAME LIST
CA1501 / 12DEC
   001      1WANG/WILLIAM   P9NM0   C   RR1   BJS160   20AUG99
   002      1WANG/JUN       NENC2   C   RR1   BJS160   23AUG
   003      1WANGLIN        MH4E5   Y   HX2   BJS160   09AUG99
   004      1WANGLI         MNYZ8   Y   RR2   BJS160   16AUG99
   END
```

系统将该代理人所订的 8 月 24 日 CA1501 航班上所有 CHEN 姓开头的旅客记录显示出来。

键入：>RT:2 或 >RT:NENC2，就可以查看旅客"WANG/JUN"的订座记录：

```
1.WANG/JUN      N6B4M
2.CA1501  Y  FR10DEC  PBKSHA  BK1   0840      1035
3.66017755
4.TL/1200/07DEC/PEK123
5.PEK123
```

根据旅客姓名提取 PNR 时，既可以输入旅客的全名，也可以只输入姓氏；若只输入姓氏，航班上以该姓氏字母开头的旅客记录全部显示出来。有些 PNR 中的姓名是英文字母，有些是中文，无论哪种输入，提取时都应输入字母。

3. 根据旅客名单提取 PNR

可以先提取航班上由本部门建立的全部旅客记录，即 ML，然后再根据序号提取。

指令格式：>ML:姓氏开头字母/航班/日期
　　　　　>RT:序号

4. 根据航空公司记录编号提取 PNR

中国民航订座系统包括航空公司系统（ICS）和代理人系统（CRS）两部分。如果旅客在 ICS 系统直接订座生成 PNR，则在 CRS 中没有相应记录。这种情况下代理人如果想提取该记录，需要使用 RRT 指令。

指令格式：>RRT:V/记录编号/航班/日期（将所要提取的 PNR 显示在屏幕上）
　　　　　>RRT:OK（使 PNR 在 CRS 系统上生成，并生效）

5. 查看 PNR 的内容

PNR 在建立的过程中，有时会经过多次修改，营业员对订座记录的任何修改都会记录在 PNR 中。

(1) 查看 PNR 完整的内容

指令格式1：>RT:C/记录编号
指令格式2：>RT:记录编号
　　　　　 >RT:C

(2) 查看 PNR 的历史部分

指令格式：>RT:U/1

(3) 查看 PNR 的现行部分

指令格式：> RT:A（RT 直接查看到的是 PNR 的现行部分。）

五、修改、还原与取消 PNR

在日常工作中，经常遇到对 PNR 进行修改的情况。

1. 修改姓名组

指令格式：> 旅客姓名的序号/所需要修改的旅客人数 旅客姓名（特殊旅客代码）

【例 3-28】

现有三人的旅客订座记录 M4MDS，修改其中一人姓名：将标识 1 的旅客 GAO/FENG 改为 XIE/FENG：

```
1.GAO/FENG    2.HAO/HAIDONG    3.LI/BING   M4MDS
4.    WH2137 Y    SA10OCT    PEKCAN  HK3    1030  1310
5. C
6.TL/1200/8OCT/PEK123
7.PEK123
```

键入：> 1/1XIE/FENG

PNR 显示：

```
2.HAO/HAIDONG    3.LI/BING    4.XIE/FENG    M4MDS
5.    WH2137 Y    SA10OCT    PEKCAN  HK3    1030  1310
6. C
7.TL/1200/8OCT/PEK123
8.PEK123
```

封口后，再提取 PNR，键入：> RT:

系统显示：

```
1.HAO/HAIDONG    2.LI/BING    3.XTE/FENG    M4MDS
4.    WH2137 Y    SA10OCT    PEKCAN  HK3    1030  1310
5. C
6.TL/1200/8OCT/PEK123
7.PEK123
```

未封口之前，旅客姓名的序号因修改姓名而发生了变化，封口后重新排序。修改姓名时，若出现 No Name Change for CZ/Y，是指航空公司限制修改姓名。

2. 除姓名组以外的其他项目修改

指令格式：> XE:序号

将原来的记录项取消后，再增加新的内容。

3. 还原 PNR

对 PNR 的所有修改在封口以后才真正生效。因此在修改 PNR 的时候，如果封口之前发现所做的修改不对，可以使用 IG 指令将 PNR 还原成未修改时的样子。

指令格式：> IG 或：> I

4. 取消 PNR

指令格式： > XEPNR@

若要取消完整的 PNR，则提取 PNR 后，做"XEPNR@"，这条指令可以将整个 PNR 取消。取消之前，应先将该记录提取（RT）出来，确定要取消后，即可做该命令。一旦取消，订座记录不能再恢复。

第五节　电子客票销售

为旅客建立 PNR 后，如果旅客确认购买客票，即可实现客票的销售。

一、电子客票出票

电子客票采用虚拟打票机出票。配置电子客票打票机与配置普通 BSP 打票机的方法类似，配置指令的使用方法也相同。详细指令使用格式可参考《自动出票使用手册》。

1. 常用指令格式

（1）显示打票机的状态（Device Information Display）

指令格式： > DI:打票机号

（2）建立打票机控制（Establish Control）

指令格式： > EC:打票机号

（3）打开打票机输入（Start Ticketing Input）

指令格式： > TI:打票机号

（4）关闭打票机输入（Stop Ticketing Input）

指令格式： > XI:打票机号

（5）退出打票机控制（Release Control）

指令格式： > XC:打票机号

2. 电子客票打票机票号使用

电子客票打票机票号使用包括查询、上票和卸票等功能。在给电子客票打票机上票之前，必须查看票控部门分配给本单位（OFFICE）的票号情况，然后才可以做上票和卸票等操作。此部分详细内容可以查看《空白票证管理系统（用户操作手册——代理人版）》。

（1）票证信息查询指令：TOL

TOL 指令是票证管理系统中的报表统计查询指令，用户可以用它查看本单位（OFFICE）的票号库存和使用情况。

指令格式： > TOL:选项/航空公司代码

选项：A 为显示所有的票证信息；D 为显示票证的卸票历史信息；不加选项时，默认显示本单位中已经使用和当前正在使用的票。

航空公司代码：航空公司 BSP 两位代码，对于 BSP ET，AIRLINE CODE 使用 XB。

（2）打票机输入票号：TN

指令格式： > TN:打票机号码/起始客票号—结束客票号最后 5 位

【例3-29】

输入票号:2217341600～2217341699。

键入:> TN:2X/2217341600—41699

系统显示:ACCEPTED

2217341600是起始票号,41699是结束票号(取票号后5位)。

所输入票号必须是在前述可利用的票号段范围之内(用TOL指令查询)。一次上票的票号范围最多不得超过500张。电子客票上票必须遵循先分配的票号范围优先使用的原则,在上一原则基础上序列号小的票号范围优先使用。

打票机上的客票用完后控制终端会收到"票证用完"的消息,即在票证用完之后会提示DEVICE NN 00S,需要再次输入票号。如果分配的某票号段全部用完,系统定期会将用完的票号段放入历史记录中。用户再做TOL指令时,将不会看见该票号段。

打票机输入票号以后,可以用DI指令查看打票机的上票结果。

(3)打票机卸票

打票机卸票功能可以让用户卸下未使用的票号。

指令格式:> TN:打票机号码

【例3-30】

键入:> TN:2D

系统显示:ACCEPTED

可以用 > DI:2指令进行查询,也可以利用TOL指令查看本OFFICE的可利用和已经输入、使用的票号。

3.电子客票的出票(ETDZ)

电子客票使用ETDZ指令出票。

指令格式:> ETDZ:打票机号

> ETDZ:打票机号/旅客编号或编号范围(出指定旅客的电子客票)

在完成电子客票出票后,系统会在PNR中加入电子客票票号项(SSR TKNE)。

如果电子客票出票失败,系统可能返回"XXX ERROR"的错误提示,XXX是错误编号。

【例3-31】

键入:> ETDZ:4

系统显示:

CNY1780.00　　　R6D03

ET PROCESSING…PLEASE WAIT!

ELECTRONIC TICKET ISSUED

代理人执行ETDZ指令之后,系统首先会返回金额和CRS PNR记录编号,然后出现"ET PROCESSING…PLEASE WAIT!"的提示。出票成功后,系统返回信息提示"ELECTRONIC TICKET ISSUED"。

电子客票出票成功的标志是:"ELECTRONIC TICKET ISSUED"。如果没有出现该信息提示,表示该电子客票没有成功出票,代理人可以用TSL指令查看出票失败的票号,在当天还可以用出票重试指令 ETRY 将出票失败的 PNR 重新出票。

代理人出票以后提出并核对该 PNR。

二、提取电子客票记录（DETR）

提取电子客票记录使用 DETR 指令。在提取电子客票记录时，如果满足 DETR 指令输入的查找内容的客票记录超过一张，将列出所有的有效的电子客票记录。如果只有一个符合的电子客票记录，系统则显示这张电子客票的票面信息。

1. 提取电子客票记录

指令格式：＞DETR:TN/票号

2. 按照旅客的身份识别号（身份证号）提取电子客票记录

指令格式：＞DETR:NI/身份证号

3. 按照旅客姓名提取电子客票记录

指令格式：＞DETR:NM/旅客姓名

4. 按照航空公司系统订座记录编号（ICS PNR）提取电子客票记录

指令格式：＞DETR:CN/ICS 订座记录编号

此指令是按照 ICS 订座记录编号（PNR）提取电子客票记录。由于该 PNR 含有较多旅客，系统会出现"TOO MANY TICKET ENTRY"的提示。此时可以采用以下两种办法处理：

（1）利用指令"DETR:CN/ICS 订座记录编号,C"来提取该 PNR 对应的全部电子客票记录；

（2）提出代理人系统订座记录编号（CRS PNR）得到票号，通过票号分别提取电子客票记录。

目前不支持代理人系统订座记录编号。

5. 按照航空公司系统订座记录编号（ICS PNR）提取该 PNR 对应的全部电子客票记录

指令格式：＞DETR:CN/ICS 订座记录编号,C

此指令是指令"DETR:CN/ICS 订座记录编号"的补充。

6. 提取电子客票旅客的身份识别号码

指令格式：＞DETR:TN/票号,F

三、电子客票状态说明

电子客票将传统纸质票面信息存储在系统中，航空公司及 BSP 电子客票票面信息如图 3-5、图 3-6 所示。

1. 电子客票标识（右上角）

BSP-D:BSP 电子客票——国内；

BSP-I:BSP 电子客票——国际；

ARL-D:航空公司本票电子客票——国内；

ARL-I:航空公司本票电子客票——国际。

2. 电子客票票面状态

航程中的每一个航段都有一个票联使用情况代码，表示了这一票联的状态。

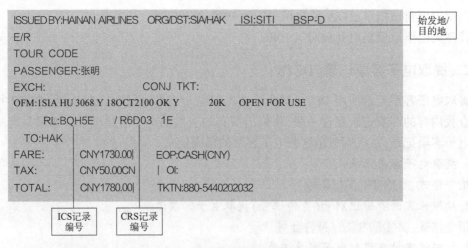

图 3-5　BSP 电子客票票面信息

图 3-6　航空公司本票电子客票票面信息

A：AIRPORT CONTROL，在机场控制的票联，表明一个航空公司获得了票联的控制，此控制最多发生在所规定的航班起飞时刻后的 72 小时内。超过上述时间，如果票联的状态还是没有更新，那么该票联的控制将重新回到出票航空公司手中。

C：CHECKED IN，已办理乘机手续的票联，表明旅客已经前往值机柜台或通过电子方式（如自助值机设备）完成值机手续。

E：EXCHANGED/REISSUED，换开/重新出票的票联，表明原电子客票的价值已经被使用，已更换为一个新的交易（如改变航程或变更舱位）。

F：USED/FLOWN，已乘机/已使用过的票联，表明电子客票中行程已经完成，等待着开张/销售报告。

G：FIM/EXCHANGED，中断飞行情况下的票联/FIM，表明在航班中断的情况下，票联由地面工作人员改换上航班中断舱单，并将旅客改换上另一承运人的航班。

I：IRREGULAR OPENRATION，不规则操作的票联，表明由于某些原因，航空公司的控制时间延伸至正常的 72 小时以外，这种延伸从规定的航班起飞后至 7 天之内。

L:LIFTED/BOARDED,已撕下/已登机的票联,表明旅客已经登机。

N:COUNPON NOTIFICATION,票联通知,表明由票联数据显示票联的最后状态(如 E、F、P、R 或 X)没有告知。

O:OPEN FOR USE,可以使用的票联,表明电子客票的票联有资格进行所有票联状态的更新,但纸票不行。

P:PRINT/EXCH,打印票联,表明电子客票票联的电子记录已经转换成纸票文本,纸票注有相同的票号。

R:REFUNDED,已退款的票联/客票,表明没有使用过的有价值的电子客票退款给了旅客。

S:SUSPENDED,出票航空公司暂停使用的票联,表明出票航空公司对此票联限制使用。

T:PAPER TICKET,已填开纸票,表明出了一张纸质客票。

U:UNAVAILABLE,没有供使用的票联,表明客票中没有可提供的票联,需要重新补收费用(如变更航程中出现了新的航段)。

V:VOID,作废的票联/客票,表明根据出票航空公司电子客票的规定,整个电子销售记录都已经取消。

X:PRINT EXCHANGE,打印纸凭证的票联,表明承运人将电子客票打印在一个具有新的票号的票本上,而这将不影响先前支付的票款及相关的运价(注有新票证号)。

Z:CLOSED,价值被使用完的票联,表明现有的票联因换票或升舱、退票等原因,票联的价值已经被用完。因此这份客票所支付的票款不允许改变航程或完成其他业务(自愿或非自愿退票)。

上述代码与订座代码不同,不能混淆使用。在所有票联的使用情况均为"O"时,才可以做非自愿退票、签转客票、作废客票等票务处理。

四、团队业务

在民航旅客订座系统中,9 人以上 PNR 必须组成团队,9 人以下为散客。团队记录与散客记录的最大区别就是,团队 PNR 里面包含团名,散客 PNR 中没有此项显示。团队名称组用于团体订座,是组成团队旅客记录不可缺少的组项,它是由团队人数和团队名称组成的。

有些航空公司可能会给出低于 10 人的小团队,其操作等同于 10 人(含)以上的团队记录。

团队 PNR 与一般 PNR 的区别就是增加了团队姓名组,团队 PNR 构成的必要项目如下:团队姓名组 GN;姓名组 NM;航段组 SS、SD;联系组 CT;出票组 TK。

1. 建立团队旅客 PNR

(1)团队姓名组 GN。

指令格式:> GN:团队订座总人数 团名

按需要为团队起名;团名只可由英文字母和斜线(/)组成,不可用中文;团名建立后不能更改。团名最长为 50 个字符,最短为 2 个字符。

9 人以上 PNR 必须成团,9 人以下不能成团;一个团队最多可有 511 名旅客。旅客姓名可以在建立团队 PNR 时输入,也可以在以后分步输入。可以按团名或团队中任一旅客姓名提取该 PNR。

在建立团队 PNR 后,可根据实际需要取消或分离部分旅客,分离出的新的 PNR 仍为团队 PNR,且团名仍为原团名。

【例 3-32】
建立一个团名为 TANGSHAN 的 12 人的团队 PNR。
键入：＞ GN:12 TANGSHAN
系统显示：

```
0.12TANGSHAN NM0
1.PEK099
```

NM 项代表该团中已输入旅客的姓名数。本例未输入旅客姓名，故 NM 为 0,输入几个姓名,NM 后即为相应的已输入的旅客姓名数。

(2)团队旅客姓名的输入与普通旅客相同,可以分次输入。
指令格式：＞ NM:该姓名的订座总数 旅客姓名（特殊旅客代码）

【例 3-33】
键入：＞ NM:1 张三 1 李四 1 王二……

2. 提取团队旅客的 PNR
(1)团队旅客 PNR 的提取可以按照非团队旅客 PNR 提取：
根据记录编号提取：＞ RT:订座记录编号
根据旅客姓名提取：＞ RT:姓名/航班/日期/航段
根据旅客名单提取：＞ ML:姓氏开头字母/航班/日期
　　　　　　　　　＞ RT:序号
根据航空公司记录编号提取：＞ RRT:V/订座记录编号/航班/日期
　　　　　　　　　　　　　＞ RRT:OK
查看 PNR 的完整内容：＞ RT:C/订座记录编号
或：＞ RT:订座记录编号
　　　＞ RT:C
查看 PNR 的历史部分：＞ RT:U/1
查看 PNR 的现行部分：＞ RT:A
(2)还可以采取以下方式：
提取旅客姓名名单：＞ RT:订座记录编号
　　　　　　　　　＞ RT:N
或：＞ RT:N/订座记录编号
根据旅客名单提取：＞ ML:姓氏开头字母/航班/日期
　　　　　　　　　＞ RT:序号
或：＞ RT:N/序号

3. 修改与删除团队旅客的 PNR
删除在 PNR 中已输入姓名的旅客。
指令格式：＞ RTN
　　　　　＞ XEP 序号

4. 团队旅客的出票

团队旅客要求提前72小时出票。为团队旅客出票时要注意,打票机一次最多可以出30张票。如果团队旅客PNR超过30人,建议分成几次出票。

指令格式: > ETDZ:打票机编号

团队单独打印一部分客人的时候,需要输入 > TK:T 后才可以出票。

键入: > ETDZ:1/P1－P30

或: > DZ:#/P1－P30

"#"表示打票机序号;"P1－P30"表示旅客序号。

复习思考题

一、单项选择题

1. 为旅客预定航班座位时,"订座情况"为"婴儿不单独占座",需填写(　　)代码。
   A. OK　　　B. NS　　　C. SA　　　D. RQ
2. 旅客使用现金支付机票票款时,在售票信息的付款方式部分需标注(　　)代码。
   A. CHECK　　B. CHEQUE　　C. MS　　D. CASH
3. 旅客使用旅行支票支付机票票款时,在售票信息的付款方式部分需标注(　　)代码。
   A. CHECK　　B. CHEQUE　　C. MS　　D. CASH
4. 旅客使用预付票款通知支付机票票款时,在售票信息的付款方式部分需标注(　　)代码。
   A. CHECK　　B. CHEQUE　　C. MS　　D. PTA
5. 旅客订座后需根据票价类别的限制条款按规定时间出票。一般情况下,承运人将保留无限制条件票价的航班座位,承运人此时约定的出票时间限制为(　　)。
   A. 起飞之前24小时　　　　B. 起飞之前72小时
   C. 起飞前1日的中午12:00　　D. 起飞前2日的中午12:00
6. 创建PNR的航段组时,行动代码(　　)表示"座位申请"。
   A. RR　　　B. NN　　　C. LL　　　D. KK

二、判断题

1. CBBG代码指的是行李放入客舱自行照管,并占用座位的付费旅客。　　(　　)
2. COUR代码指的是商务信使。　　(　　)
3. 当一个城市有两个民用机场时,需在旅客行程的城市全称后面加上机场的三字代码。
   　　(　　)
4. 我国国内航线在表示航班时刻时,使用24小时制。　　(　　)
5. 客票变更后,客票的有效期从变更之日开始计算。　　(　　)
6. 旅客在旅途中因患病而使行程受阻时,除承运人对所付票价另有规定外,可将该旅客的客票有效期延长至医生诊断证明确定该旅客适宜旅行之日为止。　　(　　)
7. 旅客购买联程、中途分程或回程客票,应检查是否订妥续程或回程航班的座位,订妥座位后方可售票。　　(　　)

第四章 民航客票的退改签业务

> **学习目标**
> ◎ 了解民航客票的退票规则，能熟练计算退票费，为旅客处理各种情况的退票问题；
> ◎ 了解民航客票有效期的相关规则，能熟练处理民航客票的变更、改签业务。

第一节 民航客票的退票工作

承运人因某种原因未能按照机票上所列明的航程提供航空运输服务，或旅客出于突发情况自愿放弃其已购买机票的全部或部分航程，旅客要求退还未能使用的全部或部分客票，即为退票。

客票销售后，旅客要求退票，应根据有关规定，及时、正确地办理。由于承运人方面的原因造成退票，应当做好解释工作，并且尽力帮助旅客解决困难。由于承运人未能按照运输合同提供运输或旅客自愿改变其旅行安排，对旅客未使用的全部或部分客票，承运人应按规定办理退票。

一、退票要求

1. 退票期限

旅客要求退票，必须在客票的有效期内提出，否则，承运人或销售代理人有权拒绝办理。在进行退票工作之前，受理人员要确认客票有效性，客票是否在有效期内。只有有效的客票才能够接收，并进行相应退票程序，否则，相关工作人员有权拒绝受理。

2. 退票凭证

旅客要求退票，持有旅客本人的有效身份证件，方可办理退票。如果为他人办理退票，应提供客票中所指明的旅客及经办人的有效身份证件原件才可受理。

3. 退票退款地点

退票地点根据退票的类型不同而有差别。

（1）旅客非自愿退票。可在原购票地、航班始发地、经停地及终止旅行地的票证所属承运人售票处，或引起非自愿退票发生地的票证所属承运人的地面服务代理人售票地点予以办理。

> 【例4-1】
> 航程为 CAN（广州）—PEK（北京）—SHE（沈阳）的联程机票，旅客要求在 PEK 退票，则 PEK 为终止旅行地。

(2) 旅客自愿退票。若在出票地要求退票,只限在原购票地点办理;若在出票地以外的航班始发地或终止旅行地旅客要求退票,可在当地的票证所属承运人的直属售票处办理,也可在承运人授权的代理点办理退票手续。

(3) 持不定期客票和团体客票的旅客自愿退票,仅限在原购票地点办理。

(4) 持特种票价客票的旅客自愿退票,按该特种票价的相关限制办理。

旅客在达到退票相关规定后,承运人及相关单位不得无故不予办理。如果旅客在航班经停站或联程站办理退票,可在征得旅客同意后,在订座终端中取消旅客客票所列明航段并在客票上注明退座的时间、退票的原因和航段,加盖公章,转请出票站或到达站进一步办理相关退款程序。

4. 退款规定

退还旅客票款时应根据规定,计算出实退金额,填写"退票、误机、变更收费单"(图4-1)。旅客在收到退款后,应在收费单上签收。

××航空公司
退票、误机、变更收费单

航空承运变更情况		应收应退额		
原承运航空公司		退票使用	客票价款	元
原客票号码			应收退票费	元
原承运日期			实际退款	元
原航班号码		应收误机费		元
变更后承运航空公司		应收变更费		元
变更后承运日期		加盖公章	制单地点	
变更后航班号				
备注:			制单单位	

制单日期: 旅客签名: 经办人:

图4-1 退票、误机、变更收费单式样

客票的退款只能给客票上列明的旅客本人或客票的付款人。例如团体旅客的负责人,此时不仅应出示旅客的证件,还应出示客票付款人的有效身份证件。

退票费的计算以元为单位,不足一元的按一元计算。也有航空公司按四舍五入计算退票费,具体以航空公司对外公布的条款为准。

【例4-2】
机票票价为人民币530.00元,需支付5%的退票费,退票费应为530.00×5%=26.50元,计为27.00元。

5. 有下列情况之一的客票,严禁办理退票

(1) 超过客票有效期的客票。

(2) 已经乘机(乘机联有值机记录)的客票。

(3) 编造"航班延误""航班取消"理由要求退票的客票。

(4) 提供虚假病历手续要求按因病退票处理的客票。
(5) 属性不能确定的客票。
(6) 票价、航段、舱位进行了删改处理的客票。
(7) 各类协议免票、特种航空产品免票。
(8) 其他违反民航运输有关规定填开的客票。

二、处理退票的工作程序

(1) 查验客票是否有效,是否有航段已被使用。
(2) 核对旅客的有效身份证件。
(3) 根据退票原因确定属于自愿退票还是非自愿退票。
(4) 已订妥座位的旅客要求退票,应取消原订座记录或旅客申退的航段。
(5) 根据退票规定计算出实退金额,填开收费单,并请旅客签收,电子客票填写电子自动退票表格,生成退票单,若旅客已经打印过"行程单",必须要回收后方可为其办理退票。
(6) 将退款和收费单的旅客联交给旅客。
(7) 将"行程单"附在"退票、误机、变更收费单"的会计联上,交给财务部门。

三、退票、误机、变更收费单

"退票、误机、变更收费单"简称为收费单,是航空公司及其指定代理人在为旅客办理误机收费、变更航班收费、变更舱位收费和收取退票费并办理退款的专用单据。

1. 收费单的组成

收费单一式四联,包括会计联、出票人联、结算联及旅客联。

会计联:淡绿色,填制后随所收款项、客票一并交票证所属航空公司财务部门记账之用。

出票人联:粉红色,填制后由填制单位留存,并用于记账、备查。

结算联:黄色,也称换取服务联,填制后由接收本联的航空公司,凭此联向本联所属航空公司开列账单,结算款项。

旅客联:白色,填制后交旅客做报销之用。

2. 收费单的用途

根据航空运输结算的原则,收费单具有以下用途。

(1) 作为向旅客收取下列费用的收支凭证:
①航班变更、改签手续费。
②误机费。
③换开客票收取的工本费。
④为伤残旅客服务应收取的费用,如氧气、救护车、特殊服务器械费。
⑤其他应向旅客收取的与航空运输有关的费用。

(2) 作为向旅客退款的收支凭证:
①退还多余票款。
②退还旅客因降低客票舱位等级而产生的差价。

收费单兼具收、支两种功能,其设计和应用在实际工作中起到了两种作用:一是国际运输中普遍使用的旅费证(MCO)的作用;二是退款单的作用。其目的是解决客运中的实际问题和保持客运票证的完整性。因此,在实际使用时,严禁在原客票上添加、删减票价,必须以收费单的形式反映相关费用方面的改变。票款改变的客票必须与收费单同时使用才有效(图4-1)。

3.收费单的填制

收费单应由航空公司售票处或代理人负责填制,经旅客或旅客委托人签字、加盖填制单位营业用章后方可生效。

(1)用于退还有关费用的填制:

收费单用于退还有关费用时,应填制下列栏目:

①原承运航空公司。

②原客票号码。

③原承运日期、航班号。

④退票使用栏中的各项内容:

"客票价款"栏中应填写"原付票款 – 已使用航段票款 = 未使用航段票款";

"应收退票费"栏中应填写按规定收取的退票费金额;

"实际退款"栏中应填写"客票价款"与"应收退票费"之间的差额。

⑤"备注"栏中应填写下列项目:

付款方式;

退款原因,例如自愿或非自愿,退还 C 舱与 Y 舱票价差额;

原航程及已使用航段;

原付票款、已使用票款等。

(2)用于收取有关费用的填制:

收费单用于收取有关费用时,应填写下列项目:

①原承运航空公司。

②原客票号码。

③原承运日期、航班号。

④变更后承运航空公司。

⑤变更后承运日期。

⑥变更后航班号。

⑦"应收误机费"栏,填写收取的误机费金额。

⑧"应收变更费"栏,填写旅客航班变更、改签或其他与航空运输有关的费用金额。

⑨"备注"栏,应详细注明收费的项目名称、理由。

收费单填好后,在已办理退票手续的客票上加盖"退票"印章,并注明退票时间,连同收费单财务联送交财务部门。

四、旅客非自愿退票的处理

由于天气、航行、机务或承运人等其他原因引起航班取消、提前、延误、航程改变、衔接错失或承运人不能提供座位,旅客要求退票,称为非自愿退票。

非自愿退票的计费主要根据产生退票的地点来确定。

1. 始发站退票

在航班始发站退票,退还旅客所付的全部票款。

2. 经停站退票

在航班经停站,退还未使用航段的票款,但所退金额不得超过原付票款金额。

联程旅客由于上述原因在航班经停站或联程站停止旅行,也应该按照相同的折扣率退还未使用航段的票款。

> 【例4-3】
> 旅客搭乘HU7848航班由广州—银川,该航班因天气原因在经停站西安取消当日飞行,旅客要求退票。假设旅客按8折票价购买广州—银川航段客票,实付票款为人民币1510.00元,广州—西安的8折票价为人民币1200.00元,西安—银川的8折票价为人民币480.00元。应退还的票款为人民币480.00元。

> 【例4-4】
> 旅客购厦门—哈尔滨机票,因飞机机械故障在福州备降且取消飞行,旅客要求退票。按规定应退福州—哈尔滨的票款,但由于福州—哈尔滨的票价(2550.00元)高于厦门—哈尔滨的票价(2290.00元)。因此,只能退厦门—哈尔滨的原付票款,即2290.00元。

3. 非规定的航站退票

航班如在非规定的航站降落,取消当日飞行,旅客要求退票,应退还由降落站至到达站的票款,但不得超过原付票款金额,不收取退票费。如旅客所付票价为折扣票价,应按相同折扣率计退票款。

> 【例4-5】
> 旅客搭乘CZ6665航班由海口到杭州,该航班因航路原因在广州取消当日飞行,旅客要求退票,应退还广州—杭州的票款。假设旅客按公布正常票价购买海口—杭州机票,实付票款为人民币1500.00元,广州—杭州的公布正常票价为人民币1050.00元,应退还旅客的票款为人民币1050.00元。

五、旅客因病退票的处理

旅客因个人身体健康原因未能全部或部分完成机票中所列明的航程,旅客提出退票,称为旅客因病退票。

1. 旅客因病退票的规定

旅客购票后,因病不能旅行要求退票,必须在航班规定离站时间前提出,并提供县级(含)以上医疗单位的证明原件(如诊断书原件、病历和旅客不能乘机的证明)。如因病情突然发生,或在航班经停站临时发生病情,一时无法取得医疗单位证明,也必须经承运人认可后才能办理。

2. 旅客因病退票的计费

旅客因病退票,在航班始发站提出,退还全部票款。在航班经停站提出,退还的票款金额为旅客所付票价减去已使用航段相同折扣率的票价金额,但所退金额不得超过原付款金额。

旅客的陪伴人员要求退票,必须与患病旅客同时提出,也按上述规定办理,否则一律按自愿退票处理。陪伴人员的范围，必须严格限制，事先要弄清楚陪伴人员确有留下的需要；如果承运人认为陪伴人员没有留下陪伴的必要，而其又坚决要求留下、停止旅行，则按照自愿退票的相关规定处理。

【例 4-6】

旅客搭乘 CZ3609 航班由广州—北京，飞机经停上海。广州—北京票价为 1680.00 元，广州—上海票价为 1290.00 元，上海—北京票价为 1140.00 元。

(1) 若旅客因病在广州要求退票，如何处理？

旅客如能按照要求提供相关证明并得到承运人的认可，可办理旅客因病退票手续，不收退票费，退还旅客全部从广州—北京的票款 1680.00 元。

(2) 若旅客在飞机上突然发病不能继续旅行，在上海要求退票，如何处理？

旅客因病在经停站上海取消旅行提出退票，得到承运人的认可，可办理旅客因病退票手续，不收退票费，退还未使用的票款：1680.00 - 1290.00 = 390.00 元。

(3) 若该旅客病情严重需有一名亲属陪伴，在上海要求退票，如何处理？

经承运人确认，病人病情确实需要有人陪伴，必须留下照顾病患者的，可依照相关规定，不收退票费，退还未使用的票款：1680.00 - 1290.00 = 390.00 元。

六、一般旅客自愿退票的处理

一般旅客指普通散客（不包括团体旅客），由于旅客本人原因，未能按照运输合同（旅客客票）完成全部或部分航空运输，在客票有效期内要求退票称为自愿退票。自愿退票因为责任不在承运人而在旅客本人，承运人在退款时要向旅客收取一定比例的退票费。

各航空公司根据旅客购买客票折扣舱位不同，收取的退票费率也不同。旅客购买经济舱子舱位较高折扣的机票，退票时扣除退票手续费率较低。相反，旅客购买经济舱子舱位较低折扣机票，退票时扣除的手续费率较高。特价折扣舱位客票一般不得自愿签改、退票。

1. 收取退票费的规定

民航部门对于经济舱全价票，退票费规定如下：

(1) 旅客（不包括团体旅客）在航班规定离站时间 24 小时（含）以前申请退票，收取客票价 5% 的退票费。

(2) 旅客（不包括团体旅客）在航班规定离站时间前 24 小时以内至 2 小时（含）以前申请退票，收取客票价 10% 的退票费。

(3) 旅客（不包括团体旅客）在航班规定离站时间前 2 小时以内申请退票，收取客票价 20% 的退票费。

(4) 对于优惠票价，各航空公司退票规定不相同，收取的退票费也不同。

【例 4-7】

一位旅客购买的 HAK—CAN 的机票，票价 670.00 元，16:30 起飞，起飞当日 15:10 旅客因个人原因申请退票。退票费的计算方法如下：

旅客提出退票的时间在航班规定离站时间的 2 小时之内，需收取 20% 的退票费，即 670.00 × 20% = 134.00 元，退还余款 536.00 元。

2. 分段计收退票费的规定

(1) 对于联程、中途分程或来回程客票的退票,按上述规定分别收取各航段的退票费(分段计收)。

> 【例 4-8】
> 　　一位旅客购买一联程客票:4 月 10 日 10:25 起飞 CAN(广州)—SHA(上海)航段,票款 1020.00 元;4 月 10 日 18:55 起飞 SHA(上海)—TXN(黄山)航段,票款 550.00 元,旅客共付款 1570.00 元。4 月 10 日 09:00 旅客申请退全航程客票。
> 　　CAN—SHA 航段旅客提出退票时间距离航班规定离站时间在 2 小时以内,收取客票价 20% 的退票费,SHA—TXN 航段旅客提出退票时间距离航班规定离站时间在 24 小时以内、2 小时以前,收取客票价 10% 的退票费。
> 　　应收退票费 =1020.00 × 20% + 550.00 × 10% =259.00 元
> 　　退还余款 1570.00 - 259.00 =1311.00 元

(2) 旅客在航班经停地自动终止旅行,则旅客所乘航班的客票即告失效,未使用航段的票款不退。

> 【例 4-9】
> 　　一个航班从 PEK—CAN,经停 CSX(长沙),旅客在 CSX 下机,终止旅行,则 CSX—CAN 航段票款不退。

3. 免收退票费的规定

个别旅客虽退票行为属于自愿退票,但可以免收退票费:

伤残军人要求退票,免收退票费;

按全价 10% 付费的婴儿票,免收退票费;但儿童票退票与成人一致;

持不定期客票的旅客要求退票,免收退票费。

4. 误机退票

误机是指旅客未按规定时间办妥乘机手续或因旅行证件不符合规定而未能乘机。

(1) 旅客在航班规定离站时间以后申请退票,按照误机处理,收取客票价 50% 的误机费。

(2) 购买正常票价的旅客误机后要求继续乘坐原承运人的后续航班,可予免费办理,但仅限一次;如再次误机,应收取误机航段客票价的 5% 作为误机费。

(3) 持特种票价客票的旅客误机后,按该特种票价的规定办理。

(4) 旅客误机或误机变更后,如要求改变承运人,按自愿退票的规定办理。

七、团队旅客退票的处理

团队旅客退票工作同样分为自愿和非自愿退票两种情况。团队旅客(含部分成员)非自愿退票相对简单,按照散客非自愿退票规定办理。自愿退票情况比较复杂。

1. 团队自愿退票的处理

团体旅客购票后自愿要求退票,航空公司应以订座终端中的退座时间为准,并按现行团队客票退票规定收取退票费办理。

(1)团体旅客自愿退票的费用收取规定

在航班规定离站时间72小时(含)以前,收取客票价10%的退票费;

在航班规定离站时间72小时以内至规定离站时间前一天中午12:00(含)以前,收取客票价30%的退票费;

在航班规定离站时间前一天中午12:00至航班规定截载时间以前,收取客票价50%的退票费;

在航班规定截载时间以后,客票作废,票款不退。

(2)部分团体旅客自愿退票的处理

部分团体旅客自愿要求退票,除客票附有限制条件者外,按下列规定办理。

①如乘机的旅客人数不少于该票价规定的最低成团人数,分别按以下规定处理:

单程团及全部未使用的来回程、联程、缺口程团队退票,按"团体旅客自愿退票的费用收取规定"办理。

需部分使用的来回程、联程、缺口程团队票(即来回程、联程、缺口程退单程的情况),应将团体旅客原付折扣票价总金额扣除该团体已使用(或需使用)航段的单程团票款后,再按"团体旅客自愿退票的费用收取规定"向需退票的团体旅客收取需退票航段的退票费,差额多退少不补。

②如乘机的旅客人数少于该票价规定的最低成团人数,分别按下列规定办理:

如客票全部未使用,应按团队旅客原折扣票价总金额扣除乘机旅客按退票时航班开放的最低散客舱位票价计算的票款总金额后,再扣除"团体旅客自愿退票的费用收取规定"的退票费,差额多退少不补,并为继续乘机的旅客重新填开客票。

如客票部分未使用,应将团体旅客原付折扣票价总金额扣除该团体已使用(或需使用)航段的单程团体票款后,再扣除乘机旅客按退票时航班开放的最低散客舱位票价计算的未使用航段票款总金额及"团体旅客自愿退票的费用收取规定"中规定的退票费,差额多退少不补。

【例4-10】

一个14人的旅游团购买了4月25日16:10起飞的CZ3383航班CAN(广州)—DYG(张家界)的团队机票,票价为580.00元。4月23日12:00,该团两名游客因个人原因申请退票,此时该航班最低散客舱位票价为690.00元。应如何计收退票费及退款?

两名旅客提出退票的时间是在航班规定离站时间72小时内、航班规定离站时间前一日中午12时之前,按规定应收取两名游客30%的退票费:

退票费:2×580.00×30% = 2×174.00 = 348.00元

退还给旅客票款:2×(580.00 - 174.00) = 2×406.00 = 812.00元

【例4-11】

如例4-10所示,若该团队有5人因个人原因申请退票,应如何计收退票费及退款?

由于5人申请退票后,其余9人乘机不能使用团队票价,应按当时最低散客舱位票价计算票款:

退票费:580.00×30%×5 = 174.00×5 = 870.00元

9名乘机旅客按散客票价计收的票款:690.00×9 = 6210.00元

该团原付票款:580.00×14 = 8120.00元

应退票款:8120.00 - 870.00 - 6210.00 = 1040.00元

2. 团队非自愿退票的处理

（1）团体旅客或团体旅客中部分成员非自愿退票，均不收取退票费。在航班始发地应退还旅客所付全部票款；经停地应按旅客的订座舱位退还未使用航段的票款，但不得超过原付票款金额。

（2）团队旅客因病退票，应在乘机手续登记截止时间前提出并退座，同时提供县级（含）以上医疗单位出具的医生诊断证明，免收退票费。患病旅客的陪伴人员要求退票，应与患病旅客同时办理退票手续，免收退票费。

3. 退票地点

团体旅客自愿退票只限在原购票的售票处办理。

团体旅客非自愿退票，可在原购票地、航班始发地、经停地、终止地的航空公司售票处或引起非自愿退票发生地的航空公司授权的代理企业售票处办理。

第二节 民航客票的变更与改签

一、民航客票的有效期

1. 客票有效期的生效

（1）正常票价客票的有效期自旅行开始之日起，一年内运输有效。如果客票全部未使用，则从填开客票之日起，一年内运输有效。

定期客票自旅行开始之日的次日零时起计算，不定期客票自填开之日的次日零时起计算，至有效期满之日的次日零时为止。

> 【例 4-12】
> 2021 年 5 月 1 日为旅行开始日，客票有效期从 2021 年 5 月 2 日零时开始至 2022 年 5 月 2 日零时为止。

> 【例 4-13】
> 一张联程客票，其航程为 PEK（北京）—SHA（上海）—CAN（广州）—PEK（北京），其中 PEK—SHA 的起飞时间为 2021 年 8 月 10 日（CA 1501），有效期应从 2021 年 8 月 11 日零时起计算，以后两个航程必须在 2022 年 8 月 11 日零时以前完成全部旅行，否则无效。
>
> 2021 年 8 月 10 日购买 PEK—SHA 不定期客票，旅客必须在 2022 年 8 月 11 日零时以前旅行完毕，否则无效。

（2）客票变更后，客票的有效期仍以变更前客票的有效期为准。

> 【例 4-14】
> 一名旅客持旅行开始日为 2021 年 1 月 1 日的定期客票，因自身原因，将客票由 1 月 1 日改签为 1 月 20 日，变更后的有效期仍以变更前客票的有效期为准，即从 2021 年 1 月 2 日零时开始至 2022 年 1 月 2 日零时止。

(3)特种客票的有效期,按照承运人规定的票价限制条件的有效期计算。

【例4-15】

旅客持有一张出票日期为2021年12月,乘机日期为2022年8月16日北京—拉萨的往返机票,后因故不能按约定日期成行,于2022年8月13日到售票处,想将乘机日期改到2023年7月。售票处工作人员说机票有效期为一年,只能改到2022年12月。而旅客坚持认为,客票"旅客须知"上说"定期客票自旅行之日起计算,一年内运输有效"。旅客认为,其所持票是定期客票,应从2022年8月16日开始算有效期。

《中国民用航空旅客、行李国内运输规则》第十条关于客票有效期诠释为:客票自旅行开始之日起,一年内运输有效。如果客票全部未使用,则从填开客票之日起,一年内运输有效。

该售票处工作人员的做法是正确的。

2. 客票有效期的延长

(1)由于承运人的下列原因之一,造成旅客未能在客票有效期内旅行,其客票有效期将延长到承运人能够按照该客票已付票价的舱位等级为旅客提供座位的第一个航班为止。

①取消旅客已经订妥座位的航班。

②取消航班约定经停地点中含有的出发地点、目的地点或中途分程点。

③未能在合理的时间内按照航班时刻进行飞行。

④造成旅客已订妥座位的航班衔接错失。

⑤更换了旅客的舱位等级。

⑥未能提供事先已订妥的座位。

(2)持正常票价客票或与正常票价有效期相同的特种票价客票的旅客,如未能在客票有效期内旅行,是由于承运人在旅客订座时未能按其客票的舱位等级提供航班座位,其客票有效期可以延长至承运人能够按照该客票已付票价的舱位等级提供座位的第一个航班为止,但延长期不得超过7天。

(3)已经开始旅行的旅客,在其持有的客票有效期内因病使旅行受阻时,除承运人对所付票价另有规定外,承运人可将该旅客的客票有效期延长至根据医生诊断证明确定该旅客适宜旅行之日为止;或延长至适宜旅行之日以后承运人能够按照旅客已付票价的舱位等级提供座位的自恢复旅行地点的第一个航班为止。

如客票中未能使用的乘机联,包含一个或一个以上的中途分程点,该客票有效期的延长不能超过自医生诊断证明之日起3个月。承运人也可同等延长患病旅客的陪伴亲属的客票有效期。

(4)如旅客在旅途中死亡,该旅客陪同人员的客票可用取消最短停留期限或延长客票有效期的方法予以更改。如已开始旅行旅客的直系亲属死亡,旅客(包括旅客随行的直系亲属)的客票也可予以更改。此种更改应在收到死亡证明之后办理,此种客票有效期的延长不得超过死亡之日起45天。

二、客票变更业务的处理

旅客购买定期客票后,出于个人原因或航空公司安排失误而要求变更乘机日期、航班、航程、座位级别或换乘机人,称为客票变更。

客票变更是旅客享有的基本权利,各相关承运人的营业部、售票处及销售代理人应根据实际情况积极予以办理,不得擅自拒绝旅客的客票变更要求。

1. 客票变更的有效性规定

要求变更的客票必须在客票有效期内,逾期的无效客票不得变更;电子客票变更,必须先用 DETR 指令查看客票信息,状态为"OPEN FOR USE"才可予以更改。

要求变更的客票不得违反票价限制条件,如承运人提供的较低折扣的机票往往都附加"不得签转""不得变更"等限制条款,客票的变更工作一定要遵循限制条款。

变更客票的处理因变更的原因不同而有差别。通常,把变更分为两类处理,即自愿变更和非自愿变更。各航空公司变更业务规定可在销售系统进行查询。

2. 自愿变更的处理规定

旅客购票后,因旅客自身原因而主动向承运人提出改变原机票上所列明的航班、日期等要求称为自愿变更。自愿变更应按下列规定办理。

(1) 变更航班

旅客购买正常票价的客票后,如要改变航班、日期,必须在原订航班停止办理乘机手续前提出并予以办理;如在停止办理乘机手续后提出,并且决定继续乘坐原承运人的后续航班,方可予以免费办理,但仅限一次。如旅客要求再次变更,每次应支付票价5%的手续费。

若旅客要求变更的航班和日期是在原承运人航班没有可利用座位或旅客不同意由原承运人安排航班和日期的情况下,则按自愿退票办理。

持特种票价客票的旅客要求改变航班、日期,应遵守该特种票价规定的条件。

(2) 变更舱位

旅客购票后要求把原有舱位更改至较高等级舱位,在航班座位和时间均允许的情况下,应积极予以办理,并补收原票价与较高等级舱位票价的差额。

旅客购票后要求把原有舱位更改至较低等级舱位,应先将原票按自愿退票规定办理,再按变更后的舱位重新购票。

(3) 变更承运人

旅客购票后要求变更承运人,处理办法按签转规定办理。

(4) 变更航程或乘机人

旅客购票后欲改变航程或乘机人,原机票均按自愿退票规定办理退票,根据新航程或新乘机人姓名重新购票。

团队旅客购票后,如自愿改变航班、日期、舱位等级、航程,均按各航空公司团体旅客现行规定办理。

3. 非自愿变更的处理规定

旅客购票后,由于天气、空中交通管制、飞机机务故障、承运人调度失误等无法控制或不能预见的原因以致航班取消、提前、延误、航程改变、衔接错失或不能提供旅客原已证实的座位,旅客要求变更航班、日期等为非自愿变更。

通常航空公司应当考虑旅客的合理需要,为旅客优先安排有可利用座位的本承运人的后续航班;如本公司无法承运,在征得旅客及有关承运人的同意后,为其办理签转手续。

若由承运人原因造成的变更,承运人有义务安排航班将旅客运达目的地或中途分程地点,票款、超重行李费和其他服务费用的差额多退少不补。

由于承运人原因,造成旅客舱位等级变更时,票款的差额多退少不补。如头等舱改为普通舱,应退还票价差额;普通舱改为头等舱,不再收取差额。

因不正常航班需通知团队进行变更的,各营业部需要根据PNR中的TRADEID项的订单编号在网上团队销售系统中提取团队的详细信息,包括联系组,进行通知。同时,营业部应通知各用户提交需求,在提交需求时,填写正确的联系电话,以便进行不正常航班的通知及协调。

4.客票变更的处理程序
(1)变更航班、日期的处理程序
①旅客购票后,如需要变更乘机日期,航班售票人员应按照旅客所提的要求,查看航班订座情况,如有座位,应取消原订座的记录并做相应的更改,原PNR订座记录编码不变。如原PNR已取消,则重新订座。
②按照更改后的航班、乘机日期、离站时间等详细、清晰地填写"更改条"或"签转证明"的各项内容,经办人签名并加上办理变更的时间后,将填好并加盖业务章的"签转证明"交给旅客办理乘机手续。没有加盖业务章的"更改条"应视作无效。
③在原"旅客购票单"(如有)上作相应的更改,归类存档。
(2)舱位变更的处理程序
①旅客购票后,如在航班起飞前在地面提出自愿变更至相同航程较高等级舱位时,按照旅客所提的要求,查看订座情况,如有座位,应提取原订座的记录并做相应的更改,原PNR编号不变。
②办理舱位变更、补收票价差额,可以用填开"退票、误机、变更收费单"或换开客票的方式补收舱位差额。

【例4-16】
李莉购买了一张11月14日CZ3101航班CAN(广州)—PEK(北京)Y舱机票,票价2000.00元,客票号码784-22089138735。由于行程有改动,李莉于11月12日前往南航广州营业部售票处,要求改签到11月13日CZ3105航班CAN(广州)—PEK(北京)F舱,工作人员应该如何处理?(要求用填开"收费单"补收不同舱位票价差额的方法处理)
旅客要求变更原客票的乘机日期、航班和舱位等级。由于旅客购买的是Y舱机票,要求变更,可直接予以办理,免收变更费用。
①通过订座系统查询11月13日CZ3105航班F舱的订座情况,如果还有可利用座位进行以下变更程序;如果F舱满,应征求旅客意见改签其他航班。
②如可以接收,调出原有的PNR进行相应修改并保存。
③填写"更改条",加盖业务章,在客票"票价计算"栏加注"与784-1765677同时使用"。

CARRIER 承运人	FLIGHT 航班号	CLASS 座位等级	DATE 日期	TIME 时间	STATUS 订座情况
CZ	3105	F	13NOV	1250	OK

CZ ISSUING OFFICE（not for use travel agents）	SIGNED/DATE
南航：广州营业部中心售票处	经手人/日期 张丽　12NOV

④填写"收费单"，收存结算联。

中国南方航空公司

退票、误机、变更收费单　　　　　　784-1765677

航空承运变更情况		应收应退额		
原承运航空公司	CZ	退票使用	客票价款	元
原客票号码	784-2208913873 5		应收退票费	元
原承运日期	14NOV		实际退款	元
原航班号码	CZ3101	应收误机费		元
变更后承运航空公司	CZ	应收变更费	1000	元
变更后承运日期	13NOV	制单地点		
变更后航班号	CZ3105			
备注：补收 CANPEK 舱位变更 Y/F 费用		加盖公章 制单单位		

制单日期：12NOV　　　　　　旅客签名：李莉　　　　　　经办人：王刚

⑤收取应收票款。

5. 特殊情况处理程序

（1）如旅客持团体票价和中转运价客票要求变更订座舱位，则按团体票价和产品运价的相关规定办理。

（2）舱位变更后要求退票，旅客必须在客票有效期内提出，方可受理。

（3）舱位变更后退票费的计算方法：变更舱位航段退票手续费以变更舱位后所适用的新票价为基础，比较退座和变更的时间，手续费取高者。

（4）舱位变更后的退票地点：原则上在补收票价差额地点办理，但因特殊情况，旅客无法在上述地点办理退款手续时，也可在原出票承运人的售票处、营业部或驻外办事处办理。根据旅客所付的票价总额，在扣除已使用航段和必要的退票手续费后，将剩余未使用航段的票款合计退给旅客。

三、客票签转业务的处理

航空公司的客票是旅客乘坐客票上所表明承运人航班的凭证。客票不能在各承运人之间任意交换使用,只能允许在满足一定条件下进行相关的运输和签转。

按照签转的原因不同,可以分为两类:旅客自愿签转、旅客非自愿签转,它们的规定和操作程序也有所不同。

1. 旅客自愿签转的处理

由于旅客自身的原因,向承运人提出改变承运人的要求,称为旅客自愿签转。在办理旅客自愿签转时,工作人员必须首先判断客票是否满足航空公司自愿签转条件:

(1)旅客使用的票价无签转限制条款。
(2)旅客客票未改变过航班、日期。
(3)旅客在原航班规定离站时间 24 小时(含)之前提出更改要求。
(4)旅客要求变更的承运人必须与原承运人签有联运协议,可以进行相互填开或接收票证、票款结算等业务活动。

同时满足以上自愿签转条件后,原承运人的相关部门有义务为旅客积极免费办理相关的签转业务。凡是不满足上述规定的,如旅客坚持要求改变承运人,一律按照自愿退票相关规定和程序办理。

在非航班不正常条件下,团队客票是不允许改签的。

2. 旅客非自愿签转

由于航班延误、天气恶劣、飞机故障等非旅客主观原因,旅客向原承运人提出改变承运人的要求,称为旅客非自愿签转。

原承运人有责任和义务保障旅客及时到达原客票标明的目的地,应积极协调相关部门尽快协助旅客处理,在征得有关承运人的同意后,办理签转手续。由于原承运人原因造成的旅客非自愿签转,票款的差额多退少不补。客票签转要遵循"保障重点、照顾一般"的原则,签转时按照重要贵宾、持国际中转客票旅客、持国内中转客票(含空陆联运的票证)旅客、有重要公务会议的旅客、一般旅客的顺序进行。

要遵循"隔离签转"原则,在后续航班座位无法满足全部旅客签转需求的时候,应当把旅客化整为零,依次签转,避免发生冲突。

为旅客签转要确定承运双方互有签转协议。签转前,确定有可利用的空余座位并做好预留工作。已签转的旅客,确保收回原先的登机牌及行李提取牌,若让旅客持原行李牌提取行李,应与实际承运方做好交接。

除此之外,一些特殊票价客票的签转在没有特殊规定外,其签转规定和处理与正常票价客票相同。

3. 有权签转的航空公司

并不是所有航空公司都有权利将客票签转给其他承运人,必须具备下列条件之一的航空公司方可办理签转:

(1)作为填开客票的承运人。
(2)作为在要求签转的航段"承运人"栏中指定的承运人。
(3)作为机票"原出票(ORIGINAL ISSUE)"栏中注明的原始出票承运人。
(4)经上述三类承运人之一授权,作为其代理并有权代为办理签转的部门。

例如,南航有权办理国内签转手续的部门有:南航办理国内业务的售票部门和机场运输业务部门;南航授权可以代理签转的代理人的售票部门和机场运输业务部门。

四、接收外航票证

旅客使用外航票证在我国国内航班上乘机,在接收票证时,应识别我方承运人能否接收。各航空公司根据其经济、政治、承运条件等多方面的因素,与外航签订联运协议,航空公司接收具备双边或多边联运协议、结算关系的外航票证才有保证。对无联运协议、结算关系的外航票证不予接收。

国际和国内联程客票,其国内联程段可在国内联程段使用,不需换开成国内客票。旅客在我国境外购买的用国际客票填开的纯国内航空运输客票,应换开成我国国内客票后才能使用;但南航、国航、东航大航空公司的国际客票不需另外换开,可直接使用。

1. 客票换开的注意事项

(1)原客票换开客票时,在客票"原出票栏"应填写:

①在所填开的新客票的"原出票"栏内,填入被换开客票的全部客票号码、出票日期和地点以及出售该客票的空运企业单位或代理人的代号。这一栏所填注的内容也作为原出票人签转权力的证明。

②如在原始票证的相同栏内已有填注,应将填注的内容照转填入所填开的新客票的"原出票"栏内。

(2)客票换开,要将原客票的票证号码(包括承运人的票证代号、票证序号)填入所开新客票的"换开凭证"栏。

2. 接收外航客票要注意检查客票的相关信息

(1)检查客票是否为国际联程票,出票单位与我国是否有双边或多边联运协议、结算关系,客票的填写有无错误等。

(2)检查客票是否需要证实座位。若需证实,是否证实过,是否是本次航班的有效机票。

(3)认真查看旅客所乘航段的航程信息,是否由本公司承运。

【例 4-17】

某旅客持有在国内填开的 SIN(新加坡)—HKG(香港)—CAN(广州)—PEK(北京)—HAK(海口)航程的国际和国内联程客票,其中 CAN—PEK—HAK 联程段的乘机联可在国内航班上使用,不需换成国内客票;但如果旅客所持的客票是在 SIN 用新加坡航空公司的票证填开的一张 CAN—PEK—HAK 的纯国内航空运输客票,应换成国内客票后方能使用;如果旅客所持的客票是在 SIN 用南航的国际客票填开的一张 CAN—PEK—HAK 的纯国内航空运输客票,不需换开,可直接使用。

【例 4-18】

旅客购买的用国际客票表示的 CAN(广州)—PEK(北京)—MOW(莫斯科)航线客票,CAN—PEK 航段不需要换开成国内客票,可以直接使用;但如旅客购买用国际客票表示的 OSA(大阪)—PEK(北京)—SHA(上海)航线客票,PEK—SHA 航段一般应换成国内客票方可使用。

目前,我国已有部分航空公司接收用国际客票表示的国内航段客票,不需要换开。

复习思考题

一、单项选择题

旅客的客票不符合航空公司要求的自愿签转条件,但旅客坚持要求改变承运人的,按照( )规定处理。

A. 非自愿退票

B. 自愿退票

C. 收取5%变更费

D. 收取10%变更费

二、判断题

1. 旅客提出退票的时间超出客票的有效期,承运人有权拒绝办理。( )

2. 旅客在航班经停站非自愿退票,要退还未使用航段的票款,但所退金额不得超过原付票款。( )

3. 团体旅客办理自愿退票时,提出退票的时间在航班规定离站时间前一天中午12:00至航班规定截载时间以前,收取客票价50%的退票费。( )

4. 逾期的客票也可以进行客票变更。( )

5. 旅客购票后把原有舱位更改至较低等级舱位,应先将原票按自愿退票处理,再按变更后的舱位重新购票。( )

6. 旅客购票后,因承运人原因将经济舱变更为商务舱,旅客不需要支付票款差价。( )

三、计算题

1. CA1523航班HRB(天津)—SHA(上海),票价1140.00元,在NKG(南京)上空出现机械故障,飞机迫降NKG机场,且当日不能飞行,航班取消。NKG—SHA票价为920.00元。旅客要求退票,应如何处理?

2. CZ3128航班TSN(天津)—CAN(广州),票价1720.00元,航班超售,旅客要求退票,应如何处理?

3. CA1321航班8月26日09:00起飞的PEK(北京)—CAN(广州)航班,票价为1680.00元,8月25日16:00旅客因个人原因提出退票,应如何处理?

4. HGH(杭州)—SHA(上海)—KWL(桂林),起飞/到站时间分别为9月15日20:15~21:00/8月26日11:50~14:20,9月15日18:30旅客因个人原因提出退票,应如何处理?

5. 旅客李莉已购妥2013年11月20日HU7605北京—上海航班的机票,航班离站时间为09:30,票价为730.00元,和同一日CZ3532上海—广州的机票,离站时间为14:15,票价为900.00元;客票号码为880-2207952768。旅客于11月20日08:30在北京提出取消全部航程,要求退票,工作人员应收取多少退票费,并填写收费单。

海南航空股份有限公司
退票、误机、变更收费单

航空承运变更情况		应收应退额		
原承运航空公司		退票使用	客票价款	元
原客票号码			应收退票费	元
原承运日期			实际退款	元
原航班号码		应收误机费		元
变更后承运航空公司		应收变更费		元
变更后承运日期		加盖公章	制单地点	
变更后航班号				
备注:			制单单位	

制单日期:　　　　　旅客签名:　　　　　经办人:

6. 张峰购买了 2013 年 7 月 13 日 CA1356HAK(海口)—PEK(北京)的机票,航班离站时间为 20:55,订座舱位 K 舱,票价为 1780.00 元(不含民航发展基金和燃油附加费);7 月 18 日 CA1355 北京—海口,航班离站时间为 16:15,订座舱位 Q 舱,票价为 1440.00 元(不含民航发展基金和燃油附加费)。旅客于 7 月 13 日 16:00 未办理值机手续提出退票,工作人员应收取多少退票费,退还旅客多少元?

7. 张希购买了 SYX(三亚)—PEK(北京)的机票,于 12 月 2 日上午 09:00 到三亚凤凰机场候补柜台要求变更航班日期,当天下午又要求退票,应如何办理?并请填写退款单。
原航程:HU7758 Y FR03DEC SYXPEK RR1 0730 1050 738
变更时间:12 月 2 日
新航班时间:HU7581 Y SA04DEC SYXPEK RR1 2030—2350 738
票价:SYX—PEK CNY2310.00
付款方式:CASH
票号:880-2375980999

海南航空股份有限公司
退票、误机、变更收费单

航空承运变更情况		应收应退额		
原承运航空公司		退票使用	客票价款	元
原客票号码			应收退票费	元
原承运日期			实际退款	元
原航班号码		应收误机费		元
变更后承运航空公司		应收变更费		元
变更后承运日期		加盖公章	制单地点	
变更后航班号				
备注:			制单单位	

制单日期:　　　　　旅客签名:　　　　　经办人:

8. 有一国内团队 15 人,航班为 XMN(厦门)—URC(乌鲁木齐),已购买了团队特种票价的客票,在航班规定离站时间72小时以前有7位旅客提出退票;XMN—URC普通Y舱票价为970.00元,团队票价为680.00元。问:应收取多少退票费,并退还旅客多少票款?

9. 旅客持2012年11月20日购买的2012年11月30日的机票,2013年11月21日到机票代理处退票被拒绝,理由是从开票之日起,已超过一年。但旅客认为在国航班期时刻表上(2012年冬季~2013年春季)关于客票有效期是这样诠释的:"定期客票自旅行之日起计算,一年内运输有效。不定期客票自填开之日起计算。"旅客质疑:此票还在有效期内为何不给退?请做出合理的解释。

10. 有一国内长沙—北京团队16人,已购了团队特种票价的客票,在航班规定离站时间72小时以前有7位旅客提出退票;长沙—北京正常Y舱票价为970.00元,团队票价为680.00元。应收取团队退票费多少?退还给团队多少费用?

第五章　民航旅客进出港业务

学习目标

◎ 掌握民航旅客离港服务的相关规定及工作流程；
◎ 能熟练运用指令操作值机系统，完成值机工作；
◎ 能够对各类航班不正常及旅客运输特殊情况进行处置，熟悉 VIP 和特殊旅客的运输服务要求及流程。

航空公司运输部门为旅客办理乘机手续的工作内容包括办理乘机手续前的准备工作、查验客票、安排座位、收运行李及旅客运输服务和旅客运输不正常情况的处理。做好办理旅客乘机手续的准备工作是办理乘机手续中主要环节。它有助于应对各种复杂的情况，缩短办理乘机手续的时间，减少运输差错和服务事故。

办理旅客乘机手续，对于保证旅客顺利准确地乘机、安全舒适地到达目的地十分重要。它要求运输人员掌握航班情况，按照旅客的不同需求提供周到、细致的服务，并不断提高工作效率，尽量缩短旅客办理乘机手续和候机的时间。

第一节　民航旅客值机工作

一、民航离港系统

20 世纪 70 年代中期起，各大航空公司为了加强经营管理，将计算机离港系统与计算机订座系统相连接，直接获取旅客订座的有关信息。当离港系统形成网络后，航班沿线各站可以通过系统提取修改航班信息，使始发站、经停站和到达站有机地联系在一起。这样有助于各航站的协调与配合，有利于航班最大限度地合理安排商业载重，提高飞机吨位的利用率，达到数据共享的目的，并切实保证飞行安全、提供优质服务和提高经济效益。

计算机离港控制系统（Departure Control System，DCS）分为旅客值机（CKI）、配载平衡（LDP）两大部分。CKI 与 LDP 可以单独使用，也可以同时使用。它们在使用过程中由航班数据控制（Flight Data Control，FDC）系统进行控制。

航班旅客办理登机手续（CKI）与飞机的载重平衡（LDP）既可以联机使用，也可以独立使用。在联机的情况下，办理乘机手续的部门自动地向配载平衡部门传送航班登机旅客人数、性别、重量、行李件数及总重量，载重平衡部门经过预配后向办理乘机手续部门指定允许使用的最大业务载量，并据此对使用后的允许业务载量递减，协调、控制整个航班载量。

民航离港系统的主要功能如下。

(1)办理旅客乘机手续

接收已订座的旅客,记录旅客座位等级、交运行李和重量、性别、占用座位、联程航班等情况,自动计算超重行李费,自动打印登机牌等。

(2)航班控制

生成航班信息,更改航班时间、航程、机型、登机口,分配航班座位,设置航班接收旅客限额,关闭航班等。

(3)载重平衡计算

自动计算飞机客、货、邮装载量,记录载重分布情况,计算飞机起飞重心、无油重心及配平数据,对每一次载量的增加动态,实施跟踪核实。检查装载位置是否在飞机结构设计的载重平衡允许范围之内,对宽体飞机装载能自动分配舱位和配载。

(4)建立和修改静态数据

静态数据是指计算机储存的飞机固有的参数。建立和修改飞机商务与机务数据,建立机场、跑道、天气、航行信息,建立集装设备、机群、收发报地址等信息。

(5)自动处理电报

自动处理多种系统外发及外来的电报和信息,航班关闭之后,自动派发用户要求各种业务电报,并打印载报(LOADSHEET)及旅客服务报(PIL)提供给机长。

旅客值机(CKI)系统并不是一个简单的座位分配系统,它可以与订座系统、配载平衡系统联机。一般情况下,CKI 由 FDC 系统(FLIGHT DATA CONTROL)自动生成,建立航班数据记录,如果 CKI 与 FDC 或 RES(RESERVATION SYSTEM)中断联络,CKI 系统设计了相应的后备指令,可以手工建立航班,仍可能利用计算机办理旅客乘机手续。

RES 系统在规定的时间内预先向 CKI 系统提供有关特殊服务的信息,CKI 系统则根据旅客的要求,锁订座位、预留座位。

二、民航旅客离港工作的一般规定

(1)旅客应当在航空公司规定的时限内到达机场,凭本人有效身份证件按时办理客票查验、托运行李、领取登机牌等乘机手续。

(2)如果旅客未能按时到达航空公司的值机柜台或登机门,或未能出示其有效身份证件及运输凭证,航空公司为不延误航班可取消旅客已订妥的座位。对旅客由此所产生的损失和费用,航空公司不承担责任。

(3)航空公司开始办理航班乘机手续的时间一般不迟于客票上列明的航班离站时间前 90 分钟,截止办理乘机手续的时间为航班离站前 30 分钟。航空公司应将上述时间以适当方式告知旅客。

(4)航空公司及地面服务代理人应按时开放值机柜台,按规定接收旅客出具的客票,快速、准确地办理乘机手续。

(5)乘机前,旅客及行李和随身携带物品必须经过安全检查。当出现旅客行李运输不正常情况时,应按照航空公司相关规定公正处理。

三、航班指令

1. 设置默认航班

此指令的功能是在值机员当前的工作区中设置一个默认航班,则针对此航班的操作均可简化输入。

指令格式:>FT:航班号/日期

表达日期用"-"".""+",分别代表昨天、今天和明天。

【例 5-1】

输入:>FT:-

表示取消默认航班。

输入:>FT:

表示查看默认航班。

2. 航班状况显示

此指令显示指定航班数据:如订座情况、值机情况、与配载相关的各种数量/重量。

指令格式:>SY:航班号/日期/始发城市

若始发城市为终端所在地可省略。

【例 5-2】

输入:>SY:CZ3206/./CAN

系统显示:

```
SY: CZ3206/13JUL CAN/0 CC0946/NAM
CWT200000 UWT177325 CAW056367 UAW 033692 WIN1KGNTC/BCL
747/4J6J/B2464 GTD/G15 POS/GATE BN291 AK00000 CN00000
BDT0810 SD0840 ED0840 CI0814 CC0854
CNF/F18C40Y348 CAP/F18C35Y348 AV/F2C15Y94
CAT/018/021/283
*CANSHA R018/021/279 CO16/020/254 B0125/001 795UM001 WCH02 101
    SB000/000/000/B000 STCR01 PETC01 AVIH02 J01 CHD002
    SA000/000/000 EXST00/00/00 XCR00/00/00
    BPAX290 BIFN000
GS CAN/F008C007Y036
```

说明:

第一行:航班号、日期、机场/机场控制办公室号码、值机状态/值机方式。

值机状态:CC 表示完全关闭,CI 表示初始关闭,PC 表示航班处于保护状态,CL 表示值机中间关闭,OP 表示值机开放,XX 表示航班取消。

值机方式:NAM 表示姓名方式,NON 表示手工方式,NUM 表示序号方式,PNM 表示部分姓名方式。

第二行:飞机的各种重量参数及标准重量表号码;转港与联程情况指示。

CWT 表示值机允许业载,UWT 表示仍可利用的 CWT,CAW 表示配载允许业载,UAW 表示仍可利用的 CAW,WTN 表示标准重量表号码,KG 表示重量单位。

本航班本航站转港联程值机指示:FTC 表示只允许进港联程值机,TCI 表示允许进出港联程值机,NTC 表示不允许任何联程值机,TTC 表示只允许出港联程值机。

第三行:机型/机型分类/飞机注册号码、GTD/登机口号、POS/机位、BN 本机场本航班发出最大登记号码、AK 航班管理员号码、CN 航班控制设备号码。

第四行:登机时间、编目起飞时间、预计起飞时间、值机初始关闭时间、值机完全关闭时间。

第五行:各个等级的布局载客量、各等级最大载客量、各个等级仍可利用座位数。

第六行及以后各行:值机和配载对旅客分区计数。包括航段标识和各分区数量。R 表示各等级订座人数,C 表示各等级接收旅客人数,B 表示行李件数与重量,UM 表示无陪伴儿童,WCH 表示使用轮椅人数,IN 表示婴儿人数,SB 表示候补旅客人数,STCR 表示担架旅客,PETC 表示随身携带狗笼,AVIH 表示货舱内狗笼,J 表示折椅,SA 表示利用空余吨位的 PAD 旅客人数,EXST 表示旅客额外占座数,XCR 表示机组额外占座数。

TOTALS:表示以上信息统计结果,在多航段的航班上有此项。

GS:接收未订座旅客限额指示。

3.航班中座位图显示

航班中座位图显示功能为显示指定航班、日期、舱位、发展/航段的座位图。

指令格式:>SE:航班号/日期/舱位/航段

【例 5-3】

键入:>SE:CZ3201 X CANSHA

则显示相应座位图。

座位图上符号的含义见表 5-1。

座位图上符号的含义　　　　　　　　　　　　　　　　　表 5-1

符　号	含　义	符　号	含　义
.	已经有旅客占用	*	可利用的座位
:	此半行有婴儿	=	过道
/	靠背不可移动位置	+	为婴儿预留的座位
E	此行或半行有紧急出口	I	此行婴儿优先
Q	此行是安静座位	X	锁定(不可利用)座位
T	转港占用(锁定)区	V	ASR 订座名单中保留座
D	VIP 留座	C	最后可利用座位,*用完后才可用
P	为未到旅客保留的座位	R	团体留座,系统自动给团体留座
O	为其他航段保留的座位	A	为本段保留的座位
B	可利用的婴儿摇篮座位	N	看不到电影的座位
U	可利用的无人陪伴座位	G	BS 指令保留的团体座位
H	头上宽敞的座位	>	在本航站转港的旅客占用的座位
L	脚下空间宽敞的座位		

4. 航班初始关闭

柜台在办完值机手续之后,使用此指令关闭,一般初始关闭后不能再接收旅客,若还要接收旅客,需要将航班打开。

指令格式:>CI:(-)航班号/日期

【例5-4】
键入:>CI:CZ3245
>CI:-CZ3245

四、旅客记录显示及提取

1. 显示旅客名单:PD

PD 指令用于查找航班某一航段或始发航站的旅客、显示符合指定条件的旅客名单、显示团体旅客等。

指令格式:>PD:航班号/日期 舱位等级 航段,选择项

【例5-5】
键入:>PD:HU7234 / XHAKPEK,VIP

选择项可以合并使用,它们之间可用",""或";"分开,表示"且"与"或"。"X"表示所有舱位。

选择项含义见表5-2。

选 择 项 含 义　　　　　　　　　　　　　表5-2

选择项	含 义	选择项	含 义
ACC	已接收旅客	AEC	AEC 换飞机后未确订座位的旅客
AECX	AEC 换飞机后,座位号与原座位号不同的旅客	ASR	预留座位的重要旅客
BAG	行李牌放出或重新放出	BAG/ALL	所有有行李的旅客
BLND	盲人	BN	按登机号显示
CHD	儿童	CRS	值机留座的旅客
DEAF	耳聋旅客	DEL	被删除的旅客
DNG	降舱的旅客	EDI	与其他主机系统有数据交换的旅客,主要是与外航联系的转港、联程旅客
EXBG	行李超重的旅客	EXST	额外占座的旅客
FF	常旅客	GRP	团名,不是旅客本身,团名0开头
GRIB	团体中的所有旅客 GRI+团名(B)	I	IN-BOUND 旅客
INF	带有婴儿旅客	MOD	修改
NACC	未接收旅客	NGRP	不包括团名
NREC	无记录旅客,离港无记录,订座有	NPA	对未办手续旅客做修改,接收 PAX 之前的一些修改
O	OUT-BOUND 旅客	PSM	特殊服务旅客
PDN	行李与他人合计,记录在别人身上	PRC	行李与他人合计,记录在本人身上

续上表

选择项	含 义	选择项	含 义
RES	预留座位	R	重新打印行李牌
SBY	候补状态旅客	STCR	担架旅客
SEA	自动换飞机后重新分配座位的旅客	UPG	升舱的旅客
URES	候补旅客,离港无记录,订座无	VIP	重要旅客
WCH	轮椅旅客	XBT	不打印行李牌
XRES	被取消订座记录的旅客	Z	转换航班旅客

【例 5-6】
键入：>PD：CA1511/02APR01＊PEK ,OP/NAM
系统显示：

```
737/3J6I GTD/34  POS/GATE BDT1515 SD1545 ED1545  SA1805  FT0220
C AT/006/075+45MOML
1. 1AHMED/NASS+        E9 BN007  22B    YKHN KDGR9   SPML
2. 1ASHRAF/MOHA+       D9              YKHN KDFP0   SPML
3. 1ASHRAF/HAMI+       B7              YKHN K94XW   SPML
4. 1CAISHIZHI                           Y KHN HBRMH
5. 0CA/SIX            Z14     GROUP   Y KHN L075V
```

当提取记录中既有旅客又有团名时,无法一次接收。

2. 显示候补旅客名单:SB

指令格式：>SB:航班号/舱位等级/城市,选择项

选择项包括:SB 候补旅客,TPAD 中转 PAD 旅客,LPAD 本地 PAD 旅客,NE 需要通知旅客。

【例 5-7】
键入：>SB:MU594/XSHA,SB

3. 提取旅客详细纪录:PR

PR 指令检索详细的值机数据信息,如特殊服务、登机号、座位、行李带号、候补号等。

(1)指令格式 1：>PR:航班号/舱位等级/始发站,旅客标识

【例 5-8】
提取记录编号为 H12DE 的旅客。
键入：>PR:CA1205/＋XPEK,RLH12DEC

旅客标识:SN 座位,BN 登机号,RL 记录编号,NAM 姓名。

【例 5-9】
键入：>PR：CA985/19JAN01TPEK

系统显示：

```
>PR:CA985/19J AN01TPEK, 2   PNR RL H0L2L   CRS RL MBP6G
1. LIU/XIAOHONG    BN190    14E   T SFO FF/CA 102013085 RW
                                        BAG1/210 MI
        BAGTAG/0999596860/PHX
            O/UA2358/19JAN                V PHX
        ACC PEK12632 AGT10452/19JAN1311
            BAG PEK12632 AGT10452/19JAN1311/PHX
        MOD PEK12632 AGT10452/19JAN1311
```

说明：

第一行：PNR RL H0L2L 表示订座系统航空公司记录编号，CRS RL MBP6G 表示代理人系统记录编号。

第二行：1. LIU/XIAOHONG 表示旅客姓名，BN190 表示登机号，14E 表示座位号，T 表示舱位，SFO 表示目的地，FF/CA 102013085 表示有常旅客卡/卡号，RW 表示申请靠窗座位，BAG1/21/0 表示一件行李20kg，M1 表示成人男1。

第三行：BAGTAG 表示行李牌，0999596860 表示行李牌号，PHX 表示目的地。

第四行：O 表示有联程航班，UA2358/19JAN 表示联程航班号日期，V 表示舱位，PHX 表示目的地。

(2)指令格式2：>PR:序号 显示类型

指令格式2通常用在PD或SB之后。

【例5-10】

提取前面显示的第3号旅客。

键入：>PR:3PD

在 PD 显示下，第一次做 PR 时，不用在序号后加 PD，若连续操作 PR，需要加 PD。

(3)指令格式3：>PR:候补号

【例5-11】

提取前面显示的第2号候补旅客。

键入：>PR:SB2

(4)指令格式4：>PR:BT 行李牌号

【例5-12】

提取行李牌号码为345690的旅客。

键入：>PR:BT345690

4.提取旅客记录的几种简化格式：RL/RN/FB/FSN

(1)根据记录编号提取旅客记录：RL

RL指令用于查找同时订座的(即统一记录编号)多个旅客。

指令格式：>RL：记录编号,选择项

【例 5-13】
查找记录编号为 H0L2L 且未接收的旅客。
键入：>RL：H0L2L,NACC,NGRP

(2) 根据姓氏提取旅客记录：RN
RN 指令用于用姓名查找单个旅客。
指令格式：>RN：旅客姓名,选择项

【例 5-14】
查找姓李的旅客,已接收且带婴儿。
键入：>RN：LI,ACC,INF

(3) 根据登机号提取旅客记录：FB
指令格式：>FB：BN 登机号

【例 5-15】
提取登机号为 12 的旅客记录。
键入：>FB：BN 12

(4) 根据座位号提取旅客记录：FSN
指令格式：>FSN：座位号

【例 5-16】
提取座位号为 1A 的旅客记录。
键入：>FSN：1A

五、接收旅客

1. 正常旅客接收：PA

在离港系统中,正常接收旅客,系统会自动给出旅客的座位号,同时,与终端相连的登机牌打印机、行李牌打印机自动打印旅客的登机牌和行李牌。如果旅客没有订座记录,或座位未确定,GS 没有限额,执行 PA 指令会将该旅客自动列为候补,给出候补号。

为换乘航班旅客办理值机手续(旅客在原航班未办理),为未到旅客预留座位。

PA 指令所接收的旅客为未接收旅客。PA 指令可以单独使用,也可据 PD、SB、PR 等输出按序号方式接收。每个旅客仅限带一名婴儿,一次仅能接收一名婴儿；多个旅客接收,行李信息记录在第一个旅客后面。

(1) 指令格式 1：>PA：航班号/日期/舱位/航段/姓名,性别,行李,选择项

【例 5-17】
键入：>PA：CA973YXMN2SMITH/J/K,F1,M1,2/40

还可以先用 PD、PR 或 RK、RN 指令提出旅客记录,再用 PA 接收。

(2) 指令格式 2：>PA：旅客序号,选择项
旅客序号是指上次 PD 显示中序号。

【例 5-18】

接收 PD 显示序号中为 3 的旅客,男性,带一件 20kg 行李。

键入:＞PA:3PD,M1,1/20

正常旅客接收时,PA 指令含义见表 5-3。

PA 指 令 含 义　　　　　　　　　　　表 5-3

键入指令	含 义
＞PA:1	接收一名无行李旅客
＞PA:1,1/10,M1	接收一名带 10kg 行李的男性旅客(女性为 F1)
＞PA:1-4	接收多名无行李旅客
＞PA:1-4,3/30	接收多名有行李旅客
＞PA:1,1/20;3,CHD1;4;6	接收团体内几名旅客;隔开不同序号
＞PA:1,UM1	接收无人陪伴
＞PA:1,EXST	接收额外占座,占用一个 GO-SHOW 限额
＞PA:Y1 LI/LI,URES	接收候补旅客 PA,舱位 1 姓名,URES 接收 GO-SHOW 旅客
＞PA:YX1Y1 LI/A,URES	多航段航班接收候补旅客,要加上旅客到达站
＞PA:1,INF 1LI/LI	接收带婴儿旅客,LI/LI 为婴儿姓名
＞PA:1,OCA101YHKG,URES	接收联程旅客,多用于将旅客行李牌打到终点站
＞PA:1,R1A	接收旅客到指订座位 1A
＞PA:1,SN R1A	将旅客强行接收到 1A 座位,申请到特殊符号的座位,如:CG 等
＞PA:#1,R1A	为未到旅客留座,预留座位
＞PA:1,RW	安排靠窗的座位 W—窗口,I—走道,C—中间座,E—紧急出口,F—靠前,A—靠后,L—靠左,R—靠右,U—上舱,X—下方宽敞
＞PA:1,FFCA/108738498	接收常旅客
＞PA:1P1,1/10;1P3,CHD1	接收同一序号下部分旅客,如: 1.3 HOSHI/MMR　Y　PEK　J1234 　　HOSHI/MMS 　　TOM/CHD
＞PA:1,UPGF	接收旅客并升舱到 F 舱,需要 GO-SHOW 限额
＞PA:1,DNGY	接收旅客并降舱到 Y 舱,需要 GO-SHOW 限额
＞PA:1,T/CA/123456	接收旅客并手工输入行李牌号
＞PA:1,BLND(DEAF,STCR,WCHR)	接收盲人(聋、担架、轮椅)旅客
＞PA:1,XBT(XBP)	接收旅客不打行李牌(不打印登机牌)
＞PA:1,PETC1/10	接收带宠物上客舱旅客
＞PA:1,AVIH1/10	接收带宠物旅客,宠物放在货舱

说明:

接收同一序号下旅客最多 40 个;一次最多接收 30 个序号的旅客;接收候补旅客如果一

次超过 10 个,需要加航班号。

【例 5-19】
键入: >PA:CA1511Y20PAX,URES

2. 候补旅客接收

方法 1:用 PA 指令接收

指令格式: >PA:航班号/日期/舱位/航段/姓名,性别,行李,选择项

【例 5-20】
键入: >PA:HU7821Y1WANG/LIN,M1,0/0,URES

方法 2:用 PD、SB、PR 等指令将候补旅客提出后,JC 接收。

指令格式: >JC:序号

【例 5-21】
键入: >JC:10-12SB,RS

产生候补的原因代码:

AEC:自动换飞机被落下旅客。

STL:座位分配原因,AL 分配本站 A 用完,只有 O。

URES:GS 限额限制。

CAP:可用座位数不够。

PAD:超过 ID 人数限制。

WTL:业载不够限制。

LM:超过登机人数限制。

航班关闭时,不允许有候补旅客存在。

3. 为旅客安排座位的基本要求

安排旅客座位,是办理值机手续中的一项重要工作。根据飞机客舱布局、旅客预订情况和飞机载重平衡的要求,安排好旅客座位,可提高旅客服务质量,保证旅客有序上下飞机,而且能有计划地安排飞机的载重平衡。安排座位要尽可能满足旅客的要求。

(1)旅客座位的安排,应符合飞机载重平衡的要求

航空器装载量的大小受到其结构强度限制、客货舱容积限制以及运行环境的限制,因此,当最大装载量超过了航空器的结构强度限制、容积限制和运行环境限制时,会使航空器起飞、着陆、飞行出现安全隐患,甚至造成安全事故。每次飞行都必须对飞机进行配载平衡,计算最大允许起飞重量、最大允许着陆重量、最大零燃油重量,以及根据飞机操纵性和稳定性的要求,确保飞机的重心在允许的范围内。

每次飞行的环境不一样,飞机的型号不一样,允许的最大业载量也不一样,最大业载量受到飞机的最大起飞全重、最大着陆重量、最大零燃油重量、飞机的基本空机重量、运营空重、起飞油量等因素的影响。因此,每架飞机每次飞行前都要计算其最大业载量,保证不超载。

同时要按照飞机客、货舱布局,合理地装卸货物、行李、邮件以及安排旅客座位,即确定按照飞机客、货业载的装载位置,不偏离重心允许的范围,确保飞机在起飞、着陆和飞行中都能保持平衡状态,保证飞行安全。

(2)严格按照旅客客票的座位等级安排座位

购买头等舱票的旅客应安排在头等舱内就座,座位由前往后集中安排,普通舱旅客在普通舱就座时,应从后往前集中安排。航班座位不满时,要兼顾机舱各区域对飞机平衡的影响,尽量安排旅客平均分布。

因超售而非自愿升舱的旅客座位,应与高舱位付费旅客分开,非自愿降舱的旅客应安排在低舱位较舒适的座位上。

(3)团体旅客安排在一起

同一家庭成员或需互相照顾的旅客,如病人及其陪伴人员等,应尽量安排在一起;重要旅客和需要特殊照顾的旅客一般安排在客舱前部靠近乘务员的座位,以便于乘务员提供服务。

(4)特殊旅客座位根据需要安排

儿童旅客、伤残旅客不要安排在紧急出口处或过道位置;携带外交信袋的外交信使及押运外币的押运员应安排在便于上下飞机的座位;无成人陪伴儿童旅客的座位应安排在乘务员便于照料的位置;孕妇应安排在距洗手间较近的位置;需拆机上座位的担架旅客必须本着不影响其他旅客的原则,一般安排在客舱尾部;航班不满时,应将携带不占座婴儿的旅客安排在相邻座位无人的座位上。

(5)国际国内联程航班座位安排

国际航班飞机在国内航段载运国内旅客时,国内旅客座位应与国际旅客分开安排。航班经停站有重要旅客或需要照顾的旅客时,应事先通知始发站留妥合适的座位,始发站应通知乘务员注意不要让其他旅客占用。

(6)应急出口处座位安排

应急出口座位指旅客从该座位可以不绕过障碍物直接到达应急出口的座位和旅客从离应急出口最近的过道到达应急出口必经的成排座位中的每个座位。由于各个机型的客舱布局和设施存在差异,各航班的应急出口座位也有所不同。值机员应提前熟悉该机型的应急出口座位,以便合理安排应急出口座位旅客。

值机人员应将"应急出口座位旅客须知卡"摆放在值机柜台前显著位置处,使旅客便于阅读。当客座率不高,不需占用应急出口座位时,不要将旅客安排在应急出口座位;需要使用应急出口座位时,应明确询问旅客能否履行"应急出口座位旅客须知卡"上的职责,得到肯定的答案后,值机人员才能将旅客安排在应急出口座位。一般应尽早寻找并安排符合应急出口座位要求的旅客,以免最后前来值机的旅客不符合应急出口座位要求。

应急出口座位的旅客不应包括下列旅客:

①残疾旅客。

②儿童或婴儿。

③过于肥胖的旅客。

④飞行中需要他人帮助的旅客。

⑤缺乏足够的运动能力、体力或灵活性的年迈或体弱旅客。

⑥缺乏将信息口头传达给其他旅客的能力、缺乏阅读和理解出口座位须知卡能力,缺乏足够的听觉和视觉能力的旅客。

⑦缺乏操作紧急出口能力的旅客。

航班载运旅客数量达到飞机可载运量1/4时,在不影响配载平衡的前提下,应急出口座位必须安排至少1名有协助能力的旅客。在有本公司员工或加机组的航班上,尽量将其安排在应急出口座位,以便协助机组。

六、修改旅客记录(PU)

1. 修改未接收旅客记录

指令格式1:>PU:#序号 显示类型,选择项

显示类型包括 BSD、PD、PR、SB。此指令是根据前面的显示进行修改,#是未办理值机手续标志。

修改未接收旅客记录时,PU 指令含义见表5-4。

PU 指令含义(一) 表5-4

键入指令	含义
>PU:#1,R1A	预留座位功能同 PA:#1,R1A
>PU:#1,PUPGF	预升舱,#标志旅客没有到
>PU:#1,PDNGY	预降舱
>PU:#1,NAM1LI/LI	修改未接收旅客姓名 1LI/LI 新姓名

2. 修改已接收旅客记录

指令格式:>PU:航班号 舱位 城市 #序号,选择项

序号包括 BN、SB、SN,此指令根据旅客标识进行修改。

【例5-22】
  键入:>PU:CA101YHKGSN35E,ZAC109YHKG

修改已接收旅客时,PU 指令含义见表5-5。

PU 指令含义(二) 表5-5

键入指令	含义
>PU:1,1/10	加一件行李,原有数+新数
>PU:1,NAM1LI/LI	修改旅客姓名
>PU:1,UPGF	升舱,要 GO-SHOW 限额 F 舱
>PU:1,DNGY	降舱,要 GO-SHOW 限额 Y 舱
>PU:1,R1A	换座位
>PU:1,OCA101YHKG,URES	加联程航段
>PU:1,1/10,T/CA/123456/PEK	加行李,输入行李牌号
>PU:1,INF1LI/LI	加婴儿
>PU:1,CHD1	将旅客修改为儿童
>PU:1,FFCA/10876433	给旅客加常客卡号
>PU:1,CA101YCAN	CI 后,仍为候补的旅客,可将其接收到别的航班上,若 CA101 有 GS,被接收;无,则仍为候补
>PU:YHKG0,1/10	加速运行李,无人行李,在 SY 中用 UB 显示 0(零)表示没有旅客

七、删除旅客记录或记录中的数据项(PW)

此指令的功能是对旅客状态进行更改,从已值机到未值机均可。减少旅客的逐项信息值或删除旅客项,将旅客从需要通知的名单中删除;减少团体组旅客的行李。

1. 指令格式1:>PW:#旅客序号 显示类型,选择项

显示类型包括 BSD、PD、PR、SB。此指令是根据前面的显示进行修改。

删除旅客记录时,PW 指令含义见表5-6。

PW 指 令 含 义　　　　　　　　　　表5-6

键入指令	含　　义
>PW:-1	删除一名旅客记录,整个的接收记录,如果重新接收,BN 号不变
>PW:-1-5	删除多名旅客记录
>PW:-1,XRES	取消已接收旅客订座记录,PD*看不到,可以使用 PD*,XRES 提取记录
>PW:1,XRES	取消未接收旅客订座记录,PD*看不到,如果看到使用 PD*,XRES
>PW:1,BAG	减去所有行李
>PW:1,1/10	减去一件行李
>PW:1,FF	减去旅客常客卡号
>PW:1,INF	减去婴儿,加时要带姓名
>PW:1,1/10,BT/123456	减去一件行李,并删掉一个行李牌号
>PW:1,1/10,T/CA/123456	减去一件行李,并删掉手工行李牌号
>PW:YPEK0,1/10	减速运行李 PEK 目的地

在修改未被接收旅客的记录时,需要加"#";PW 指令每次只能取消一个序号旅客;通过 PU 增加数据项,可以通过 PW 指令取消。

在序号前输入"-"号,可将旅客从接收状态改为未接收状态,并将相关项目从航班总数中扣除。

2. 指令格式2:>PW:航班号 舱位 目的地#旅客序号,选择项

旅客序号包括 BN、SB、SN 的序号。

【例5-23】

键入:>PW:CA101YHKGBN047,1/10

八、打印登机牌(BC)

正常情况下,在 PA 指令接收旅客后,打印机会自动打印出登机牌,若打印机因某种原因未自动打印出登机牌或需要重新打印登机牌,则需要使用 BC 指令。

1. 指令格式1:>BC:序号 显示类别,重打选择

显示类别包括 PD、PR、SB。

【例5-24】

键入:>BC:-4PD,R

2. 指令格式2：>BC:航班号 舱位 始发站,旅客标识,R
R是重打标识。

【例5-25】
键入：>BC:CA300Y,BN36
　　　>BC:CA300F,SNIA,R

3. 指令格式3：>BC:候补号,R

【例5-26】
键入：>BC:SB6;SB7,R

第二节　行李运输

一、航空运输行李的分类

承运人承运的行李,按照运输责任分为交运行李、自理行李和随身携带物品。

1. 交运行李

交运行李是指旅客交由承运人负责照管和运输,并填开行李票的行李。这类行李将被计重并贴上行李牌,放置于飞机的行李舱或货舱中。国际上各航空公司通行的交运行李运送规定有计重和计件两种系统。

(1)计重行李系统

计重行李系统所适用的区域是:除去计件行李系统的区域外,其他地区均通用。

按照旅客所乘坐的舱位确定免费行李额:头等舱40kg,商务舱30kg,经济舱20kg。

每件行李的重量不超过50kg,体积不能超过40cm×60cm×100cm,超过上述规定的行李,应作为货物运输。每件行李的最小重量不得低于2kg,体积不能小于30cm×10cm×20cm,不符合规定的不能单独作为托运行李运输。

(2)计件行李系统

计件行李系统适用于:

①前往或来自加拿大、美国和美属领地。

②3区和1区之间,除去俄罗斯的亚洲部分到加勒比/中部非洲/南部非洲、在法属波利尼西亚和南部非洲之间。

③根据政府协议:

巴西出发到欧洲/中东第一个中途分程点以及返回巴西的第一个中途分程点之间;

巴西经太平洋航线到亚洲所有点之间;

巴西到南非共和国;

巴西经大西洋航线到泰国、中国香港之间。

头等舱和商务舱可免费交运2件行李,每件的三边之和不超过158cm(62英寸)。经济舱可免费交运两件行李,每件行李的三边之和不超过158cm,两件的三边之和不超过273cm(107英寸)。每件行李的最大重量不超过32kg。

2. 自理行李

自理行李是指经承运人同意在旅行途中由旅客带入客舱自行负责照管的行李。如易碎物品、贵重物品、外交信袋等特殊物品等。

每位旅客只限一件自理行李。自理行李的重量计算在免费行李额内,其重量不能超过10kg,体积每件不超过20cm×40cm×55cm。自理行李应置于旅客的前排座位之下或封闭式行李架内。自理行李和托运行李合并计重,超出免费行李额的部分须交超重行李费。

3. 随身携带物品

随身携带物品是指经承运人同意由旅客自行携带乘机的零星小件物品。

旅客随身携带的手提物品的重量,每位旅客以5kg为限。持头等舱客票的旅客,每人可随身携带两件物品;持公务舱或经济舱客票的旅客,每人只能随身携带一件物品。每件体积不超过20cm×40cm×55cm。超过上述件数、重量或体积限制的随身携带物品,应作为托运行李托运。

4. 其他特殊情况的免费行李额

免票旅客或持优待票旅客的免费行李额按旅客所持客票的座位等级所规定的免费行李额计算。

旅客非自愿改变舱位等级,应按原舱位等级享受免费行李额。

构成国际运输的国内航段,每位旅客的免费行李额按适用的国际航线免费行李额计算。

残疾人乘坐民航班机,对其必须携带的辅助器具(折叠轮椅、手杖、义肢等),依照旅客购买座位的数量在规定的限额内给予免费运输。

由于机型及其他原因,有些航空公司的行李运输规定与上述有一定差异,具体规定可向各航空公司查阅。

二、收运行李

旅客的交运行李一般在旅客办理乘机手续时收运,如果团体旅客的行李过多或因其他原因需要提前交运时,可以和旅客约定时间、地点收运。收运行李运往机场时,应派人押运并填写交接清单。

收运行李时,应查验旅客的航程信息,行李的运达地点应与航程上的运达站相同。

值机员在收运旅客的行李时,要了解旅客计划交运的行李是否符合中国民航局要求的民航旅客行李运输规定。

1. 不得作为行李运输的物品

下列物品不得作为行李托运,也不得作为自理行李和随身携带物品带入客舱运输:

(1)枪支等武器(包括零部件)

能够发射弹药(包括弹丸和其他物品)并造成人身严重伤害的枪支等武器或者可能被误认为是此类装置的物品,主要包括:军用枪,公务用枪,民用枪,道具枪、发令枪、钢珠枪等其他枪支,以及这些枪支的仿真品。

(2)爆炸或燃烧装置(物质)

能够造成人身严重伤害或者危及航空器安全的爆炸或燃烧装置(物质)或者可能被误认为是此类装置(物质)的物品,主要包括:弹药、爆破器材、烟火制品及上述物品的仿真品。

(3) 管制器具

能够造成人身伤害或者对航空安全和运输秩序构成较大危害的管制器具,主要包括:管制刀具、军警械具及其他属于国家规定的管制器具(如:弩)。

(4) 危险物品

能够造成人身伤害或者对航空安全和运输秩序构成较大危害的危险物品,主要包括:压缩气体和液化气体、自燃物品、遇湿易燃物品、易燃液体、易燃固体、氧化剂和有机过氧化物、毒害品、腐蚀性物品、放射性物品。

(5) 其他物品

其他能够造成人身伤害或者对航空安全和运输秩序构成较大危害的物品,主要包括:传染病病原体,火种,额定能量超过160Wh的充电宝、锂电池(电动轮椅使用的锂电池另有规定),酒精体积百分含量大于70%的酒精饮料,强磁化物,有强烈刺激性气味或者容易引起旅客恐慌情绪的物品,以及不能判明性质、可能具有危险性的物品。

2. 禁止旅客随身携带但可以作为行李托运的物品

这类物品带有锋利边缘或者锐利尖端,由金属或其他材料制成的、强度足以造成人身严重伤害的器械,主要包括:

(1) 锐器

①刀刃长度大于6cm的日用刀具,如菜刀、水果刀、剪刀、美工刀、裁纸刀。

②刀刃长度不限的专业刀具,如手术刀、屠宰刀、雕刻刀、刨刀、铣刀。

③用作武术文艺表演的刀、矛、剑、戟等。

(2) 钝器

不带有锋利边缘或锐利尖端,由金属或其他材料制成,但强度足以造成人身严重伤害的钝器,主要包括:棍棒(含伸缩棍、双节棍)、球棒、桌球杆、板球球拍、曲棍球杆、高尔夫球杆、登山杖、滑雪杖、指节铜套(手钉)。

(3) 其他

其他能够造成人身伤害或者对航空安全和运输秩序构成较大危害的物品,主要包括:

①工具,如钻机(含钻头)、凿、锥、锯、螺栓枪、射钉枪、螺丝刀、撬棍、锤、钳、焊枪、扳手、斧头、短柄小斧(太平斧)、游标卡尺、冰镐、碎冰锤;

②其他物品,如飞镖、弹弓、弓、箭、蜂鸣自卫器以及不在国家规定管制范围内的电击器、催泪瓦斯、胡(辣)椒喷剂、酸性喷雾剂、驱除动物喷剂等。

3. 随身携带或作为行李托运有限定条件的物品

(1) 随身携带有限定条件但可以作为行李托运的物品

旅客乘坐国际、地区航班时,液态物品应当盛放在单体容积不超过100mL的容器内随身携带,且盛放液态物品的容器应置于最大容积不超过1L、可重新封口的透明塑料袋中,每名旅客每次仅允许携带一个透明塑料袋,超出部分应作为行李托运。

旅客乘坐国内航班时,液态物品禁止随身携带(航空旅行途中自用的化妆品、牙膏及剃须膏除外)。航空旅行途中自用的化妆品必须同时满足三个条件(每种限带一件、盛放在单体容器容积不超过100mL的容器内、接受开瓶检查)方可随身携带,牙膏及剃须膏每种限带一件且不得超过100g(mL)。旅客在同一机场控制区内由国际、地区航班转乘国内航班时,其随身携带入境的免税液态物品必须同时满足三个条件(出示购物凭证、置于已封口且完好无损的透明塑料袋中、经安全检查确认)方可随身携带,如果在转乘国内航班过程中离开机场控制区,则必须将随身携带入境的免税液态物品作为行李托运。

婴儿航空旅行途中必需的液态乳制品、糖尿病或者其他疾病患者航空旅行途中必需的液态药品,经安全检查确认后方可随身携带。

旅客在机场控制区、航空器内购买或者取得的液态物品,在离开机场控制区之前可以随身携带。

(2)禁止随身携带但作为行李托运有限定条件的物品

酒精饮料禁止随身携带,作为行李托运时有以下限定条件:

①标识全面清晰且置于零售包装内,每个容器容积不得超过5L。

②酒精的体积百分含量小于或等于24%时,托运数量不受限制。

③酒精的体积百分含量大于24%、小于或等于70%时,每位旅客托运数量不超过5L。

(3)禁止作为行李托运且随身携带有限定条件的物品

充电宝、锂电池禁止作为行李托运,随身携带时有以下限定条件(电动轮椅使用的锂电池另有规定):

①标识全面清晰,额定能量小于或等于100W·h。

②当额定能量大于100W·h、小于或等于160W·h时必须经航空公司批准且每人限带两块。

4. 不能作为行李托运但可以带入客舱自行保管的物品

重要文件和资料、外交信袋、证券、货币、汇票、珠宝、贵重金属及其制品、银制品、贵重物品、古玩字画、易碎易腐和易损坏的物品、样品、旅行证件以及其他需要专人照管的物品,不得作为托运行李或夹入行李内托运。在符合承运人关于行李重量、体积限制的情况下,作为自理行李或免费随身携带物品,可由旅客带入客舱并自行保管。承运人对托运行李内夹带上述物品的遗失或损坏按一般托运行李承担赔偿责任。

承运人在收运行李前或运输过程中,发现行李中装有不得作为行李或夹入行李内运输的任何物品,可以拒绝收运或随时终止运输。值机人员在收运行李时,要注意旅客行李内是否还有其他国家法律、行政法规、规章规定的其他禁止运输和限制运输的物品。

5. 检查行李的包装是否符合要求

托运行李必须包装完善、锁扣完好、捆扎牢固,能承受一定的压力,能够在正常的操作条件下安全装卸和运输,并应符合下列条件:

(1)旅行箱、旅行袋和手提包等必须加锁。

(2)两件以上的包件,不能捆为一件。

(3)包装上不得附插其他物品。

(4)竹篮、网兜、草绳、草袋等不能作为行李的外包装物。

(5)行李包装内不能用锯末、谷壳、草屑等作为衬垫物。

(6)行李上应写明旅客的姓名、详细地址、电话号码。

托运行李的包装不符合要求,承运人应拒绝收运。如旅客仍要求交运,则拴挂"免除责任行李牌"。"免除责任行李牌"上列明了多种必须拴挂此牌的行李,凡属此列的行李都要挂"免除责任行李牌",并在"免除责任行李牌"上对所属问题画上"√"符号。

6. 行李过秤,拴挂行李牌(标签)

旅客的自理行李和托运行李应过磅,将托运行李的件数和重量填入离港系统,打印行李标签,将每件托运行李都拴挂上行李牌(标签),并将其中的识别联贴在旅客登机牌上交给旅客。旅客的托运行李一般应随旅客同机运输,如果无法做到同机运输,应向旅客说明,在后续班机上运出。超重而未付超重行李费的重量不填入客票内,但在计算飞机载重时要计入飞机载重表,以防超载。允许旅客随身携带的物品不能与交运行李合并计算。

收运行李时,应向旅客宣传办理行李声明价值或行李保险的有关规定。

三、行李的共同运送

团体旅客或同行旅客的行李在一起过磅时,行李的总件数和总重量可填入团体负责人或同行旅客其中一人的客票上,这种情况称为"行李的共同运送"。共同运送的行李必须是搭乘同一航班前往同一目的地的两名(含)以上的同行旅客,如在同一时间、同一地点办理行李托运手续,其免费行李额可以按照各自的客票价等级标准合并计算。

【例5-27】
3名同行旅客,其中1名持头等舱机票,2名持普通舱机票,则3名同行旅客可享受的免费行李总额为 $1 \times 40.0 + 2 \times 20.0 = 80.0$ kg。

包舱的旅客,免费行李额按包舱的座位数计算。

【例5-28】
旅客包波音737型飞机公务舱8个座位,则免费行李额为 $40.0 \times 8 = 320.0$ kg。

四、超重行李费

超过旅客免费行李额的行李为超重行李,旅客应对超重行李付超重行李费。

1. 计重行李系统的超重行李费

使用计重行李运输的行李,每公斤超重行李费按照最高经济舱普通成人单程直达票价的1.5%计算,在计算超重行李费时,票价的适用原则是:

①使用交运超重行李之日有效的票价。
②使用旅客实际旅行方向的票价。
③使用从旅客交运行李到其提取超重行李点为止的航程票价。

收费金额以人民币元为单位,尾数有数就进。收取超重行李费,应填开超重行李票。

如果具体航程或承运航空公司有自己的超重行李收费规定,应执行该规定。

2. 计件行李系统的超重行李费

计件行李系统中超重行李费的计算不仅以重量的费率为基础,还要考虑件数、重量、体积等各方面因素。

(1)收取1倍超重行李费

携带行李件数超过1件,或行李尺寸三边之和大于158cm、小于203cm。

(2)收取2倍超重行李费

携带行李件数超过1件,并且行李尺寸三边之和大于158cm、小于203cm。

(3) 收取 3 倍以上超重行李费

除非事先征得承运人同意,一般不予承运三边之和超过 203cm 或重量超过 32kg 的行李。如果承运人同意:三边之和超过 203cm 的行李收取 3 倍超重行李费。重量超过 32kg 的行李,45kg 以内收取 3 倍超重行李费;45kg 以上每增加 10kg 加收 1 倍超重行李费。

超重行李费有统一规定的费率,同时很多航空公司有自己的超重行李费率标准,在具体执行时,首先考虑承运人的超重行李费率,如果没有,再使用行业超重行李费率表。

五、行李声明价值

在国内航线上,旅客的托运行李每公斤价值超过 100 元人民币,可以办理声明价值。

在国际航线上,旅客的托运行李每公斤价值超过 20 美元,自理行李价值超过 400 美元时,可以办理声明价值。但旅客携带的小动物不能办理行李声明价值。

1. 声明价值附加费

办理行李声明价值后,需要交纳行李声明价值附加费,计算公式如下:

声明价值附加费 = (行李声明价值 – 每公斤限额 × 声明价值行李量) × 5‰

声明价值附加费以元为单位,尾数按照该货币的进位方法进行进位;国内航线,每一位旅客的行李声明价值最高限额为人民币 8000 元。

声明价值行李的计费重量为公斤(kg),不足 1kg 的应进位,但实际重量保留至小数点后一位。办理声明价值的行李重量不计入免费行李额内,应另外收费。

一般旅客只能在同一承运人的航班上办理行李声明价值,除非与另一承运人有特别协议。

【例 5-29】

一位旅客持有经济舱客票,票价为 2180.00 元,共托运 34.0kg 行李,其中 7.4kg 办理了价值 4000.00 元人民币的声明价值。请问旅客共需缴纳多少行李费用?

(1) 超重行李费

超重重量:34.0 – 7.4 – 20.0 = 26.6 – 20.0 = 6.6kg,进位为 7.0kg。

超重行李费:2180.00 × 1.5% × 7.0 = 229.00 元

(2) 声明价值附加费

声明价值行李重量 7.4kg,进位为 8.0kg。

声明价值附加费:(4000.00 – 100.00 × 8.0) × 5‰ = 16.00 元

此部分超重行李费:2180.00 × 1.5% × 8.0 = 262.00 元

该旅客共需缴纳:229.00 + 16.00 + 262.00 = 507.00 元

---

2. 运输要求

办理了声明价值的行李在运输过程中要注意:

①办理了声明价值的行李必须与旅客同机运输。

②在载重平衡表的备注栏内需要注明办理声明价值的行李件数、重量、行李号牌和装舱位置。

③值机人员与装卸人员应严格办理交接手续。
④运出时应发电报通知到达站。

六、特殊行李运输

1. 小动物运输

小动物是指家庭驯养的狗、猫、家禽、小鸟和属观赏之类的其他小型温驯动物。旅客在订座或购票时提出，经承运人同意，小动物可以作为托运行李或自理行李运输。不属于小动物范围的动物，不得作为托运行李或自理行李运输。

（1）小动物的包装必须符合承运人的要求

①应为适合小动物特性的坚固的金属或木制容器，能防止小动物破坏、逃逸或伸出容器，以免损伤人员、行李或货物。

②能保证空气流通，不致使小动物窒息。

③能防止粪便渗透，以免污染飞机和其他物品。

④方便喂食和加水。

⑤容器的体积适合货舱装卸。

（2）小动物运输必须具备的条件

①旅客携带小动物乘机，必须在订座或购票时提出，经承运人同意方可托运，小动物的包装必须符合承运人的要求。

②属国际运输的小动物应具备出境、入境有关国家的必要证件，包括健康证明、注射预防针免疫证明、出境/入境许可证明和动物检疫证明等。

③携带小动物应当在乘机之日按照承运人指定的时间办理托运手续，不得迟于航班离站时间前2小时。

（3）收运小动物的步骤

收运小动物时，按下述三个步骤进行：

①检查小动物的包装是否符合要求。

②检查运输小动物必须具备的条件。

③填开超重行李票。

2. 外交信袋运输

外交信袋可作为自理行李、托运行李、占座行李运输。

作为自理行李的外交信袋，由外交信使随身携带，自行照管，总重量不得超过30kg，按不同舱位的免费行李额进行计算，超过免费行李额的部分应付超重行李费。

作为托运行李的外交信袋，按照托运行李运输一般规定收运，但承运人只承担一般托运行李责任。

作为占座行李的外交信袋，占用每一座位的重量不得超过75kg，占座的外交信袋没有免费行李额，按以下两种方法计算，取其高者：

①根据外交信袋实际重量，按照超重行李费率计算运费。

②按照运输起讫地点之间，与外交信使所持客票票价级别相同的票价计算运费。

七、不正常行李运输

1. 迟运行李

（1）始发站迟运行李

在始发站发现迟运行李，应将行李编号并进行登记。

在旅客到达目的站之前，如尚未确定运送行李的后续航班，应拍发电报，将行李迟运信息通知旅客的到达站，电报内容应包括旅客乘坐航班、迟运行李的件数和行李牌号码。如果已经安排迟运行李运送航班的，拍发行李运送电报（FWD）给行李的目的站。

如果因为行李牌脱落，无法确定行李的目的站而造成迟运，应向当日从本站始发的与该航班办理乘机手续时，行李分拣地点相同、时间段交叉的有关航班的经停站和目的站拍发多收行李电报（OHD）查询，在得到有关站的电报确认后，再将行李运出。

迟运行李在运送时按速运行李办理。

（2）目的站迟运行李

目的站发现有旅客行李未到，应将收到的外站发来的迟运行李电报做好记录，并视情况将信息通报给旅客。

收到迟运行李后，将行李收入行李库房保管，并按少收行李到达办理交付；收到迟运行李运送信息，但航班到达并未收到行李，应向始发站询问。未收到外站迟运行李信息但收到了行李，则按多收行李处理。

2. 少收行李

少收行李是指未能与旅客同机到达，下落不明、待查找的行李。

发现有旅客的行李未到，请旅客交验客票的行李牌，核对旅客姓名、航程及行李牌上的目的地与客票上的航程是否相符，向旅客了解未运到行李的形状、颜色和制作材料等特征。

并按下列方法查找行李：检查卸机单签收行李件数与飞机载重表的件数是否相符；检查行李发放区域有无遗留行李；检查货舱及集装箱（必要时还可以检查客舱）是否有漏卸行李，并检查行李装卸和发放工作场地周围；检查有无被当成货物而错卸的行李，必要时向机务和其他服务人员查询；查看不正常运输登记本和其他站发来的多收电报或运送电报。

会同旅客填写"行李运输事故记录"，并在"不正常行李运输登记本"上进行登记。请旅客填写"丢失行李调查表"，并按规定向旅客提供临时生活用品补偿费。

3. 多收行李的处理

（1）多收站的处理

多收行李应进行登记，按规定填写和贴挂多收行李牌，收入行李库房保管。

对挂有非本站行李牌的多收行李，应按速运行李办理，将行李运至行李牌上列明的目的站或退回始发站。

对挂有本站行李牌的多收行李和无行李牌的多收行李，应核对本站的少收记录，确认为本站的少收行李后，尽快交付旅客；同时还要核对外站发来的少收行李查询电报，确认为外站的少收行李后，按其指示运送或交付行李。

核对后仍无线索的行李，应在航班到达后 4 小时内向航班的始发站、经停站和后续航站拍发多收电报（OHD）；到达 72 小时后仍无线索的行李，应向重点航站拍发多收电报；到达 5

天后仍无线索的行李,应向航空公司行李查询中心拍发多收行李电报;多收行李保留90天后仍无人认领,按无法交付的行李处理。

(2)收到多收行李电报的航站的处理

核对本站少收行李记录,确认为本站的少收行李后,向多收站拍发索要行李电报(ROH),待收到行李后,尽快交付旅客;如是本站的少收行李,旅客不在本地,可将行李转运至旅客要求的航站;非本站的少收行李,可不予回电,但如发现行李线索,可拍发电报将情况通知多收航站。

4. 行李破损

行李破损是指旅客的托运行李在运输过程中,外部受到损伤或污染,使行李的外包装或内装物品可能或已遭受损失。

旅客提取行李时,声明行李破损,工作人员应会同旅客检查行李外包装和内装物品的损坏情况,查看有无拴挂免除责任行李牌,并将破损行李过磅,与旅客客票上的交运行李重量核对。

确认为承运人原因造成行李破损后,应会同旅客填写"行李运输事故记录",并进行赔偿。行李轻度受损,当时修复后不影响使用的,不再予以赔偿,或根据情况进行象征性赔偿;行李受损且当时无法修复的,应付给旅客适当的修理费;行李受损严重以致无法使用的,可向旅客提供一个形状、规格基本相似的新行李箱,或同意旅客自行在赔定价格内购买一只新行李箱,而后在赔偿期限内凭发票报销,或一次性付给旅客适当的赔偿费。

办理行李破损赔偿时,应收回旅客的"行李运输事故记录"。行李受损导致内装物品丢失时,在办理完行李破损手续后,再按内物丢失办理。行李破损和丢失赔偿的总额不应超过每位旅客的行李赔偿最高限额。

5. 内物丢失

内物丢失是指旅客的托运行李在运输过程中,发生内装物品部分遗失的情况。处理时先进行本站查询,在确定内物丢失时必须称重;会同旅客填写"行李运输事故记录",索取旅客内物丢失行李的行李牌识别联、客票旅客联(或复印件)和登机牌;向行李的始发站、经停站拍发查询电报。

丢失物品找到后,应尽快交付旅客。经查找无下落,在航班到达后第21天将该行李的全部查询电报和文件交本站行李赔偿部门,办理赔偿。

6. 速运行李

速运行李是指发生不正常运输(例如迟运、多运)后,需要迅速运出的行李。

速运行李要求使用承运人最早可利用的航班进行免费运送,但不得影响该航班的正常载量。速运行李应贴挂速运行李牌,并按要求逐项填写牌上的各项内容。向行李的目的站拍发运送电报后,按照运送电报和速运行李牌上指定的航班运送行李。

速运行李到达后,应尽快通知旅客提取,也可按旅客要求将行李送达旅客;行李交付时,应收回行李牌的识别联和旅客的"行李运输事故记录";如旅客未申报过丢失,提取行李时,应向承运人提供足够的证明;速运行李交付时所发生的地面交通费用,由导致该行李速运的承运人负责。

7. 自理行李/免费随身携带物品损失

自理行李/免费随身携带物品损失是指旅客的自理行李/免费随身携带物品,在旅客从始发站到目的站,包括经停站停留期间的整个乘机过程中,所发生的毁灭、遗失或损坏。

一般来说,承运人对旅客在乘机过程中自理行李/免费随身携带物品的损失不承担责任,除非这种损失是发生在旅客上下飞机的过程中或由于飞机上发生的某些事件造成的。

由于承运人原因造成的损失,按照内物丢失的处理方法进行处理。

由于旅客原因造成的遗失,承运人可为旅客在本站代查或向有关航站拍发少收电报进行一次性代查;如遗失物品未能找到,应告知旅客,承运人不承担赔偿责任。

第三节 民航旅客进出港服务组织

一、航班结算报载

值机人员接收完旅客、关闭航班后,应统计发放登机牌的数量,并与离港系统中的人数、行李件数、行李重量相核对,用对讲机与行李房核对行李件数。如果货运人员收运了团队行李,应将件数和重量通知该航班值机员,值机员应及时将行李件数、重量加入离港系统中,以便配载员配载及核对。

正常航班在预计起飞前 25 分钟(最迟应于 20 分钟前)、不正常航班在航班飞机着陆时间向结算室报载。

填写"出港航班业务交接单"。做好送航班的准备工作,带齐对讲机、该航班行李牌和"出港航班业务交接单"到结算室。将"出港航班业务交接单"交结算控制员签字。

二、送机服务

1. 送机准备

了解飞机停机位,核对飞机号,领取该航班舱单、业务袋及随机业务文件,送飞机。

不正常航班在航班飞机到达后、旅客下完前到达飞机上,检查飞机状况是否能上客,如能上客,及时通知上客。

2. 登机口服务

登机口服务员提前 15 分钟到登机口进行准备工作。

(1) 查验设备

登机口服务员到岗后打开电脑输入程序,做好准备工作,并了解该航班有无特殊旅客,认真核对航班号及飞机号。查验并确认登机口航班显示屏能正确显示航班信息,广播设备(小喇叭、对讲机)、登机控制设备(电脑、条形码扫描等)、办理超限行李相关设备工作正常。在登机口告示牌上写明有关优先登机、分段登机的信息。在经济舱登机通道口放置分段登机排队提示牌。

提前上飞机,了解各部门机上保障工作进展情况,随时报告配载员,以便尽快登机,缩短过站时间。

(2)核验登机牌

接到登机通知后,通过区域广播,组织经济舱旅客排队登机,2分钟内安排第一位旅客登机或登上摆渡车。如遇广播系统故障,应及时使用小喇叭广播登机。

登机口服务员负责查验旅客登机牌,核对登机牌上的航班号、日期、目的地站与该航班是否符合;对于有疑问的情况,可核对旅客身份证和机票,确定无误后,方可放行。检查登机旅客有无携带超大行李,及时卡"三超"(超大、超重、超件)行李。如有,说服旅客将行李交运,在行李上拴挂行李牌,将行李交行李房人员送入货舱后,将行李票交给旅客。

(3)督促登机广播

根据实际情况进行寻找旅客的广播,请还没有登机的旅客尽快登机。特殊情况下,对登机门变更、超限行李查找、航班延误或取消进行单独广播。

3. 送机引导服务

(1)廊桥送机

登机口服务员应注意观察现场情况,控制廊桥登机人数,避免廊桥堵塞。机舱口服务员应注意观察旅客登机情况,控制客舱人数,避免客舱堵塞。

(2)远机位送机

服务员在航班起飞前联系好摆渡车,每辆车控制人数在80人左右。为防止旅客上错摆渡车,上外场的服务员应在登机口外引导旅客上车。服务员注意维持旅客的上下车秩序,并注意安排老、弱、病、残、孕等特殊旅客优先上摆渡车,并安排坐在摆渡车靠前、较宽敞的座位上。

第一车上满后,外场服务员负责安全护送旅客到飞机下面,送旅客途中必须时刻提高警惕,注意观察周围情况。停机坪上,注意过往车辆与滑行飞机,服务引导人员带领旅客按照规定路线登机。服务员在外场操作时必须按规定路线行走,勿与车辆、飞机抢道,飞机发动、警示灯闪亮时,必须停止前进,等飞机走后才继续前进。

如在确保机上工作准备完毕,前、后舱客梯车停放到位,乘务长示意可登机后,方可让旅客按前、后舱排队登机。外场服务员应注意观察旅客登机情况,维持登机秩序,严格控制客梯车上不超过15个人,避免造成意外。

最后一车的发车时间最迟为航班离站前15分钟,倒数第二车的发车时间最迟为航班离站前20分钟,如登机人数仍未齐,及时通知配载员联系现场值班车到指定登机口等候,最晚在航班离站前10分钟发车。

外场旅客登机完毕后,前、后舱服务员相互交换登机牌核对人数。

如遇下雨天气,员工除了为旅客发放雨衣外,还要注意雨衣的回收。

4. 旅客登机结束后核对信息

旅客登机完毕后,登机口服务员应与班组长、配载及机舱门口的服务员进行核对,杜绝旅客错乘、漏乘。

当出现旅客人数不符时,登机口服务员应通过电脑查找出未登机旅客姓名,通过区域广播和广播室广播提醒旅客(远机位送机时通知外场服务员,请乘务长做机上广播);并查看未登机旅客是否有托运行李,如有,应及时报给行李分拣员将行李拉出。

登机完毕后,如机上乘务员要求将旅客已带入客舱的行李进行托运,外场服务员应及时通知行李分拣员到舱门口快速托运行李,并将行李件数、重量报给配载员。

登机人数核对准确后,上报配载员,经配载员同意关舱后方可通知乘务员关舱门,外场服务员须等舱门关妥后方可撤离。

内外场服务员协同记录关舱门时间及出港人数,填写航班正点考核表,并在航班离站后保存好登机牌副联。

如航班减掉旅客,服务员应在登机口处等候旅客,引导旅客到值机柜台办理相关手续并做好解释工作。

服务员在旅客登机过程中如遇到特殊情况,应及时将信息反馈给当班班组长或配载员,做到信息畅通无阻。

三、旅客登机后服务

1. 通知结算

登机口服务员与第二验票口服务员(即外场服务员)核对旅客人数,待旅客到齐后用对讲机通知结算员。

若有旅客在离港时间前三分钟仍未登机,且通过广播也未能找到该旅客,经结算室同意落下该旅客及其行李后,登机口服务员需在旅客总人数中将未到旅客减去,与结算室、第二验票口重新核对旅客人数,通知机组减人后的确切人数以及货邮行李的减少情况,并在舱单上做相应修改。

经结算同意后方可放飞机。将签过字的舱单和交接单送回结算室。

2. 航班离开后工作

登机口服务员送机后:

①在"值机送机登记表"上登记航班实际离站时间,若航班不正常,要备注原因,以便了解情况。

②向调度员汇报航班增减旅客和行李情况。

③送机后,根据实际登机人数填写统计表。

④如航班有未登机旅客,值机员送机后上报值班主任并签字交接。

四、出港航班商务运输文件

出港航班商务运输业务文件是出港航班运输的原始记录,也称随机业务文件,是地面服务部门组织日常运输生产的依据,必须如实、准确、详尽地填写。

国际值机运输业务文件主要有以下几类:

1. 旅客舱单/旅客名单报

旅客舱单是飞机上所载旅客情况的清单。旅客舱单上的姓名应与飞机上所载旅客姓名完全一致。

(1) 旅客舱单的使用

旅客舱单一般需一式七份,分发给承运人、承运人代理人、边防检查站、海关、检验检疫站各一份,随同客票乘机联交国际结算室一份,始发站留存一份。如有实行旅客名单电报的航班,还应另打印一份旅客舱单放入随机业务文件袋内。

(2)旅客舱单的填写

经营者:填写承运人的名称。

飞机识别标志:填写飞机注册标志及飞机号,如 B-2871。

航班号:在填写航班号前面冠以承运人二字代号,在斜线后写明该航班在始发站的起飞日期(包括月份),如 CZ3256/10MAY。

日期:填写编制舱单的日期。

出发站:填写本站所属机场三字代码。

到达站:填写航班到达站机场三字代码。

经停站:填写本次航班所经各站机场三字代码。

旅客舱单内容:指旅客姓名(如儿童或婴儿须注明)、座位号、托运行李件数及重量、旅客座位等级、到达站等内容,按实际情况分别详细填写。

2. 载重表

载重表是记录航班业务载重情况及供航班各有关站之间进行业务处理的文件,也是运输部门与机组(或外航代表)之间办理业务交接手续的凭证。

载重表是在旅客办完乘机手续,装好行李、邮件、货物,结算飞机载重时编制的,并根据载重表拍发载重电报。载重表应一式五份,作为随机业务文件放入业务袋一份,分别交承运人、承运人代理人、机组、财务结算部门各一份。

3. 总申报单

总申报单是用于国际航班,承运人为飞机起飞或到达时向到达国家、地区政府当局办理申报手续用的基本文件。

(1)总申报单的使用

总申报单包括航线、卫生检疫、机组、旅客、货物、邮件和飞机本身等情况的申报。总申报单由承运人的合法代表或机长签署,并对所申报内容的完全性、准确性、真实性负责。总申报单一般填写一式七份(不同国家、地区视实际情况而定):作为随机业务文件放入业务袋内一份,始发站留存一份,分别交承运人、承运人代理人、边防检查站、海关、检验检疫各一份。

(2)总申报单的填写

①经营者:填写承运人的名称。

②飞机识别标志:填写飞机的注册标志及飞机号码,如 B-2638。

③航班号:填写航班号,在前面冠以承运人二字代号,在斜线后写出该航班在始发站的起飞时期(用2位数字),如 HU7917/18,如非正班飞行又无航班编号,则填写飞行性质,如加班(EXTRA)、包机(CHARTER)等。

④出发站:填写编制总申报单的航站所在城市/国家名称。例如:CHENGDU/CHINA。

⑤到达站:填写航班下一个到达站所在城市/国家名称。例如,TOKYO/JAPAN。

⑥地点:依次填写航班始发站、中途站、终点站的城市名称。例如,HU7917 航班 HAIKOU—SINGAPORE—HONGKONG。

⑦机组人数:填写全部机组名单,并冠以职称,最后填写总人数。

机组人员职称代码见表5-7。

机组人员职称代码　　　　　　　　　　表5-7

代码	职称	代码	职称
CAPT	机长	STW	乘务员
COPY	副驾驶	F/P	乘务长
NAV	领航员	G/E	地面工程师
R/O	报务员	G/M	地面机械员
F/E	随机工程师	D/H	非值勤机组成员
AG(H)	随机安全员		

⑧卫生情况申报：

a. 根据实际情况填写简要情况，或填写"NIL"。

b. 在机上出现可能导致传染疾病的其他情况，应如实填写简要情况，或填写"NIL"。

c. 飞行中每次开展的灭虫或卫生处理，应如实填写简要情况，一般填写"AEROSOL WAS SPRAYED PRIOR TOTAKING OFF"。

⑨本站出发旅客人数：本项供官方使用，经有关当局（主要是海关）审查后在本栏内盖章放行。

a. 从本站起飞时向政府主管当局的出发申报。

出发站：填写航站所在城市名称，国家名称省略。

上机人数：填写本站上机人数。

过站人数：填写通过本站的人数。

b. 飞机到达某一站时向到达国家政府当局的到达申报。

到达站：填写达到航站所在城市名称，国家名称省略。

下机人数：填写该站下机总人数。

过境人数：填写通过该站旅客总人数。

申报单由机长或授权代理人签字，否则无效。

五、进港航班旅客服务

航班到达站应根据航班订座和前方始发站业务电报提供的信息做好服务准备。旅客到达时应提供必要的信息和引导服务，注意为特殊旅客提供相应的服务。

1. 接机引导

到港航班滑行到位，接机员/引导员做好接机准备，掌握航班到达时间、停机位置等。

（1）远机位接机

飞机停靠远机位的，接机员应提前了解航班人数，提前15分钟到岗，联系摆渡车。注意观察外场车辆及飞机行驶情况，注意客梯车是否停放好，能够安全下客（检查四脚是否停稳，平台是否到位，并测试尾部是否能承受压力）。如未停放好，应及时通知客梯车师傅停放到位；如已停放到位，接机员应站在客梯车第一个台阶处，待客梯车完全停稳后，示意乘务员可以开舱门下客。

引导旅客乘坐摆渡车，注意旅客下梯安全，扶老携幼，维持外场秩序。引导时注意过往车辆与滑行飞机,防止意外发生,制止旅客在停机坪上吸烟、抛物等行为。旅客上车完毕后,检查摆渡车车门是否关闭妥当,示意司机能否发车。

接机员与旅客同车前往到达出口,引导旅客提取托运行李,并引导特殊旅客与其家人进行交接。

(2)廊桥接机

飞机停靠廊桥的,接机员需提前10分钟到达指定停机位,18:00以后的航班要开廊桥灯。在廊桥开动、警示灯闪亮时,禁止上下走动;廊桥停靠稳妥后,接机员示意乘务员可以开舱门下客。接机员引导旅客前往到达出口。

2. 旅客下机顺序

飞机停靠后,旅客下机的顺序依次为重要旅客、头等舱旅客、公务舱旅客、经济舱旅客。普通旅客下机后,再安排行动不便的旅客或无成人陪伴儿童下机,并提供必要的引导和帮助。含有国内段的国际航班,则应分流引导。

在行李认领大厅应设立醒目标志,协助旅客提取行李。

3. 过站旅客特殊情况处理

(1)实发过境牌少于预报人数

地面勤务人员发现实发过境牌少于航班预报的人数时,要再次上机询问乘务员是否有未下机的旅客,如果确定无未下机的旅客,则前往到达处寻找旅客。

待旅客办完过境手续后,与边防核对实际办理手续的旅客人数。如果确实少旅客,在有电报(旅客名单报、旅客行李报)的情况下,找出旅客的座位号,从而找出行李牌号码,按正常减客程序操作;如无电报,将少过境旅客人数报给相关部门,并由地面装卸部门将所有行李卸下飞机。组织过境旅客认领行李,等旅客认领行李完毕后,将无人认领的行李交给行李部门处理,并通知调度部门减客、减行李的信息。同时,引导过境旅客按原路返回。

(2)实发过境牌人数多于预报人数

若实发过境牌人数多于预报人数:应待旅客过完边防后,与边防核对实际办理手续的旅客人数;在过境厅外登记旅客姓名、座位号时,检查每一位旅客的机票,如确实无误,通知相关部门加人;如发现有旅客错拿过境登机牌,应将旅客带至边防办理注销手续,并送至国际或国内到达处。

(3)更换飞机

接机员要求乘务员广播通知旅客将手提行李带下飞机,在常规业务单据交接的同时,还需注意交接旅客特服餐单,并送上新的飞机。

如果仅是更换机号,座位布局不变,无须换登机牌。如果换机型或飞机座位布局改变,在登机口需更换旅客登机牌。

旅客登机时,由登机口服务员扫描或撕牌后收回原登机牌及过境牌,在向旅客进行解释的同时,发放新的登机牌。

六、中转航班地面服务保障流程

各航空公司在各机场的中转保障流程有不同的规定,但基本流程相似。

1. 始发站保障流程

在航班上岗前,中转值机员通过航空公司客户服务信息系统或离港系统查询中转航班信息和中转联程旅客人数，做好相应准备。

(1) 办理登机牌

中转值机员为旅客办理始发站—中转站、中转站—目的站两个航段的登机牌，将中转站—目的站的登机牌与机票放入旅客在购票时配发的"中转联程专用票封袋"（如果有）中交给旅客。提示旅客阅读票封袋上的旅客须知，并在到达中转站后，前往中转柜台办理联程航班确认手续。

发给每位旅客"中转联程旅客标识"（粘贴式），提醒旅客到达中转站后将此标识粘贴在胸前，以方便中转站工作人员辨认和接待。

(2) 行李服务

将旅客的行李数量及重量等相关信息准确地输入离港系统。

将旅客的托运行李直接托运到终点站，加挂航空公司专用的"中转联程"行李标识条。对使用手工行李条的机场，值机人员须在行李条上标明目的站的航班号及目的站名。

行李分拣员将中转联程行李集中起来，以便行李装卸员进行集中装运或分舱装运，方便中转站装卸、分拣。

旅客的超重行李费由始发站统一收取，按照客票上航段的填开方式填写超重行李票，将中转站—目的站的"超重行李票旅客联"钉在客票上，一同放入"中转旅客专用票封袋"中。

航班到达中转机场时，乘务员在机上广播提醒中转航班旅客佩戴好中转旅客标识牌，下机后根据工作人员的指引，在隔离区内中转柜台办理确认手续。

2. 中转站保障流程

(1) 中转航班确认手续

对中转时间在6小时以内的旅客，旅客到达中转站机场后，根据机场中转标示的指引，到隔离区内的航空公司中转柜台办理联程航班确认手续。

柜台工作人员在旅客出示的联程航班登机牌上标注登机门号，加盖中转专用印章。如果一时还未查到登机门号，工作人员应在联程航班登机牌上盖上"请在该航班离站时间前60分钟再次到柜台查询登机门"印章，并加盖中转专用印章。柜台工作人员还应为旅客解答联程航班的其他问询，指引旅客前往所乘航班的候机厅候机。

(2) 登机服务

联程航班登机前，登机口服务员从服务信息网中提取联程旅客信息，滤出电子客票旅客信息，包括其姓名、座位号等，以便在航班登机时，准确地获知旅客是否为电子客票旅客，是否有乘机联。

联程航班登机时，机场服务员及登机口服务员为旅客核验登机牌，核对旅客人数，将旅客登机牌上的登机号输入离港系统。

(3) 过站休息服务

对中转时间在6小时（含）以上的旅客，中转柜台的工作人员通知协议宾馆的车辆将旅客送至宾馆休息。安排旅客住宿，于中转航班起飞时间前90分钟送旅客到候机楼乘机。

旅客进入候机厅后，凭机票、联程航段登机牌及证件在安全检查口接受机场安检人员的检查。

旅客根据机场航班显示屏的登机门显示,到联程航班登机门候机。

(4)中转行李保障

行李保障单位根据航班的起飞时刻将中转行李装运到旅客所需联程的航班上。

当中转行李件数与始发站发送的信息有差异时,行李查询人员须与始发站核对。如核对后仍不准确,应在航班关舱前20分钟更改离港信息(按中转行李实际件数计算)。

中转服务员、场站人员及行李查询人员要做好行李装机的监控和交接工作,以确保中转行李准确、及时装机,并做好相应记录。

七、机组出入境手续

航空公司根据最新收到的机组信息制作申报单与机组名单,并到相关单位办理手续。根据各航空公司要求及相关规定,准备出入境申报单、出入境飞机及员工登记表、出入境航空器工作人员携带物品清单。核对申报单和机组名单上的机组姓名、国籍、证件号码、生日等信息是否一致。

1. 机组出境手续办理流程

根据各航空公司要求及相关规定,准备出入境申报单、出境飞机及员工登记表。向机组收取护照并与申报单和机组名单进行仔细核对。

到达候机楼后,机组在入境时需要在海关申报单上填写出境申报物品申报单交至海关出境检查处。工作人员引导机组至安检处检查,并至候机厅候机。

工作人员前往检验检疫处领取飞机检疫出境证明并签字;前往出入境边防检查站(简称"边防")(其他国家为移民局)办理出境登记手续,并交申报单和机组名单。

手续完成后,将护照立即还给机组。将海关和边检盖过章的申报单与未盖章的剩余申报单、入境和出境检疫证明及多余的机组名单等物品交还机组,并进行确认。

2. 机组入境手续服务流程

飞机落地到达指定桥位后,工作人员第一时间到飞机上向机组收取护照,并与申报单和机组名单进行核对。将空白海关单和出/入境健康申明卡交予机组,让其填写。

工作人员前往边防(移民局)办理相关手续,将申报单和机组名单交给边防(移民局),检查后即将护照还给机组。

工作人员领取飞机检疫入境证明并签字,经卫生检疫后,到达行李转盘区。将申报单交给进港海关。在进港海关处填写随身物品海关申报单,并将海关盖章后的申报单交予机组,以备出港时海关检查使用。

第四节 航班不正常处置

航班正常是指飞机在航班时刻表上公布的离站时间前关好机门,并在公布的离站时刻后15分钟内起飞,又在公布的到达站正常着陆的航班;反之,则为航班不正常。

一、航班不正常的原因

航班不正常的原因有很多,既有承运人原因,也有非承运人原因。

承运人原因包括机械故障、飞机调配、机组、商务等。

非承运人原因主要是由于天气、突发事件、空中交通管制、安检和旅客等造成航班在始发站延误或取消。

天气原因这简单的四个字实际包含了很多种情况：出发地机场天气状况不宜起飞；目的地机场天气状况不宜降落；飞行航路上气象状况不宜飞越等。具体情况如下：

(1) 出发地机场天气状况(如能见度、低空云、雷雨区、强侧风)。

(2) 目的地机场天气状况(如能见度、低空云、雷雨区、强侧风)。

(3) 飞行航路的气象情况(如高空雷雨区)。

(4) 机组状况(如机组技术等级、分析把握当前气象及趋势作出专业的决策)。

(5) 飞机状况(如该机型对气象条件的安全标准、符合安全的前提下某些机载设备失效导致飞机不宜在该天气状况下飞行)。

(6) 因恶劣天气导致的后续状况(如机场导航设施受损、跑道不够标准、结冰、严重积水等)。

从世界各地民航运输看，天气原因是影响航班不正常的主要原因。

二、航班不正常业务处理原则

航班延误后，为了缩短延误时间，减少因延误造成的影响，航空公司各业务部门和空勤组应积极配合，尽量缩短过站经停时间。

由于天气等原因造成航班大量延误，旅客大量滞留的，旅客服务部可根据情况决定是否办理未开办航班的乘机手续，并疏散旅客。但对外已公布延误的航班，不得早于公布的起飞时间前30分钟截止办理乘机手续。飞机不在本站的航班取消后，已安排旅客住宾馆的，应待明确起飞时间(得到后方站的起飞信息)后，方可通知接送旅客到机场，两站间飞行时间不足1小时除外。

航空公司的各部门要相互配合，保障航班运输正常；如不能正常运输，承运人要及时通知旅客，并做好解释工作，要按照相关规定积极解决旅客的实际困难。

不正常航班的服务是检验机场服务质量好坏的关键因素，机场应在此方面多下功夫，让旅客在延误后仍能感受到机场的优质服务。保障不正常航班时，应遵循"应急处置要到位，准备工作要提前，协调工作要统一"的原则，避免出现航班不正常时由于各航空公司服务标准不一致而导致机场的整体服务水平下降，要想尽一切办法让旅客从一开始就能够迅速获取不正常航班的动态信息，以及机场对不正常航班的处理方案，最大限度降低航班不正常可能带来的不良影响，提高航班不正常时的服务质量。

在始发地，由于承运人原因导致的航班不正常，承运人应免费提供餐食或安排住宿等服务；由于天气等非承运人原因导致的航班不正常，承运人可协助旅客安排餐食和住宿，费用由旅客自理。

当航班不正常且当日无法解决，或旅客因个人需要，可为旅客办理客票签转。

三、航班信息通报与跟踪

(一) 航班信息通报

航班延误时，旅客最想在第一时间内得到信息通报以及准确的航班信息，以便于旅客做好准备或及早调整行程。机场内部需尽早做好各方面信息通知工作,以避免服务工作的被动。

1. 飞机起飞前150分钟内获得延误信息

由机场商务调度部门直接与航空公司联系,请航空公司根据旅客订座记录的联系信息提前通知旅客,尽量让旅客按最新的时间到机场办理乘机手续,避免长时间在机场等候。

由机场指挥中心将延误信息直接输入机场的查询系统,通过查询终端和候机大厅航班显示屏幕,向旅客发布延误信息;无查询系统的机场可通过广播或通告牌形式向旅客发布延误信息。

服务台人员根据航班查询系统内容,向问询的旅客进行解释。

值机员提前90分钟正常办理乘机手续,并在值机柜台上放置"延误航班信息通告"牌,及时通知未接到信息的旅客。

广播室每隔20分钟广播一次航班延误信息。

2. 飞机起飞前90分钟内获得延误信息

由指挥中心将延误信息直接输入查询系统和电脑显示屏,向旅客发布延误信息。

值机员正常办理乘机手续,并在值机柜台上放置"延误航班信息通告"牌,将延误信息及时通知旅客。

服务台人员根据查询系统内容,向问询的旅客进行有效解释。

广播室每隔20分钟广播一次航班延误信息,若需要解决旅客食宿时,由广播室向旅客进行正式通知,头等舱旅客由头等舱服务员负责通告。

登机口服务员在登机口放置"延误航班信息通告牌",向旅客公示。

3. 飞机起飞前30分钟内获得延误信息

由指挥中心将延误信息直接输入查询系统和电脑显示屏,向旅客发布延误信息。

广播室立即广播延误信息,并每隔20分钟再次通告航班最新情况。

登机口服务员在登机口放置"延误航班信息通告牌",向旅客公示。必要时,登机口服务员可用小喇叭向旅客进行反复通告。

若需要解决旅客食宿,由广播室向旅客进行正式通知,头等舱旅客由头等舱服务员负责通告。

(二)航班信息及时跟踪

在航班延误时间较长的情况下,部分有急事或家住本市的旅客会提出需离开机场自行活动的要求。此时,机场完全可以满足旅客的需求,请旅客将联系电话号码留下,待航班有确定起飞时间后,由机场服务部门负责通知旅客航班信息。这是一项个性化服务,能够满足旅客的不同需求。

1. 接收旅客

当航班延误时间较长,旅客向机场服务员提出离开机场自行活动时,机场服务员应主动向旅客说明情况,并询问旅客是否有适当的交通工具,确认当航班一旦有信息,或航班时间比较紧张的情况下,旅客能够迅速赶到机场。

若旅客有交通工具时,则由机场服务员向旅客声明:旅客自留的联系电话一定要能够进行联系,否则,若发生电话无法接通而造成未通知到的后果,机场不承担责任。若旅客同意机场方的意见,机场服务员请旅客填写"不正常航班旅客跟踪服务登记表",旅客签名予以确认;服务台向旅客提供机场问询电话,请旅客及时拨打电话进行询问;当该航班所有旅客均已处理完毕后,值班员立即将所有"不正常航班旅客跟踪服务登记表"交予电话问询员,由电话问询员负责通知旅客。

2. 信息通知

当航班有最新信息或已确定起飞时间后,由电话问询员负责将最新信息一一打电话向旅客进行通告,并在"不正常航班旅客跟踪服务登记表"上做好通知记录。一般情况下,以提前60分钟通知旅客为限。若旅客的电话打不通时,电话问询员负责多次拨打,并将打电话的时间和次数均在服务单上做好记录。当通知完旅客后,电话问询员及时将通知旅客的情况向值班员汇报。

四、国际航班延误处置

如果在旅客前往机场办理乘机手续前已得知航班将延误较长时间,尽量根据旅客订座单的联系电话通知旅客航班变更时间。如果事先无法与已购票旅客取得联系,则机场值机部门应按原定办理乘机手续的时间在柜台等候旅客,并向旅客说明情况,做出相应处理。

1. 国际航班延误服务

一般延误2小时以内的航班,应提供饮料,如遇进餐时间,应提供餐食;延误超过4小时的航班,应提供宾馆休息服务,并做好与宾馆方面的服务交接工作。

如因特殊情况而无法安排人员陪同旅客前往宾馆,应事先联系宾馆,请宾馆方面代表航空公司安置旅客,并与宾馆方面保持沟通,及时处理、解决旅客在宾馆提出的相关服务要求。旅客入住宾馆后,应及时向宾馆通报航班信息,由宾馆通过电话、告示栏等形式告知旅客。

如果旅客提出自行安排住宿,可视情况与旅客协商机场到旅客住所的地面交通费用,并将航班预计起飞时间告知旅客。

2. 航班信息通报

应每间隔30分钟向旅客通报一次航班动态信息。

航班起飞时间确定后,应及时将航班信息及宾馆发车时间通知旅客,或由宾馆方面代表航空公司通知旅客,并妥善安排地面运输车辆将旅客送回机场。

3. 其他手续

可向有需要的旅客出具航班延误证明。

国际航班延误旅客应及时办理边防注销手续。

五、航班取消处置

航班取消指由于运力、市场等原因决定的航班停止飞行。航班取消一般在航班规定离站之日提前两天决定,如果临时决定,不应迟于航班离站前一日15:00。航班取消后,应锁定订座系统,停止继续售票。售票部门应及时通知已购票旅客,并根据旅客意愿安排后续航班的座位或办理改签、退票。

对于销售部门未能通知到而按原定航班时间到达机场的旅客,地面服务部门应按下列流程处置:

1. 国内航班

(1)值机前取消,停止办理乘机手续。

(2)值机过程中取消,继续办理乘机手续。

(3)在值机柜台摆放信息通告牌,通告信息应当包含航班取消原因、航班预计补班时间(无法预计时可写待定)、信息跟踪查询方式。

(4)向旅客通报航班取消后的食宿安排情况。

(5)安排值机人员在原定值机柜台答复旅客的问讯。

(6)了解相同航段后续航班的座位可利用情况,协助旅客进行改签。

(7)已办理值机手续的航班重新登机,需告知安检部门旅客使用原先的登机牌,重新核对旅客人数及行李件数,向登机引导部门通报航班旅客人数。

2. 国际航班

(1)无论值机前取消还是值机过程中取消,均停止办理值机手续。

(2)已办理值机手续的旅客需通知出入境检查站注销出境登记;国际航班取消后,应安排旅客及时办理边防注销手续;补班后,应安排旅客重新办理边防手续。

办理国际航班旅客边防注销手续时,应事先与边防工作人员协调注销手续办理事宜。在登机口广播召集旅客,集中带往边防办理注销手续。

(3)在值机柜台摆放信息通告牌,通告信息应当包含航班取消原因、航班预计补班时间(无法预计时可写待定)、信息跟踪查询方式。

(4)根据航空公司意见,向旅客通报航班取消后的食宿安排情况。

(5)安排值机人员在值机柜台答复旅客的问讯。

(6)交运行李全部退还旅客,协助中转联程旅客办理后续航班的改签手续;旅客要求退票,按非自愿退票办理。

(7)收回旅客的登机牌。

(8)取消所有旅客的值机状态,补班时间确定后,重新为旅客办理值机手续。

六、返航与备降航班处置

1. 返航航班的处置

遇航班返航,工作人员要了解航班返航的原因,做好航班长时间延误、取消的准备工作。同时了解相同航段后续航班座位的可利用情况,提前做好旅客签转的准备工作。

协助旅客办理退票、改签工作,确保收回已办理退票或改签手续的旅客的登机牌和行李提取牌。

航班重新登机时,需重新核对旅客人数及行李件数,向登机引导部门通报航班旅客人数。

2. 备降航班的处置

航班备降指由于天气、机械故障或旅客原因,航班临时停降在非预定的经停地点。

航班备降后,如果起飞时间不能确定或等待时间较长,应安排旅客下机等候。如需提供食宿服务,按有关规定办理。如果旅客要求停止继续旅行,按自动终止旅行办理。如果旅客要求退票,按非自愿退票的规定办理。要求改变航程的旅客则应另行购票。

如果航班备降后取消了后续的飞行,应设法安排旅客及行李继续前往原目的地,包括使用本公司的后续航班或签转到其他公司的航班;如果实际情况允许,也可采用其他地面运输方式。若决定使用其他航班继续运送旅客,应按照不同的接运航班,根据原客票的旅客联填写中断旅客舱单,作为运输和日后结算的凭证。此单据一式四份,交运方和接运方各执两份。

国际航班在原入境点之前备降,如需在备降点办理全部入境手续,应按国际到达航班办理运输手续;如继续飞行,可作国内航班处理。备降航班不利用载量,如需要利用载量,则按始发航班处理。

第五节 民航旅客运输特殊情况处置

旅客运输特殊情况是指误机、漏乘、错乘、登机牌遗失、无票乘机、航班超售等运输中某一环节发生问题的非正常情况。

特殊情况发生时,有关人员应及时、慎重、妥善处理,并采取措施设法挽救。由于民航原因造成,必须主动承担责任,做好解释工作;由于旅客原因造成,也要弄清楚情况,按照规定实事求是处理。

一、误机处置

误机是指旅客未按规定时间办妥乘机手续,或因旅行证件不符合规定而未能乘机。

旅客误机按以下规定办理:

(1)旅客如发生误机,必须到原指定机场办理误机手续。值机部门在其客票有关乘机联上加盖"误机,收取误机费"字样的印章,并签名、注明日期。

(2)旅客误机后,如要求改乘后续航班,在后续航班有可利用座位的情况下,值机部门应积极予以安排,并按照各航空公司自愿变更规定办理。如旅客原乘航班的票价与后续航班的票价有差额时,航空公司需要向旅客补收差额。

(3)旅客误机后,如要求退票,按自愿退票的规定办理。旅客可在机场或到原购票地点办理退票手续。

(4)持特种票价客票的旅客误机后,按该特种票价的规定办理。

(5)团体旅客误机:

误机发生在航班离站时间以前,收取客票票价50%的误机费。

误机发生在航班离站时间以后,客票作废,票款不退,只退税费。

【例5-30】

某旅客持国航海口—北京Q舱,票价为1350.00元(不含民航发展基金和燃油费)的客票误机后,如要求改签后续海航海口—北京航班,则该旅客需补齐Q舱与经济舱正常票价的差价900.00元。如旅客要求改签后续国航海口—北京航班,在后续国航航班有同等舱位的情况下,航空公司收取票面价20%的变更费;如后续国航航班没有同等舱位开放,则航空公司需收取实际舱位票价差额。

> **【例 5-31】**
> 某旅客持东航海口—上海 V 舱,票价为 830.00 元(不含民航发展基金和燃油费)的客票误机后,如旅客要求改签后续海航海口—上海的航班,需按自愿退票办理退票后,再重新购买一张海航海口—上海机票;如旅客要求变更后续东航海口—上海的航班,在后续东航航班有同等舱位的情况下,航空公司需收取经济舱全票价 5% 变更费,变更费不得低于 50.00 元。如后续东航航班没有同等舱位开放,则航空公司按照票面价格与变更后实际使用舱位价格收取差额,变更费与升舱费同时发生,两者取其一,按较高者收取。

二、漏乘、错乘处置

1. 漏乘处置

漏乘是指旅客在航班始发站办妥乘机手续后(或者经停站过站时),没有搭乘当班飞机达到终点站。

由于旅客原因发生漏乘,旅客要求退票,按误机处理。

由于承运人原因发生旅客漏乘,承运人应尽量安排旅客乘坐后续航班。如旅客要求退票,按非自愿退票规定处理。

2. 错乘处置

旅客未按登机牌上注明的航班乘坐飞机旅行称为错乘。错乘主要是有关站把关不严造成的,民航应承担主要责任。

旅客错乘飞机时,应在发现后的第一站下机,原客票仍有效。承运人应安排错乘旅客搭乘最早航班返回原始发站。如有其他航班飞抵其客票上的到达站,承运人也可安排旅客直接前往,票款不补不退。如旅客要求退票,按非自愿退票规定处理。

三、中转特殊情况处置

1. 中转衔接错失

购买航空公司联程客票的中转旅客,在中转站未能衔接下一航班的情况称为中转衔接错失。旅客未能在中转站顺利转机,一般是由于航班不正常、开票差错,以及旅客自身原因等造成的。

航班不正常的原因分为两种:一种是航班调配、商务、机务维护、机组等承运人原因,一种是天气、突发事件、空中交通管制、安检等非承运人原因。

开票差错原因是指由于出票人未按照标准"最短衔接时间"的规定,为旅客所订航班的衔接时间不足,导致旅客在中转站无法正常转机。开票差错属于承运人原因。"最短衔接时间"(MCT)是指在正常情况下,由一个航班中转到其续程航班所需的最短时间,可在旅行资料(OAG)中查询。

2. 航班不正常的中转服务工作

需实时监控转机旅客的到达航班及续程航班,根据情况为中转旅客制订合适的转机流程。

按照规定,为由于前站航班延误、导致无法正常衔接后续航班的中转旅客,在订座系统中预订后续航班的座位,并做好记录。

安排专人为中转衔接错失的老、弱、病、残、孕等特殊旅客做好后续跟踪服务。

如果因航空公司原因而导致旅客中转衔接错失,航空公司须安排解决旅客的食宿。

四、有问题客票的处置

1. 不合格客票的处置

旅客持有的客票不符合运输规定的,成人旅客按照无效客票对待,客票应予作废。儿童、婴儿未按年龄规定购票的,如旅客欲继续旅行,应根据情况补收票款;如旅客欲退票,应予退还其全部票款。

2. 无票的处置

承运人可根据需要随时检查旅客是否持有客票。

未满两周岁的婴儿无票乘机,应按婴儿票补收票款。

成人或儿童无票乘机,在始发站应拒绝其乘机。在到达站发现,应加倍收取自始发站至到达站的票价。

3. 无订座记录的处置

旅客持有已订妥座位的客票,但接受承运的航空公司没有该旅客的订座记录或没有收到该旅客申请订座的记录时,视为无订座记录。发现这种情况,运输工作人员要积极查找发生无订座记录的原因,并优先安排旅客尽快乘机。

五、旅客滋事处置

当旅客对航班延误、延误服务或延误时间等产生异议时,容易在机场形成激烈行为。旅客滋事一般是认为自己受到了不公平对待,故机场在明白哪些原因容易引起旅客滋事以后,应将工作前移,尽量将旅客的不满意情绪最大限度化解,使之得到有效控制,以避免工作人员与旅客之间发生冲突。

1. 旅客滋事的一般原因

旅客滋事的一般原因主要有以下几种:

①航班计划调整(取消),旅客未接到信息通报。

②航班延误时间一推再推。

③工作人员解释口径不一致,理由不统一。

④旅客认为航空公司故意隐瞒航班延误或取消的真实原因。

⑤航班延误较长时间,但航空公司不愿意为旅客提供休息和餐食服务。

⑥航班延误时间较长,航空公司不出面解决问题。

⑦旅客索赔未果。

2. 航班计划调整(取消),旅客未接到信息通报的(不可控)情况处置

(1)做好退转签工作

当机场服务员或值机员发现航班已进行了计划调整(取消)的旅客前来办理乘机手续时,需及时向旅客说明航班情况。针对有急事的旅客,机场服务员(值机员)带其到达补退票柜台,请补退票柜台人员根据航空公司的具体要求确定是否给予客票签转。若确定不能进

行客票签转时,值机员立即将信息传递给服务值班员,请服务值班员根据航空公司事先的安排派人进行服务提供。

(2) 做好旅客的情绪安抚

机场服务员到达旅客位置后,先向旅客道歉,然后将机场何时得到的调整(取消)信息以及航空公司事先做好的服务安排向旅客一一说明,并听取旅客的意见。若旅客意见非常大、情绪非常激动,机场服务员应将旅客请到人员较少的地方(如国际厅或接待室),让旅客坐下说明具体情况。若旅客仍不接受,机场服务员则请服务值班员给旅客做进一步解释,必要时请航空公司代表出面对旅客进行解释或安排后续航班。

若旅客不止一人,当服务值班员(航空公司代表)在做情绪激动的旅客的工作时,机场服务员需在一旁做好其他旅客的解释工作。

3. 因航空公司原因,延误时间一推再推的(不可控)情况处置

在没有将再次修改的航班信息通知给旅客之前,服务值班员需与航空公司代表进行意见沟通,询问延误原因,以及后续的服务安排,并要求航空公司代表在旅客情绪激动时必须出面给旅客做解释工作。

由服务值班员派工作人员请旅客到达"不正常航班服务区"休息,并提供打扑克、看电视等娱乐项目,尽量给旅客提供最舒适的服务。若航空公司同意给旅客安排饮料或餐食服务,服务值班员应事先安排好人员,做好准备,并在给旅客做解释工作时一同向旅客发放,尽量减少旅客的怒气。

由广播室将延误信息通知给旅客,由登机口服务员更改"不正常航班信息通告牌"内容;当旅客情绪激动时,服务值班员和登机口服务员应尽量给旅客做好解释工作。在给旅客做解释工作时,机场工作人员应尽量避免与吵闹最"凶"或"群众领袖"等人员争辩,应侧重注意回答其他旅客的问题。

4. 旅客拒绝登机的处置

当出现旅客拒绝登机的情况时,值班员必须亲临现场,耐心做好旅客的思想工作,尽最大努力劝解旅客登机。要了解航空公司意见,迅速协商拟定解决方案,避免造成旅客长时间等待,贻误处理问题的最佳时机。

旅客拒绝登机的处置程序:

①迅速将拒绝登机旅客交运的行李找出,提前将行李落下,做好减人准备。

②了解相同航段后续航班座位的可利用情况,根据拒绝登机旅客的人数,预订后续航班的座位。

③及时了解航空公司代表及机长的意见,确定是否拉下拒绝登机旅客,还是继续等待。确定落下旅客后,需确保未登机旅客的行李全部落下。

④协助旅客改签后续的航班,协调航空公司代表确定旅客的赔偿方案。

5. 在经停地的旅客滋事处置

无论何种原因,承运人均应负责提供食宿服务。

航班延误或取消,根据旅客要求,按非自愿变更和非自愿退票的有关规定做好后续航班安排或退票工作。

六、航班超售的处理

由于经常出现一些购票旅客因某些特殊原因在飞机临起飞前突然改变主意不登机(No Show),改为退票或取消订座或改签别的航班,从而造成航班座位虚耗的现象,导致航班收入减少。为了弥补这一损失,航空公司便采取超过航班可用座位数量的超额销售办法来弥补座位虚耗,即超售。

超售是航空公司销售的一种策略,可以在一定程度上保证航班的客座率,但超售数量太多,也会给运输工作带来困难。所以负责座位控制的工作人员,工作应认真、细致、加强复核,同时应掌握航班关闭的时机,使之留有余地。

(一)航班超售的原因

航班超售的原因有:

①主动超售:为提高航班收益,减少座位虚耗,在规定的航班和权限内,由航空公司驻场代表执行或授权执行的超售。

②临时强行超售:航空公司因保障重要旅客临时乘机、临时加机组、机务临时跟班等原因强行超售。

③机型变更超售:由于机型变更引起的航班旅客超售。

(二)航班超售的损益

航班超售能够增加航空公司的航班收益,一是能够弥补座位虚耗产生的航班收入损失,二是可以获得更有价值的客户。但是,由于超售有时使得持票者到了机场(Go Show)却上不了飞机(Denied Boarding),因此造成新的麻烦。

航空公司实施超售策略,必须给这些有票却上不了飞机的旅客提供解决方案。例如劝其改乘,优先安排在下一航班,并在其等候期间给予适当补偿(如免费餐食、贵宾室候机或者经济补偿);如果旅客不愿意,则动员同一航班的其他愿意改签的乘客出让座位,并给予适当补偿。当然,这些补偿会给航班收入带来一定的损失。对于因超售而不能登机的持票旅客,航空公司应当尽可能地给予妥善安排。

从法律角度来看,造成持票旅客(而不是仅仅订座,订座可能未付款购票)不能登机的原因是航空公司违约在先,根据合同法应当给予补偿。从市场角度来看,超售拒载一是有损企业信誉,二是该旅客可能会转向其他航空公司而失去一个客户。

在实际的超售控制过程中,收入管理遵循"唯客户价值"原则,可能把航班最后的座位留给超售的高价值客户,而拒载低价值(并非低票价)客户。为了减少因超售而产生的损失,收入管理的任务之一就是合理控制超售数量。

现代收入管理思想认为,在现在运力普遍过剩和竞争激烈的市场环境中,不能单纯运用"成本加利润"的传统理论来定价,必须根据细分市场后客户能够接受的价格来定价,甚至根据市场需求对产品"待价而沽",优先销售给具有较高价值的客户,而不是单纯追求客座率。

(三)航班超售处理办法

遇到超售的航班,工作人员要提前预知,及时确定处置方案;同时应处理得当,避免矛盾激化。

1. 弃乘处置

当预先得知航班已存在超售的情况时,航空公司销售部门需要及时做出有针对性的准备,也就是制订超售的预案。目前大多数航空公司的普遍做法是寻找自愿弃乘的旅客。

弃乘是指由于航空公司原因或其他非旅客原因,造成航班座位超员或实际座位减少等,使得航班不能满足所有持有订妥座位客票的旅客的相应座位需求时,部分旅客自愿或经动员、劝说后放弃乘坐原航班。旅客弃乘是一种自愿行为,无索赔权,但可以获得航空公司给予的一定补偿(或称之为奖励)。

弃乘补偿(或奖励)是航空公司对旅客自愿弃乘的鼓励或支持,但不是等同交换(否则有违反合同法之嫌)。航空公司根据情况也有权采取不补偿(或奖励)方法,动员或劝说旅客自愿弃乘。

(1)能够获得弃乘补偿的旅客需要具备如下条件:

①持当次航班且订座状况为 OK 的有效客票;

②有订座和相关记录回查;

③按规定时间到达值机柜台;

④持有有效旅行证件。

(2)以下情况,弃乘旅客无法获得弃乘补偿:

①误机;

②旅行证件不全;

③未能遵守入境国有关规定;

④持免费客票、代理人折扣客票或职工折扣客票。

2. 选择落下旅客

航班预计出现超售时,应寻找付费旅客中的自愿者,动员其改乘,并给予超售补偿。在航班出现超售时落下旅客的顺序为:

①享受优惠票的本公司职工及其家属;

②本站始发的本公司工作人员;

③原机过境的本公司工作人员;

④无订座记录的旅客;

⑤其他非本公司重要宾客的免票旅客;

⑥本站有订座记录的经济舱旅客(按旅客办理乘机手续的先后顺序)。

3. 落下旅客的处置

对落下的超售旅客,机场服务部门应与航空公司协商根据情况按下列办法办理:

①优先安排乘坐本公司的后续航班;

②持本公司客票要求改变承运人,如客票无签转限制,可予以签转;

③持本公司客票要求改变航程,如客票无签转和改变航程限制且改变航程后的票价不高于原客票价,可按非自愿改变航程办理;

④旅客要求退票,应协助旅客按非自愿退票办理;

⑤外航国内客票,签注后请旅客到原购票地点或出票承运人售票处办理;

⑥如不能安排当日成行,需免费安排旅客住宿,向旅客提供超售补偿。

对因超售座位而被迫改换航班的旅客,应由主管领导说明情况并致歉,在最近的航班上优先安排订座。如旅客已购票或已办理座位再证实手续,应按非自愿变更的原则,提供旅客食宿服务。

4.超售航班优先保障的旅客

当超售航班保障能力有限时,航空公司无法保障全部旅客的座位,会有部分旅客被落下,但以下旅客的座位应按顺序优先保证:

①重要旅客及其随行人员。
②持有航空公司金银卡、贵宾卡的常旅客。
③头等舱旅客(可降低舱位等级旅行)。
④经航空公司同意,并事先做出安排的特殊旅客。
⑤团体旅客。
⑥到达站转机衔接时间短的联程旅客。
⑦有特别困难,急于成行的旅客。

5.升舱保障

当较低舱位等级座位发生超售而较高舱位等级有空余座位时,可根据逐级升舱的原则,按非自愿升舱的规定,将较低舱位等级的旅客安排在较高舱位等级的座位上。选择提升舱位等级的旅客顺序如下:

①重要旅客;
②持卡的常旅客;
③重要旅客的重要随行人员;
④其他付费旅客。

选择提升到头等舱的旅客时,应考虑到旅客的身份、文化素质等因素,谨慎选择升舱的旅客。

6.降舱保障

当较高舱位等级座位发生超售而较低舱位等级有空余座位时,可在征得旅客同意的情况下,按非自愿降级的规定,将较高舱位等级的旅客安排在较低舱位等级的座位上。

超售航班办理乘机手续时,应逐一核对姓名接收旅客。

第六节 重要旅客运输

重要旅客,简称为要客,是指因其特殊的地位,航空公司需要提供一定礼遇的旅客。

一、重要旅客的分类

按照服务等级的要求不同,重要旅客可分为以下三种类型:

1.最重要旅客(Very Very Important Person,VVIP)

最重要旅客包括:

①中共中央总书记;中共中央政治局常委、委员、候补委员;国家主席、国家副主席;全国人大常委会委员长、副委员长;国务院总理、副总理、国务委员;全国政协主席、副主席;中央军委主席、副主席;最高人民检察院检察长、最高人民法院院长。

②国家元首、政府首脑、议会议长及副议长、联合国秘书长。

2. 一般重要旅客(Very Important Person, VIP)

一般重要旅客包括：

①省部级(含副职)党政负责人、在职军级少将(含)以上军队领导；国家武警、公安、消防部队主要领导；港、澳特别行政区政府首席执行领导。

②外国政府部长(含副职)、国际组织(包括联合国、国际民航组织)的领导、外国大使和公使级外交使节。

③由省部级(含)以上单位或我国驻外使领馆提出要求按VIP接待的客人。

④著名科学家、中国科学院院士、社会活动家等社会上具有重要影响的人士。

3. 工商界要客(Commercial Important Person, CIP)

工商界要客包括：工商业、经济和金融界等重要、有影响的人士；重要的旅游业领导人；国际空运企业组织、重要的空运企业负责人等。

二、重要旅客的订座和售票

重要旅客是航空运输保证的重点，认真做好重要旅客的运输服务工作是民航运输服务工作中的一项重要任务。因此按照"保障重点，照顾一般，方便旅客"的原则，对重要旅客的接收和运输要做到万无一失，确保安全。

接受订座的售票处对重要旅客，一般不接受电话订座，目的是确保万无一失；应请订座单位派人前往重要旅客接待处详细填写重要旅客订座单或传真办理订座。

订座单/传真内容包括：提供中外旅客准确的中英文姓名、职务、代表团名称及航班航程、日期、座位等级，订座单位电话(昼夜值班电话)，联系人姓名和特殊服务要求。

(1) 辨明重要旅客身份。凭工作证或军官证辨明重要旅客身份，职务与级别有差异时，以较高身份者为准。

(2) 接受订座时，应详细问清其职务、级别和所需提供的特别服务要求，在有关订座记录中注明，并征求旅客本人或其单位的意见，如愿意向中国民航和其他有关承运企业公开身份，应在PNR的其他服务信息(OSI)组中注明重要旅客的职称和身份，以及同行人PNR、团体总人数和特别服务要求。如遇保密旅客，应根据订座单位的要求办理，不注重要旅客的身份。

重要旅客及随从人员在同一售票处办理；重要旅客及随从人员的订座情况一一定为"OK"状态；重要旅客的职务、级别及随行人员的相关情况要在OSI组中注明。

(3) 座位控制部门对重要旅客订座，应尽力保证其座位的需要。如电脑中无回程、联程航班，应根据重要旅客的要求，拍发订座电报，并及时催复，电报留底存查。

(4) 重要旅客乘坐外国空运企业的飞机，其订座手续和特别服务要求，应按有关承运人的规定办理，应考虑到影响重要旅客成行的种种因素。

(5) 出票要求。除按规定建立电子客票或打印客票外，在重要旅客的姓名后加注"VIP"字样；客票内所填项目应与订座记录逐一核对，并交值班主任检查，确保航班号、日期、起飞时间正确无误。

重要旅客航程中有一段或几段尚未完成，订座单位通过驻外机构已订妥，或能够订妥座位而要求出票时，订票单位须提供保证书，并写明"因座位未订妥，如若发生问题，一切责任自负"字样,凭旅客护照或订座单位提供的准确中英文姓名填写客票,客票填写除一般规定外,应在旅客姓名后,根据重要旅客身份加注"VIP"字样。填开客票要认真仔细、字迹清楚,填好后要认真检查核对。

出票后应归档登记,要按规定时间将次日重要旅客信息报机场有关部门,每天17:00以前再检查一遍,以免漏报。当天出票的重要旅客机票,应及时报有关部门。若出票后,要改变日期、航程或取消座位,应及时通知机场有关部门,重要旅客订座记录全部资料要妥善保管。

三、重要旅客的运输信息传递

(1)重要旅客的购票手续办理完毕后,在重要旅客的订座记录中,用OSI项注明重要旅客身份。通常,座位控制部门要在航班起飞前一天16:00(各航空公司有各自的规定时间)前,将重要旅客的姓名、职务、随行人数、乘机日期、航班、起飞时间、订座舱位、PNR代码、目的地、特殊服务要求和需要的特殊设备等用传真或拍发电报通知公司的航班生产调度、运行管理部门和始发站当地航班运行管理部门。

(2)如旅客的身份要求保密或身份不明,则在职务项注明"旅客身份保密"或"身份不明";发完通知后,应与收发单位电话联系,在确认对方已收到通知后,将对方的电话、受话人和收到的时间记录在传真或电报上。

(3)重要旅客取消旅行或变更航班、日期,办理变更的售票部门或重要旅客上机地点的运输业务部门应及时在计算机订座系统中取消或变更有关订座,或拍发变更电报通知有关航站的运输业务部门。

(4)航空公司的航班生产调度、运行管理部门在接到售票部门报告的重要旅客情况后,要逐项做好记录,并编制次日航班重要旅客乘机名单,报送管理局、航空公司、机场值班领导和有关部门;临时收到重要旅客信息时应及时补充通知。

四、重要旅客机票变更及退票

重要旅客变更乘机日期,必须更改PNR中的航段组,或重新建立PNR,但不要忘记取消原订座记录,取消续程航班座位前,要与原定票单位进行核实。机票办妥后,要求变更或取消时,先抽出原订座单,认真复核姓名、乘机日期等,并更改重要旅客登记本,如是前日已报过的重要旅客,应及时通知机场重要旅客室,取消或变更重要旅客记录。

重要旅客一行退票,核对无误后,取消PNR,从重要旅客登记夹中取出原订座单,注上"重要旅客已退票"字样。重要旅客一行多人的票,重要旅客退票或换成非重要旅客票时,先取消PNR中重要旅客姓名,取消OSI组,保留其他旅客座位。若是重要旅客当天退票,应及时通知有关部门。

重要旅客所定航班,若变更起飞时间,应及时通知订座单位。重要旅客变更或取消座位要做详细记录,并在备注组中注明通知人姓名及通知变更或取消的时间。

五、重要旅客服务保障流程

1.服务准备

售票处、各航空公司驻外办事处在每日14:00前用传真(或电话、电报)将次日重要旅客信息通知重要旅客接待处。重要旅客接待处每日设专人负责重要旅客信息的记录。

将生产讲评会上经签派室核对过的重要旅客单带回,再核对整理编制详细的重要旅客单。

每日18:00以后交两份更为详细的重要旅客单送到调度室,由调度室送签派室核对并负责印制和发送机场各个有关部门及联检单位。

2. 重要旅客航班的载运限制

重要旅客乘坐的航班上严禁押送犯人;严禁接收重病号或担架旅客;在接受婴儿、儿童及无成人陪伴的儿童时,应严格按规定办理,座位不得超售;禁止装载危险物品。

3. 乘机手续

重要旅客及其随行人员的乘机手续在头等舱柜台办理。办理乘机手续的时间,按一般旅客的要求,如重要旅客未按指定时间到达机场,将信息及时反馈到航班控制部门。对于重要旅客随行人员的认定,以所获得的重要旅客信息为准。重要旅客在售票处购票时未申报重要旅客身份或售票处漏报重要旅客,重要旅客到值机柜台办理乘机手续时,值机员应将情况通告重要旅客接待处和调度室。

重要旅客办理乘机手续时,应在登机牌上注明特殊服务类型,便于乘务员做好服务工作;为重要旅客本人和持头等舱客票的随行人员填发"头等舱服务卡"。在旅客舱单上填写重要旅客姓名后,需在舱单备注栏内注明"VIP"字样。

办理乘机手续时,在重要旅客的托运行李上拴挂VIP行李标志牌,填制特殊旅客运输服务通知单。重要旅客的乘机手续应随到随办,然后由服务人员将重要旅客引导至贵宾室等候登机。

4. 登机服务

对重要旅客上飞机的先后次序,应事先征得重要旅客的同意。在航班起飞前,准确填写"特殊服务通知单",主动向机组交代重要旅客的身份和要求的特别服务事项。

登机时,由专人负责引导重要旅客上机。如果飞机停靠远机位,应事先安排好车辆运送,由服务人员引导通过海关、边防、检验检疫和安全检查后登机,头等舱乘务员将重要旅客安排好后,在特殊服务通知单上签字。

不愿公开身份的重要旅客乘坐飞机时,免去迎送工作,一切乘机手续按普通旅客办理,但在旅客上机地点,引导员应做好地面服务工作,并通知机组做好机上服务工作。

凡VVIP乘坐中国各航空公司班机,在班机起飞前30分钟,重要旅客服务员应将重要旅客座位通知单交给该航班乘务长。

5. 拍发重要旅客服务电报

航空公司始发站的值机部门在航班起飞后(外航除外),由重要旅客接待处拍发电报,通知有关中途站和到达站的相关重要旅客服务部门,重要旅客服务部门再通知机场各有关单位领导和各有关业务部门。

6. 重要旅客进港服务

要客服务部门应及时了解重要旅客信息,掌握航班的进港动态,做好服务准备。在飞机到达前一小时,重要旅客服务部门将航班信息通知接待单位;在飞机到达前10分钟,将接待人员引导至停机位;重要旅客到达后,引导重要旅客下机;行李部门应立即按照重要旅客行李到达信息卸机;无信息时,应优先卸下机上带有"VIP"字样标志的行李和头等舱旅客的行李。由工作人员帮助提取行李后交给贵宾。

7. 航班不正常服务

航班不正常时,应及时将航班延误的情况电告各有关经停站和到达站重要旅客服务部门,重要旅客服务部门应及时报告有关领导、部门和接待单位。

六、贵宾室服务

机场贵宾室服务的主要内容为贵宾送机与贵宾接机服务。送机服务包括为贵宾提供休息地点;协助办理乘机、联检、安检手续;在贵宾室中提供茶点、饮料、报纸、杂志、上网等服务;提供摆渡车辆、专人导乘服务,使用专门停车场。接机服务包括迎客、提供摆渡车辆、协助提取行李等。

1. 贵宾室的服务设施

贵宾室应为旅客营造舒适的候机氛围,保证物品供应充足。

贵宾室内报纸、杂志、读物要及时更新,确保时效性和足量供应。贵宾室光线亮度应该适宜旅客阅读。

贵宾室室内环境应符合卫生标准,设有专门的洗手间与残疾人使用的位置。

2. 贵宾室的服务内容

贵宾室工作人员应及时了解航班动态信息,提醒旅客登机;协助航班延误旅客安排后续行程。

及时查询重要旅客预报,了解有关重要旅客信息;为重要旅客提供出发、到达、过站的全程陪同服务,协助提取行李;协助重要旅客办理各类乘机手续及联检手续。负责记录重要旅客爱好、生日等各类信息。

在航班不正常情况下,做好解释工作,根据重要旅客的要求协助安排后续行程,尽可能降低负面影响。

3. 贵宾到达服务

(1) 航班到达前准备

贵宾室服务人员在贵宾到达之前应掌握贵宾到达的所有信息,尤其要知道重要旅客的航班到达信息动态,在接到航班到达信息后,应通知接待单位。

(2) 航班到达时的服务

贵宾室服务人员应按规定程序到达停机位。飞机停靠廊桥,服务员应提前15分钟到达指定停机位;如果飞机停靠远机位,服务员要提前20分钟到达指定停机位;如果飞机停靠在基地,服务员要提前25分钟到达停机位。

提前到达十分重要,它能够保证接待的质量。有了时间的提前,万一接机工作中出现漏洞,可以有时间进行弥补。

如果接机人员也是重要旅客,以及到港的重要旅客需要在贵宾室休息,贵宾服务人员接待时也应该按照出港重要旅客的服务标准给予服务。

(3) 航班到达后的服务

航班到达后负责提取行李的服务人员应仔细核对行李牌号、行李件数、到达站及航班号,确保无误。如果发现重要旅客的行李表面不清洁,要及时处理干净。行李核对无误后,直接交给重要旅客,递交时要注意行李的把手向上,方便重要旅客提取。

如果贵宾直接上车,服务人员应先把行李装上车,并核对行李的件数,询问是否有误。如果没有,等待贵宾车离开,车开动后挥手致意,送别贵宾。

第七节 民航特殊旅客运输服务

特殊旅客是指由于其身体和精神状况需要给予特殊照料,或是在一定条件下才能运输的旅客。无成人陪伴儿童、病残旅客、孕妇、盲人、聋人、犯罪嫌疑人等特殊旅客,只有在符合承运人规定的运输条件下,经承运人同意方可载运。

一、婴儿旅客的载运

1. 婴儿购票及乘机的规定

在民航运输中,婴儿旅客的代码为INF,一般是指自旅行开始之日年龄未满2周岁的人。从医学角度来说,一个出生不超过14天的婴儿是不适合高空飞机客舱环境的。因此,航空公司一般都规定不得接收未满14天的新生儿乘机。

我国航空公司规定:婴儿购票乘机按适用成人票价的10%计算票款,不提供单独座位,没有免费行李额,需要和其陪伴成人合用一个座位。如旅客要求婴儿单独占用座位时,其应购买儿童票。每一位成年旅客携带未满2周岁的婴儿超过一名时,超过的人数,应购买儿童票,并可单独占用一个座位。

为了方便携带婴儿的旅客,航空公司一般规定,可以为携带不占座位婴儿的旅客免费收运一个折叠式的轻便童车或婴儿摇篮,如果空间允许,也可同意其带入客舱。

2. 婴儿旅客值机规定

航空公司及机场值机服务部门应优先安排携带婴儿的旅客办理乘机手续。在办理乘机手续时,应索取婴儿的"出生证明"以核实其年龄。应将携带婴儿的旅客安排在可以安放婴儿摇篮的座位,不能安排在飞机的紧急出口处。

为婴儿发无座位号的婴儿登机牌。填写舱单时,应在婴儿姓名后的备注栏内注明"INF"字样,以区别成人旅客。航班起飞后,应尽快拍发旅客服务电报给航班的经停站和到达站,告知其搭乘航班携带婴儿旅客的信息。

3. 婴儿旅客接收数量及座位安排规定

为了达到航空器安全程序要求,并保证客舱服务的质量,航空公司一般对每一航班接收婴儿旅客的数量加以限制。原则上,要求每一航班接收婴儿的数量应少于该航班机型的总排数,每排旅客座位只允许安排一位婴儿,并且必须确保可以为每一位婴儿提供独立的氧气装置。当然,具体的座位安排办法因航空公司要求不同和其机型的差异而不能统一阐述。

二、儿童旅客的载运

1. 有成人陪伴儿童乘机规定

在民航运输中,儿童是指自旅行开始之日年龄在2周岁(含)以上至12周岁以下的人。有成人陪伴儿童是指有家长或18岁以上旅客同行的儿童。因为有成人陪伴儿童在民航运输的全过程中有人照料,航空公司一般将其运输程序视为正常旅客运输。

在我国,儿童一般按适用成人全价票价的50%付费购票,占有座位并享有所持客票座位等级规定的免费行李额。

2. 无成人陪伴儿童载运

(1)无成人陪伴儿童购票及乘机的规定

无成人陪伴儿童服务代码为UM,它是航空公司最早推出的一类针对旅客需求的个性化服务项目,旨在服务那些因工作繁忙、无法陪同子女乘坐飞机的旅客,既可以帮助他们节省时间,又可以免去其陪同子女乘机的费用。

无成人陪伴儿童是指年龄在5周岁(含)以上至12周岁以下的无家长或18岁以上旅客同行的儿童。年龄在5周岁以下的儿童,一般情况应有成人陪伴。年龄在12周岁以上至15周岁以下的儿童,若其父母申请,有些航空公司也可提供无成人陪伴儿童服务。

需要办理无成人陪伴儿童服务的旅客,需要在购票时向航空公司提出申请,经销售部门向相关部门提出申请,并确定可接收方能答复旅客,并要求旅客承诺无成人陪伴儿童应由儿童的父母或监护人陪送到乘机地点,并在儿童的下机地点安排人员予以迎接和照料。

运输的全航程包括两个或两个以上航段时,在航班经停站,均由儿童的父母或监护人安排人员予以接送和照料,并应提供接送人的姓名和地址。如儿童父母或监护人,在上述航班经停站安排人接送有困难,而要求由航空公司或在当地雇佣服务人员照料儿童,应预先提出并经航空公司同意后,方可接受运输,并为其出票。航空公司会出于不影响正常旅客的空中服务质量的考虑,往往根据机型,会对同一航班载运的无成人陪伴儿童人数有所规定。

(2)无成人陪伴儿童值机服务流程

①填写运输申请书。航空公司一般都需要旅客在办理值机手续前填写"无成人陪伴儿童运输申请书",并承诺内容的真实性,同时为无成人陪伴儿童办理乘机所需各项手续。

②核查文件和标识。航空公司应安排专门地面服务人员接待无成人陪伴儿童,并为其佩戴专门使用的无成人陪伴儿童标识,确认儿童是否佩戴"无成人陪伴儿童文件袋",仔细核对文件袋中的有关凭证资料,如客票、行李票和旅行证件,确保正确无误。检查时,若发现儿童未佩戴"无成人陪伴儿童文件袋",应予以补发,值机员应填入有关资料,让儿童的父母或监护人确认无误后,方可为儿童佩戴。

③安排座位。为无成人陪伴儿童办理乘机手续时,应按照如下原则为无成人陪伴儿童安排座位,以最大限度地避免影响其他旅客的客舱服务及体验。无成人陪伴儿童座位安排原则如下:

· 安排在适于指定的随机服务员或乘务员照料的适当位置;
· 靠近机上厨房,最好是过道座位;
· 若有可能,与其他旅客分开座位;
· 若座位满座,应安排与女性乘客一起的座位;
· 不得安排在应急出口旁的整排座位。

④候机及登机服务。地面服务人员引导和协助无成人陪伴儿童办理安全检查等手续,并引导其进入候机室内休息等候,在广播该航班上客后,地面服务人员将无成人陪伴儿童交给指定的随机服务员或乘务员,并清楚填写"特殊服务通知单"交给乘务员。最后向相

关部门报告无成人陪伴儿童情况,以便于相关部门向经停站或到达站拍发有关特殊服务的电报。

(3) 无成人陪伴儿童经停站及到达站服务

经停站工作人员在接到前方站拍发的关于无成人陪伴儿童服务电报后,应第一时间与迎送儿童的父母或监护人或由他们所安排的人员取得联系,以保证在续程期间有人照料儿童。对于提供儿童所要求的服务事项,应将所需要费用通知承办的售票服务处。无成人陪伴儿童到达时,应与随机服务员或乘务员进行联系。如班机在经停站更换机组,应保证儿童的文件袋转交给下一个机组的随机服务员。

当飞机到达目的地,指定的随机服务员或乘务员应将儿童和文件袋交给到达站的地面服务人员。地面服务人员将儿童和文件袋交给迎接儿童的儿童父母或监护人并签字交接。如遇特殊情况,与始发站联系。航空公司将全力确保将无成人陪伴儿童安全地交给迎接儿童的儿童父母或监护人。

三、孕妇的载运

1. 孕妇购票及乘机的规定

由于大部分民航飞机在万米高空巡航飞行,飞机内氧气成分相对减少,气压降低,而孕妇或新生儿对运输条件变化的适应能力比较低,航空公司一般都要求孕妇旅客在申请购票时满足以下运输条件:

(1) 怀孕 32 周或不足 32 周的孕妇乘机,除医生诊断不适宜乘机者外,可按一般旅客运输。

(2) 怀孕超过 32 周的孕妇乘机,一般不予接收,如有特殊情况,怀孕超过 32 周、不足 36 周的孕妇乘机,应提供包括下列内容的医生诊断证明:旅客姓名、年龄;怀孕时间;旅行的航程和日期;是否适宜乘机;在机上是否需要提供特殊照料(诊断证明书应在旅客乘机前 72 小时内填开,并经县级以上的医院盖章和该院医生签字方能生效)。

(3) 预产期在 4 周以内,或预产期不确定,但已知为多胎分娩或预计有分娩并发症者,不予接收运输。

如孕妇不能提供有效的医院证明,为确保孕妇及胎儿安全,航空公司不予承运。

2. 孕妇旅客值机服务流程

航空公司及机场地面服务人员应在接到有关特殊旅客(孕妇)运输电话通知后,应按通知中所述旅客要求的服务事项作相应安排。

办理乘机手续时,检查必备文件[如"诊断证明书"和"特殊旅客(孕妇)乘机申请书"]是否齐备和符合要求。

值机员应尽可能为孕妇旅客提供方便出入和服务的座位。

四、病残旅客的载运

在航空运输中,病残旅客是指由于在精神或身体上有缺陷(或病态)而无自理能力,在航空旅行中,不能自行照料自己的旅途生活,需由他人帮助照料的旅客。

如果是年事甚高的老年旅客,即使该旅客没有疾病,航空运输中也应视其为该类特殊旅客处理,并给予特殊服务。那些带有些许残疾、已习惯于自己生活、行动能自理而不需要他人照料的旅客,不应视为病残旅客。

1. 病残旅客的分类

航空运输中,病残旅客分类情况因各航空公司规定不同而差异较大,一般包括身体患病、精神患病、肢体伤残、失明旅客(盲人)、担架旅客、轮椅旅客等。

对于下列旅客,承运人有权拒绝运输:

(1) 患有恶性传染病;

(2) 因精神或健康情况,可能危及自身或其他旅客的安全;

(3) 面部严重创伤,有特殊恶臭或有特殊怪癖,可能引起其他旅客的厌恶。

2. 病残旅客购票

病残旅客往往需要航空公司提供特殊服务,并需要准备特殊服务器具,因此病残旅客在购票前需要向航空公司有关部门提出申请,经过航空公司允许后方能购票,并享受特殊服务。航空公司一旦为病残旅客出票,就意味着承诺接受病残旅客乘坐飞机的要求,需要协调各相关部门做好各项服务准备工作。

患重病的旅客购票应提供医疗单位出具的适于乘机的诊断证明,要确实搞清该旅客是否适于乘机和对其他旅客有无不良影响,方可确定是否售票,需购联程票时,应取得联程站的同意后,才能售票。

病残旅客需多占座位时,按实际占用座位数售票,若旅客在飞行途中,临时因病需多占座位,如有空位,可以提供,不另补票。

3. 病残旅客值机规定

航空公司及机场地面服务人员在收到航空公司销售部门拍发的"病残旅客运输通知"电报之后,应检查各有关部门对运输病残旅客的准备情况,例如担架、轮椅、升降机、餐食等准备情况。

值机人员应仔细验收旅客的"诊断证明书"和"特殊旅客乘机申请书",并留存,尽量将病残旅客安排在靠近客舱服务员的座位或靠近舱口的座位(但绝不能安排在应急出口处的座位)。地面服务人员应在座位布局图(表)上标明病残旅客座位号,并向当班乘务长做简要交代,安排病残旅客提前登机,以免影响其他旅客的运输。

飞机起飞后,地面服务人员需向该航班沿途所经各站发病残旅客运输电报,通知各有关站。

4. 盲人旅客运输规定

盲人旅客,即失明旅客,服务代码为 BLND,航空公司通常把盲人旅客分为:有导盲犬引路的盲人旅客和无成人陪伴的盲人旅客。

有成人陪伴旅行的盲人旅客航空公司一般视为正常旅客运输。

有导盲犬引路的盲人旅客可以免费携带其导盲犬进入飞机客舱,导盲犬应符合规定(免费载运),同一客舱内只能装运一只导盲犬。

无成人陪伴的盲人旅客若生活能自理、上机和下机地点有人接送,航空公司方可收运。需要由地勤人员协助送到登机门,由乘务员协助引导到其指订座位上,并由乘务员口述相关设备的使用办法。

为了不影响航空运输服务质量,航空公司一般会限制航班上盲人旅客的运输人数,通常同一航班上盲人旅客或聋哑旅客不得超过两名。

5. 担架旅客运输规定

担架旅客服务代码为 STCR,是指在飞机上无法在客舱座位上就座,必须处于水平状态的旅客。由于担架旅客往往是病情较重的旅客,因此其运输条件相对严格,必须至少有一名医护人员或家属陪同。

(1)担架旅客在购票时需向航空公司提出申请,在离班机起飞 72 小时以前订座;经过航空公司综合各方面因素后答复旅客是否承运,且在器具条件符合要求的航段上,每个航班只能载运一名担架旅客。

(2)航空公司地面服务人员在接到通知后,机场值机部门在为旅客办理乘机手续时,应做好以下安排:提早了解预留、拆座的座位数等有关信息;安排值机人员协助旅客或其家属办理乘机手续;通知有关单位准备所需的车辆、人员到场;落实拆座情况;必要时,值机员须上机检查;拆座位必须遵循避免影响紧急出口使用和乘务员服务的原则;担架旅客应先安排登机;飞机起飞后,应发电告知各有关单位及各中途站、到达站等相关部门;担架旅客一般应安排最后下机。

(3)至少有一名医生或护理人员与担架旅客同行;若医生证明不需医务护理,也应由家属或监护人同行。

(4)担架旅客的票价由担架旅客个人票价和担架附加费组成;担架旅客个人票价除了儿童按 50% 的票价购买外,成人不得使用折扣票价和特种票价。

担架附加费:头等舱,一个成人单程头等舱全票价;经济舱,两个成人单程经济舱全票价。

(5)担架旅客的客票填开:

·"票价计算"栏:分别列出个人票价、担架附加票价,并注明"STRETCHER"字样。

·"签注"栏:"STR / CASE"。

·"陪伴人员"栏:"ACCSTR / CASE"。

·"免费行李额"栏:"60KGS"。

·除这些外,其余与一般客票填写规定相同。

6. 轮椅旅客运输规定

轮椅旅客是最常见的病残旅客运输。在航空运输中,按照行动能力的不同,轮椅旅客一般分为以下三种类型:

(1)客舱轮椅旅客,服务代码为 WCHC,不能自行上下,自己不能走到座位上去。

此类旅客尽管能在座位上就座,但完全不能动弹,并且前往/离开飞机或休息室时需要轮椅。在上下客梯和进出客舱座位时需要背扶。

(2)客梯轮椅旅客,服务代码为 WCHS,不能自行上下,自己能走到座位上去。

此类旅客可以自己进出客舱座位,但上下客梯时需要背扶,远距离前往或离开飞机或休息室时需要轮椅。

(3)机坪轮椅旅客,服务代码为 WCHR,能自行上下,自己能走到座位上去。

此类旅客能够自行上下客梯,并且在机舱内可以自己走到自己的座位上去,但远距离前往或离开飞机(如穿越停机坪、站台或前往休息室)时,需要轮椅。

为了不影响对其他乘客的服务质量,航空公司一般会对每个航班上接收到轮椅旅客有不同的人数限制,一般 WCHC 和/或 WCHS 共两名,WCHR 的接收人数不限。

7. 患有传染病、精神病的旅客运输规定

(1)患有甲类烈性传染病的旅客,严禁乘坐民航班机。

(2)患有乙类急性传染病的旅客,可以包舱或包机旅行。

(3)精神病严重的旅客,不予承运。

根据国家规定,不能乘机的旅客,承运人有权拒绝其乘机,已购票的按自愿退票处理。

五、醉酒旅客的载运

醉酒旅客是指由于酒精、麻醉品等中毒,会给其他旅客带来不愉快或造成不良影响的旅客。航空公司一般不接受其乘坐飞机的要求。

航空公司工作人员有权根据旅客的言谈、举止判断旅客是否属于醉酒旅客。若在飞行途中发现旅客处于醉态,乘务长判断其不适应旅行或妨碍其他旅客的旅行时,机长有权令其在下一经停地点下机。醉酒旅客被拒绝乘机时,如需退票,按自愿退票处理。

六、犯罪嫌疑人的载运

在我国,执行押解犯罪嫌疑人任务实行"谁押解,谁负责"的原则,未采取防范措施、不能确保安全的,不准乘坐民航班机。公安机关押解犯罪嫌疑人,一般不准乘坐民航班机。确实需要乘坐民航班机押解犯罪嫌疑人的,必须报经押解单位所在地或押解出发地的省(自治区、直辖市)公安厅(局)批准。

各地公安机关执行押解任务前,必须征得航班出发当地民航公安机关同意,并办理相关押解手续。由境外押解犯罪嫌疑人、偷渡人员乘坐民航班机回国的,必须经押解单位所在地省(自治区、直辖市)公安厅(局)批准后,报民航局同意,由民航局通知民航相关单位协助。监送人员在运输全航程中,对所监送的犯罪嫌疑人负全部责任。

航空公司一般对接受运输犯罪嫌疑人有限制条件,每个航班可同机押解 3 名(含 3 名)以下的犯罪嫌疑人,押解警力应 3 倍于犯罪嫌疑人,必须落实各项安全防范措施,可以使用必要的械具,防止失控。但在任何情况下,都不得将犯罪嫌疑人铐在机舱座位或航空器内其他无生命的物体上。押解人员乘机时,不得携带武器,内紧外松,早上机,晚下机。重要旅客乘坐的民航航班禁止押解犯罪嫌疑人、偷渡人员。运输犯罪嫌疑人,只限在运输始发地申请办理订座售票手续,且仅限于乘坐经济舱。

在办理犯罪嫌疑人值机手续时,工作人员须查验旅客的押运证明,同时核查押运犯罪嫌疑人是否已向航空公司申报并获得批准。押解人员和犯罪嫌疑人必须提前登机,并安排在客舱尾部的三人座,让被押解人员坐中间座位。他们的座位不能靠近或正对任何出口,也不能在机翼上方的舷窗出口旁。到达目的地后最后下机。

在空中飞行时,要求押解人员在进入机舱前以及整个飞行途中将犯罪嫌疑人戴上手铐,并尽可能适当伪装,以免影响其他旅客。值机员应将航班有犯罪嫌疑人信息报航班乘务员,做好交接记录,并提醒机组注意,不要使犯罪嫌疑人接近可能造成危害的物品。航班起飞后,拍发电报通知各经停站和到达站。

七、遣返旅客的载运

遣返旅客是指由于旅客违反入境国家政府或有关当局规定而被拒绝入境或命令其离境的旅客。遣返旅客包括两种:拒绝入境旅客(INAD)和离境遣返旅客(DEPORTEES),离境遣返旅客根据是否有人陪伴分为有人陪伴遣返旅客(DEPA)和无人陪伴遣返旅客(DEPU)。

1. 拒绝入境旅客

拒绝入境旅客是指由于入境旅客的手续不完备等原因而被入境国家政府有关当局拒绝入境的旅客。

(1) 承运人责任

根据规定,旅客应自行办妥遣返目的地国家的入境手续,承运人不负遣返责任(完全由于承运人的过失或疏忽所致的除外)。

多数国家政府规定,入境承运人必须将非法入境旅客载运出境。遇此情况发生,承运人应首先了解旅客被遣返的原因,及时妥善处理,如有可能,可向有关当局索取遣返出境书面命令。

(2) 回程购票

当旅客已购买回程航段的客票,则旅客不需要重新购票,且原客票的最短停留期限、票价有效期等限制全部取消,原客票适用于立即返回的运输,但在客票的"签注"栏内注明"RESTRICTIONS WAIVED DUE INAD"字样。

若旅客来购买回程客票,则入境航空公司须售予旅客返回原航程最后一个经停点或根据入境政府的要求返回其他适当的回程地点的客票,在客票的旅客姓名后注明"INAD"字样。

(3) 旅程费用

遣返旅客的票款由旅客自己负担,可用未使用航段的票款抵付,也可用现金支付。

在被拒绝入境至遣返开始期间所发生的食宿、地面运输等费用由遣返旅客自行负担。如果旅客实在不能支付回程票款,而入境政府又强制遣返时,旅客回程票款可由载运入境的航空公司按比例分摊垫付。

根据空运企业间的惯例,如果承运人是该遣返旅客遣返目的地的承运人,又是该旅客原入境航班的交运承运人,旅客的付款方式是运费到付,则该承运人应负责向遣返旅客收取遣返航程的票款和其他地面费用。

2. 离境遣返旅客

离境遣返旅客是指由于违反所在国家的法律而被命令离境的旅客。

离境遣返旅客的回程客票座位必须是证实的,若购买新客票,则由旅客自行支付票款,在旅客姓名后注明"DEPA"(有人押送)或"DEPU"(无人押送)的字样。

配载人员在载重表的"REMARK"栏中注明遣返旅客的姓名和座位号,并在航班关闭后,立即向有关航班拍发电报,电报内容包括旅客姓名、航班号、日期、航程、是否有人押送等内容。

复习思考题

一、单项选择题

1. 在值机系统中,设置默认航班的指令是( )。
   A. RT B. FT C. SY D. SE

2. 在值机系统中,显示航班中座位图的指令是( )。
   A. RT B. FT C. SY D. SE

3. 在值机系统中,显示旅客名单的指令是( )。
   A. RT B. FT C. PD D. SE

4. 在计件行李系统中,头等舱商务舱旅客可免费交运( )件行李。
   A. 2 B. 3 C. 4 D. 5

5. 在国内航线上,旅客的托运行李每公斤价值超过( )元人民币,可以办理声明价值。
   A. 100 B. 200 C. 500 D. 800

6. 在国际航线上,旅客的托运行李每公斤价值超过( )美元,可以办理声明价值。
   A. 10 B. 20 C. 50 D. 80

7. 旅客行李的内物丢失,经查找无下落,在航班到达后第( )天将该行李的全部查询电报和文件交本站行李赔偿部门,办理赔偿。
   A. 7 B. 14 C. 21 D. 28

8. 航班不正常时,机场广播室应每隔( )分钟广播一次航班延误信息。
   A. 10 B. 20 C. 30 D. 60

9. 旅客未按登机牌上注明的航班乘坐飞机旅行称为( )。
   A. 误机 B. 错乘 C. 漏乘 D. 超售

10. 某航线经济舱成人单程全票价CNY1280.00。旅客登机后发现一婴儿未购票,应向其收取票款( )。
    A. CNY128.00 B. CNY130.00 C. CNY258.00 D. CNY260.00

11. 某航线经济舱成人单程全票价CNY1280.00。飞机起飞后乘务组在经济舱发现一儿童旅客未购票,应向其收取票款( )。
    A. CNY640.00 B. CNY1280.00 C. CNY2560.00 D. CNY2600.00

12. 某航线经济舱成人单程全票价CNY1280.00。飞机起飞后乘务组在经济舱发现一成人旅客未购票,应向其收取票款( )。
    A. CNY640.00 B. CNY1280.00 C. CNY2560.00 D. CNY260.00

二、多项选择题

1. 我国民航计算机离港控制系统分为( )部分。
   A. 订座系统 B. 货运服务系统
   C. 旅客值机系统 D. 配载平衡系统

2. 承运人承运的行李,按照运输责任分为( )。
   A. 自理行李　　　　　　　　　B. 交运行李
   C. 作为货物运输的行李　　　　D. 随身携带物品
3. 下列( )航线适用于民航运输中的计件行李系统。
   A. 中国—伦敦　　　　　　　　B. 迈阿密—波多黎各
   C. 蒙特利尔—东京　　　　　　D. 关岛—首尔
4. 下列物品中,( )不得作为行李或夹入行李内托运,也不得作为自理行李和免费随身携带物品带入客舱运输。
   A. 仿真玩具枪　　　　　　　　B. 外交信袋
   C. 管制刀具　　　　　　　　　D. 商务信袋
5. 出现航班超售时,可采用( )方法处理。
   A. 降舱　　　　　　　　　　　B. 升舱
   C. 落下旅客改乘其他航班　　　D. 退票

三、问答题

1. 不得作为行李进行运输的物品有哪些?
2. 哪些是限制运输的物品?
3. 对于托运行李的包装有哪些要求?
4. 如何安排旅客的座位?
5. 外航票证可以接收的范围有哪些?
6. 国际联程客票的接收应注意哪些问题?
7. 应如何办理联程、来回程客票的再证实手续?应注意哪些问题?
8. 误机旅客应如何处理?
9. 漏乘和错乘旅客该如何处理?
10. 如出现座位超售情况导致部分旅客无法乘机,应如何处置?
11. 重要旅客有哪些分类?应如何做好地面保障工作?
12. 简要说明无成人陪伴儿童旅客购票及服务要求。
13. 张小明今年8岁,他爸爸为其购买了从广州—北京的机票并办理了无成人陪伴儿童服务。若你作为机场地面服务人员接受了该项工作任务,请你用文字描述旅客从来到机场到旅客登机的时间段中,你该向张小明提供哪些服务?
14. 简要说明病残旅客的分类及服务要求。
15. 对于犯罪嫌疑人的押解有哪些特殊规定?
16. 航班取消时的业务处理方法有哪些?
17. 在乘机出行的过程中发生旅客权益受损等事故,应如何对旅客进行赔偿?

第六章　国际航空旅客运价基础知识

学习目标

◎ 能够快速、熟练地查阅国际航空旅客运输中需参阅的资料，掌握国际民航旅客运输客票相关的基础知识；

◎ 能够准确判断国际航程的类型、国际客票销售代号和环球指示代号；

◎ 能够根据国际航程正确选择运价，并熟练掌握运价的货币规则。

第一节　国际航空运输参阅资料

在国际航空旅行中，必须要查阅国际航空运输参阅手册，了解国际航空旅行知识，查阅国际航班等。

一、旅行信息手册(TIM)

TIM(Travel Information Manual 的缩写)作为查询世界各国的航空旅行信息资料手册，为航空公司、代理人和旅行者提供了权威的国际旅行相关信息。TIM 上列明的每个国家的旅行信息都由护照、签证、健康、机场税、海关、货币信息这六部分内容组成，是查询国际旅行信息的重要参考资料。

它是世界通用的一本旅行手册，提供了 200 多个国家的最新旅行知识，能让旅行者明确出国旅行时需要哪些正式的官方文件。TIM 每月出版一次，而且只用英文出版。手册的内容十分实用，当工作人员无法确定该旅客是否符合出票条件时，必须查阅手册的相关规定，才能避免出现不必要的工作失误和差错，不但提高了工作效率，还提升了本单位的信誉，有利于市场的开拓和发展。根据目前网络发展的现实情况，该手册已经出版了电子版本，以便用户查阅，提高效率。

(一) 护照

护照(Passport)是由一个主权国家的权力机关为本国居民及居住在本国的外籍人士开出的官方证件；是一个国家的公民出入本国国境和到国外旅行或居留时，由本国发给的一种证明该公民国籍和身份的合法证件。

1. 护照的内容

护照包含下列内容：姓名、国籍、出生日期、儿童、性别、出生地点、签发日期、签发机构、期满日、观察报告、持有者签名、持有者照片。

观察报告栏可以不填，如需要，可以填写类似内容："此本护照替换于 1999 年 6 月 3 日丢失的号码为 L8765876R 的护照。"

进入别的国家还有其他证件可以用于证明身份,如身份证、旅行证明、军官证、海员证、执照、出生证等,这些证件的使用范围要小于护照。这些证件仅在特定国家、特定目的下才有效,而护照是最为普遍使用的。

2. 护照的类型

(1) 普通护照:大多数国家为公民开出的都是普通护照。

(2) 公务护照与特别护照:政府官员或其他执行官方任务的人可持此类护照。此类护照需被签发机关特别注明。

(3) 外交护照:根据国际惯例,外交官、领事和其他由政府派往国外执行任务的政府官员均可持有外交护照。

(4) 外国侨民护照:这种护照是为居住在本国的外国人开出的,该种护照持有人不具有本国国籍。

(5) 儿童身份证明:有些国家用此代替护照,如德国的"Kinderausweis"。儿童身份证明不是在所有的国家都会获得承认,具体可查询相关的旅行知识手册。

(6) 其他护照:联合国或国际红十字会等国际组织可以签发难民证给难民,可代替护照使用。

3. 使用护照注意事项

(1) 护照的有效期:护照的有效期通常为 10 年,必须在旅行期间内有效;护照的签发机关有随时收回护照的权力。

(2) 护照的有效范围:除了特殊注明的国家,护照通常在所有国家都有效。

(3) 更换护照:护照有效期满,或者没有空余处签证时均需换护照。

(4) 合用护照:有些国家允许合用护照,那意味着两个以上的人一起旅行可以持一本合用护照。一般是配偶或他们的子女一起使用一本合用护照。合用护照上的所有人必须一起旅行方有效;如果护照的持有者能提供护照上其他人留在国内的证明,也可以不在护照上的其他人的陪同下单独旅行。

(二) 签证

签证是由政府机关印在护照或其他旅行证件上的签注(盖章),或贴上一张标签,表明持有人已被当局允许进入或再进入其国境,是一国公民进入另外一个国家的许可证。签证制度是国家主权的象征,是一个国家对于其他国家的公民实施入境控制和管理的具体表现,以此达到维护国家安全及国内社会秩序的目的。

1. 签证的内容

签证的盖章或标签带有清晰的说明文字,指明持有人进入该国的事由、允许停留的时间或通过其领土前往其他国家的许可。签证通常规定停留期限、有效日期及在此期限内允许进入该国的次数。

2. 签证的类型

(1) 根据出入境情况分

根据出入境情况,可分为出境签证、入境签证、出入境签证、入出境签证、再入境签证和过境签证六种类别。出境签证只准许持证人出境,如需入境,须再申办入境签证。入境签证只准许持证人入境,如需出境,须再申办出境签证。出入境签证的持证人可以出境,也可以再入境。多次入出境签证的持证人在签证有效期内可允许出入境。

过境签证是指为旅客提供在前往第三国的旅途中,因经停的目的而进入该国的签证。过境签证在不同国家都有所变化。例如:一个国家可能规定,旅客在8小时内过境不需要签证;而另一个国家可能规定,即使旅客到达和离开的时间在4小时内也需要过境签证。

(2)根据出入境事由分

根据出入境事由常规,可分为外交签证、公务签证、移民签证、非移民签证、礼遇签证、旅游观光签证、工作签证、留学签证、商务签证以及家属签证等。每个国家情况不一样。获得移民签证的,是指申请人取得了前往国的永久居留权,在居住一定时期后,可成为该国的合法公民。而非移民签证则可分为商务、劳务、留学、旅游、医疗等几个种类。世界上大多数国家的签证分为外交签证、公务(官员)签证和普通签证。我国的签证主要有外交签证、礼遇签证、公务签证和普通签证四种。

(3)根据时间长短分

根据时间长短,可分为长期签证和短期签证。长期签证的概念是,在前往国停留3个月以上。申请长期签证不论其访问目的如何,一般都需要较长的申请时间。在前往国停留3个月以内的签证称为短期签证,申请短期签证所需时间相对较短。

(4)根据入境次数分

根据入境次数,可分为一次入境和多次入境签证。

(5)根据使用人数分

根据使用人数,可分为个人签证和团体签证。

(6)根据为持有人提供的方便分

根据为持有人提供的方便,可分为另纸签证、落地签证等。

如果在两国之间有互免签证的双边协议,则两国公民进入对方国家无须签证。通常情况下,一旦签证已经发出,进入该国就是被允许的。然而需要注意,在进入该国时,是否被允许入境的最终决定权掌握在移民局手中。

(7)互免签证

互免签证也称无须签证过境(TWOV),是随着国际关系和各国旅游事业的不断发展,为便利各国公民之间的友好往来而发展起来的,根据两国间签署的协议,双方公民持有效的本国护照可自由出入对方的国境,而不必办理签证。互免签证有全部互免和部分互免之分。TWOV的有效期在不同国家也有所变化,在TIM上,有关于旅客被允许停留多长时间和允许进入该国多少次等TWOV信息。

申根签证(Schengen Visa)是指根据申根协议而签发的签证。这项协议由于在卢森堡的申根签署而得名,它规定了成员国的单一签证政策。据此协议,任何一个申根成员国签发的签证,在所有其他成员国也被视作有效,而无须另外申请签证。申请人一旦获得某个国家的签证,便可在签证有效期和停留期内,在所有申根成员国内自由旅行,但从第二国开始,需在3天内到当地有关部门申报。而实施这项协议的国家便是通常所说的"申根国家"。

(三)健康证明

有些国家要求进入其国境必须进行必要的预防接种,所以旅行前需检查自己所经停的国家是否需要对某些疾病进行预防接种。一般有两种免疫接种方式：强制预防接种和建议预防接种。仅一些特定的国家需要强制预防接种，更多的是建议预防接种。

世界卫生组织公布了一些国家关于国际旅行和健康的手册，从TIM中，可以查阅到在哪个机场需要何种疾病的接种证明。TIM中还列出了世界上哪些地区是疾病的感染区，如霍乱、疟疾、瘟疫、黄热病等。黄热病和霍乱是两种最常见的需要预防接种的疾病。通常只有到感染区旅行才需要注射疫苗。

如果到需要预防接种的地区旅行，需要出示预防接种证明书，没有此证书将被隔离或被驱逐出境。通常，对于转机旅客不需要预防接种。所有的预防接种都需提前进行，在跨洋旅行中，有些疫苗接种时间需比离开日期提前一个月。旅客需保留预防接种日期的记录，不同的预防接种有效期不同，保留记录可以知道何时需注射辅助药剂。

(四) 离境税

出境旅游中常常会涉及离境税，购买国际机票的税大致分为三种：离境税、过境税、入境税。个别国家还有其他名目的税，例如美国除有上述税以外，还有海关使用税、机场税、动植物免疫检查费等。当然有些国家是不收税的，例如菲律宾。在一些国家，有的城市有税，有的城市没有税，例如日本的东京、大阪有离境税，而札幌则没有离境税。

离境税一般根据购买机票时的汇率发生变化，这就是为什么上次购买机票和这次购买机票航程一样、税却不同的原因。当然相差的比率并不大。

和航空旅行有关的税，由销售代理人代收，加在机票价格上，这些税需在客票上列明。其他的离境税，由旅客在机场向征收部门现付。征收到达税、离境税或过境税是一国政府的直接收入来源，更多的税是为了保障而征，如噪声污染税。

例如：

伯利兹税务信息如下：

4. Tax：Departure tax is levied on all passengers：BZD22.50(incl. security tax) or equivalent in USD.

Place of payment：Airport of departure in Belize.

Exempt are：

1) transit passengers proceeding within 48 hours；
2) children of 12 years；
3) ministers of the Belize government；
4) officials visiting Belize on invitation of the Belize government.

(五) 海关规定

海关控制着一个国家到另一个国家商品的运送。海关要保护本国人口不受易传染性疾病扩散而来的伤害，同样，也保护濒危物种。进出口某些商品在有些国家是受限或禁止的，如果要超过这些受限商品的进出口数量，需要付特别的关税。海关征收的关税是一国政府另一个直接收入来源。大多数国家都规定一定数量的免税商品，如烟草、烈性酒和香水。TIM上介绍了不同国家在进出口这些商品时可以免税的数量。个人生活用品如衣服、珠宝、化妆品、照相机、手提电脑等,通常也不会受限。旅客随身携带的受限项目通常有宠物、野生动植物、武器、枪支、弹药等。

（六）货币及支付方式

旅客进出各国国境时,每人所允许携带的当地货币和外国货币的数量均有限额。这些限额通常对国内居民和国外居民的规定是不同的。各国对旅客携带的贵重金属如金、银等也有限制。如果旅客不遵守规定将会受到惩罚,惩罚的种类从罚款到监禁不等。

国际旅客经常需要将本国货币兑换成当地货币以便支付各项开支。许多国家对于旅客进出境时携带本国货币和外国货币的数量均有所限制,所以出国旅行前,需查询 TIM 上的关于要旅行国家的相关信息。

二、OAG

OAG 是 Official Airline Guide 的缩写,直译说法为"官方航空指南",因航班时刻是其最重要的部分,行业内通常称 OAG 为"国际航空时刻表"。OAG 是由英国的一家面向航空客运、空运物流和商务旅行市场的全球性航班信息和数据解决方案公司发布的,在世界上应用范围很广,每月发布一次,有近1000家航空公司的航班信息。

（一）OAG 的主要内容

OAG 由航班指南和航班指南附录组成。

1. 航班指南的主要内容

航班指南的主要内容包括:航班时刻表、航空公司指定代码、联营航空公司代码（代码共享）、航空公司数字代码、机型代码、城市或机场代码、州或省的两字代码、航班资料说明、最短衔接时间、航线表、机场航站楼、国际时间换算表、OAG办事处和销售总代理信息。

2. 航班指南附录的主要内容

航班指南附录中有 200 多个国家的信息,每季度出版一次,与航班指南配套使用。主要内容包括:货币代码、机场或城市代码、免费行李限额、航空公司常飞旅客优惠、旅馆业常住旅客优惠、汽车租赁业常租旅客优惠、卫生保健信息、世界疫情图、各国使馆和旅游办事处网址、国际组织及其定义、世界各国旅行信息、世界地图、世界时区图、机场示意图、飞机座位布局图。

（二）OAG 的使用

OAG 航班指南和附录被形容为"航空旅行大全",其主要用途是提供给人们怎样安排好旅行路线的详细信息。以阿曼飞往开罗的航班信息为例,见表6-1。

阿曼飞往开罗的航班信息　　　　　　　　　　表6-1

AMMAN JORDAN（AMM）	+0200
QUEEN ALIA INTERNATIONAL（AMM）22mls/35kms S of Amman.	
A designator code followed by an ＊ indicates that the airline serves more than one terminal.	
Contact the airline for details and check–in information.	
North Terminal	
Serving Airlines	
AF,AH,AZ,BA,DL,EK,GF,IY,JU,KL,KU,LH,ME,MS,NW,OA,OS＊,PK,QR,RJ＊,RO,SD,SR,SU,SV,TK,TU,TW,UA,6U.	

续上表

South Terminal
Serving Airlines AC,CY,IB,OS*,RJ*,UL.
CIVIL－MARKA(ADJ):3.5mls/6kms NE of city centre.
Check－in PF 90mins,RJ Dom 15,Int 60mins.
To QUEEN ALIA INTERNATIONAL AIRPORT BUS
Public Transport Corporation Service from Alabdali.

Validity From To	Days of Service	Dep.	Arr.	Flight No.	Acft.	Class	Stops
Cairo CAI	-2----	0900AMM	1130	MS 815	321	CY	0
— —	----5--	1045AMM	1315	RJ 505	320	FYMBK	0
— —	12-----	1215AMM	1445	RJ 505	320	FYMBK	0
— —	--3----	1315AMM	1545	MS 815	321	CY	0
— —	-----6-	1530AMM	1800	RJ 505	320	FYMBK	0
— —	--3----	1735AMM	2000	RJ 507	320	FYMBK	0
— —	------7	2005AMM	2235	RJ 507	320	FYMBK	0
— —	---4---	2030AMM	2300	RJ 503	320	FYMBK	0
— —	---4---	2100AMM	2330	MS 815	321	CY	0
— —	----5--	2100AMM	2330	MS 815	320	FY	0
— —	------7	2100AMM	2330	MS 815	735	FY	0
— —	1------	2215AMM	*0045	MS 815	320	FY	0
— —	-----6-	2215AMM	*0045	MS 815	735	FY	0

1.机场信息

航班指南中首先介绍始发地机场的信息,包括机场的全称、三字代码、所在时区、机场与市区的距离、航站楼及服务的航空公司、办理值机手续的时间与市内的交通情况。

2.航班时刻信息

城市间的航班信息包括:

①航班服务从开始到结束的日期。

②航班运营的日期(星期)。

③每一航班出发和到达的时间;用黑体字表示的时间代表启程出发的时间和终点到达的时间,用细体字表示的时间代表到达转机机场和再复出发的时间(中转时间)。*表示此时间和出发时间已经不是同一天。

④承运的航空公司和航班号。

⑤运营使用的机型。

⑥每一班次提供的舱位等级。

⑦非经停/经停航班说明。

在两个比较近的城市之间也有火车以供选择,在"机型"栏下用TRN表示。OAG中除飞机外,还有BUS(巴士)、EQV(铁道车辆)、LCH(汽艇)、LMO(豪华汽车)、RFS(支线交通)、TGV(高速列车)、TRN(火车)等交通工具以供选择。

第二节 国际航程

一、航程的组成

航程是指旅客客票上所标明的全部行程，由客票上的始发点经若干中间点到终点、若干航段共同组成。一个航程由始发地、目的地、中间停留点、航段、运价计算区、票价计算点等要素组成。

1. 始发地

始发地是指航程最初开始的地点，是第一个开票点，也是票价计算点。

2. 目的地

目的地是指旅客的最终目的地、结束旅行的地点。其既是开票点，也是票价计算点。

3. 中间停留点

中间停留点是票价计算点之间的开票点，包括中途分程点（Stopover Point）和中间经停点（No Stopover Point）。

中途分程点是指旅客在航程中的某一点发生了超过24小时的航班转换；在客票上，用代号"O"标在作为中途分程点的城市名称或代号前面，这个代号不是强制性的，也可以不标。

如果旅客在旅途中非自愿地打断航程，并在24小时内换乘航班继续旅行，该点就叫中间经停点（非中途分程点），它可以是本航空公司中转（Online Connection）或航空公司间中转（Interline Connection）。为了标明这种联程中转，用代号"X"标在城市名称或代号之前。这是一个必须要填写的代号，因为它不仅影响到所使用的运价检查，还涉及运价的分摊。图6-1为国际客票示例。

FROM/TO			ISSUED BY American Airlines Passenger ticket SUBJECT TO CONJECTIONS OF CONTRACT and Baggage Check IN THIS TICKET			ORIGIN/DESTINATION		
NYC	CARR	FARE CALC						
X/PAR	AA							
CPH	AF		ENDORSEMENT//RESTRICTIONS (CARBON)					
OSL	SK							
BGO	SK		NAME OF PASSENGER NOT TRANSFERBLE			ISSUED IN EXCHANGE FOR		
			CONJUCTON TICKETS			ORIGINAL AIRLINE FORM SERIAL NO PLACE DATE ISSUE		
			X/O	NOT GOOD FOR PASSENGER	CARRIER	FLIGHT/CLASS	DATE	TIME	STATUS
				FROM NEW YORK JFK	AA	111　Y	11OCT	1510	OK
			X	TO PARIS CDG	AF	222　Y	11OCT	1115	OK
				TO COENHAGEN	SK	333　Y	21NOV	1110	OK
			O	TO OSLO	SK	O　P	E	N	
				TO BERGEN	TOUR CODE				
			EQUIV.FRAE PD	TAX	TAX	TAX	FORM OF PAYMENT		

图6-1 国际客票示例

在图 6-1 所示例中，NEW YORK 是航程的始发地，BERGEN 是航程的目的地，PARIS、COPENHAGEN、OSLO 均是中间停留点，其中 PARIS 是中间经停点，其余两地是中途分程点。任意两个地点之间均称为航段，NEW YORK—BERGEN 称为运价计算区。

4. 航段

航段是指航程中任意两个地点组成的路程。

5. 运价计算区

运价计算区是整个航程中的一局部，它可以是一个航段，也可以是几个航段的组合，指在来回程或环程中为了运价计算的方便而人为确定的路程，在两个连续的票价计算点之间的航程。运价计算区可以独立计算票价。在单程中，全航程就是一个运价计算区（图 6-2、图 6-3）。

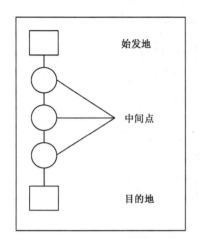

图 6-2　一个运价计算区的航程

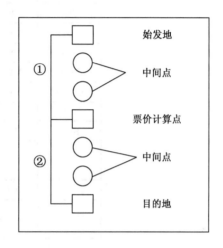

图 6-3　两个运价计算区的航程

6. 票价计算点

票价计算点是指运价计算区的端点，标志着运价计算区的开始和结束，也称为票价组合点。如果航程仅有一个运价计算区，始发地和到达地是仅有的一组票价计算点。

二、国际航程的分类

1. 单程 OW（One Way Journey）

单程是指一个航程的始发地和目的地在不同的国家，行程为单向，即只去不回型。从运价计算的角度出发，单程是指非来回程亦非环程的航程，且全程不一定全部为航空运输。

【例 6-1】
　　航程 SHA—HKG—MNL 和 CAS—NYC—SJU。

2. 来回程 RT（Round Trip）

来回程是指由始发地出发前往目的地，然后再返回原始发地且全程为航空运输的航程。来回程具有以下特征：

一是具有两个运价计算区，即去程运价计算区和回程运价计算区。两个运价计算区运价相等，每一个运价计算区均使用相同的 1/2 来回程票价。二是始发地和目的地是同一个来回程包括下列两种类型：

(1) 去程和回程路线不同、运价相同。

【例6-2】

航程 TYO—HKG—BKK—MNL—TYO 和 BJS—HKG—SIN—MNL—BJS。

当去程和回程路线不一致，全程由两组运价组成，且经过计算的去程与回程的票价相同，依然属于来回程，其表达式如下：

FROM/TO		
BNE	CARR	FARE CALC
SIN	YY	
BOM	YY	M
SHJ	YY	BNE SHJ
DHA	YY	1795.10
X/MCT	YY	M
BKK	YY	BNE MCT
BNE	YY	1795.10
—		
	ROE	
TOTAL FARE	NUC3590.20	

在表达式中，去程运价计算区(BNE—SIN—BOM—SHJ—DHA)，运价1795.10为BNE—SHJ航段的1/2RT运价，该值为BNE—SHJ航段的中间较高点，票运价方向选用与旅行方向一致。回程运价计算区(BNE—BKK—X/MCT—DHA)，运价1795.10为BNE—MCT航段的1/2RT运价，该值与去程运价相等，但对应航段不同。回程为BNE—MCT航段的中间较高点，运价方向选用与旅行方向相反，选用从始发国出来的方向。

(2) 去程和回程路线相同、运价不相同。

【例6-3】

航程 SHA—HKG—SHA 和 BJS—TYO—HNL—TYO—BJS。

当去程和回程路线完全一致，而去程和回程运价不相等，且运价不相等是由于承运人、淡旺季、服务等级、周末、周中不同等原因造成时，该航程同样视为来回程。

3. 环程 CT(Circle Trip)

环程是指从旅客始发地出发，连续经过若干中间点，最终回到始发地的航空旅行。如 BJS—SYD—SIN—BKK—HKG—BJS。环程至少包括两个运价计算区，虽然与来回程有些类似，但实质不同。它具有以下特征：

(1) 来回程的运价计算区只有两个，环程的运价计算区可以不止两个；但使用特殊票价的环程仅允许有两个运价计算区。

(2)环程的去程和回程路线不同,运价也不同。

(3)每一个运价计算区均适用于 1/2RT 运价,回程运价使用与实际旅行方向相反的运价,其表达式如下:

FROM/TO		
GBE	CARR	FARE CALC
HRE	YY	
DAR	YY	M
NBO	YY	403.12
LUN	YY	M
JNB	YY	JNB NBO
GBE	YY	407.80
—		
	ROE	
TOTAL FARE	NUC810.92	

在表达式中,去程运价计算区(GBE—HRE—DAR—NBO)票价为 403.12,该值为 GBE—NBO 的 1/2RT 运价,运价方向选用与实际旅行方向一致;回程运价计算区(GBE—JNB—LUN—NBO)运价为 407.80,该值为 JNB—NBO 的中间较高点运价,运价方向选用与实际旅行方向相反。

4. 环球程 RTW(Round the World Trip)

环球程属于环程的一种特殊类型,是指从始发地出发后向东或向西环绕地球旅行,最后回到原始发地的旅行。环球程需同时具备以下特征:

(1)向东(西)连续飞行。
(2)航程中既经过太平洋,又经过大西洋。
(3)始发地和目的地是同一地点。
(4)全航程须经过 1、2、3 区。

【例 6-4】
航程 BJS—TYO—SFO—NYC—LON—BJS。

5. 缺口程 OJ(Open Jaw Trip)

缺口程是指在航程中有一个或两个地面运输段,即称为缺口,缺口的两端地点必须在一个国家内。缺口程可分为:

(1)单缺口 SOJ(Single Open Jaw),是指航程中有一个地面运输段。
①始发站缺口 DSOJ(Destination Open Jaw)。

【例 6-5】
航程 SHA—TYO—BJS 和 BJS—TYO—DLC。

②折返点缺口 TSOJ(Turnaround Open Jaw)。

【例 6-6】
航程 SHA—TYO…OSA—SHA。

(2)双缺口 DOJ(Double Open Jaw),是指航程中有两个地面运输段。

【例 6-7】
航程 SHA—TYO…OSA—DLC。

三、国际客票销售代号

在计算票价时,确定计算方式首先要确定客票的填开(出票)和销售与运输始发国的关系。由于各国的劳动力价值水平存在差异,同一条线路的客票在不同国家销售、付款所需的销售成本也会有差异,因此在销售国际客票时,首先要区分售票地点、出票地点。国际客票销售代号就是通过确定出票和销售地点后,确定使用何种方式正确进行运价计算的一个代号。在填开客票时,需要将国际销售代号填开在客票的"目的地/终点(ORIGIN/DESTINATION)"栏中。

国际销售代号 ISI(International Sale Indicator)是由 4 个字母组成的代码,每个字母都有一个具体的含义。4 个字母及其含义分别是:

S:Sale,销售或付款地点;

T:Ticketing,出票地点;

I:Inside,国内;

O:Outside,国外。

这里所说的国内和国外是相对于始发地而言,即旅行中第一个航班始发地的所属国家。

这 4 个字母组成了 4 个代号:SITI(销售和出票在始发国)、SITO(销售在始发国内,出票在始发国外)、SOTI(销售在始发国外,出票在始发国内)、SOTO(销售和出票均在始发国外),如表 6-2 所示。

国际客票销售代号　　　　　　　　　表 6-2

航　　程	销售地点	出票地点	国际客票销售代号
FRA—BJS	FRA	FRA	SITI
	MUC	FRA	SITI
	BJS	FRA	SOTI
	PAR	BER	SOTI
	PAR	PAR	SOTO
STO—BJS	STO	CPH	SITI
YVR—BJS	YVR	NYC	SITI

IATA 规定将一些地区和国家视为一国来研究运价工作,并出于运行工作需要,将国家的概念扩大,制定了一国原则。例如,美国和加拿大视为一国,斯堪的纳维亚地区的三个国家(丹麦、挪威、瑞典)视为一国,澳大利亚和新西兰视为一国。

四、环球指示代号

国际航程的环球指示代号(Global Indicator,GI)是准确计算国际客运运价的重要依据。因为从一个城市到另一个城市,在不同的方向之下旅行便有不同的运价,例如旅客从加拿大的蒙特利尔至中国上海,旅客可以选择太平洋航线,也可以选择大西洋航线,如果旅客选择大西洋航线,则运价要比太平洋航线高出很多,所以在计算运价时,首先要确定旅客选择的路线是属于哪一种旅行方向。

1. 西半球航线 WH(Western Hemisphere)

西半球航线,是指全部航程在西半球境内即1区范围内的航线。

【例6-8】

航程 NYC—RIO 和 LIM—BUE。

2. 经大西洋航线 AT(Via Atlantic)

经大西洋航线,主要是1区至2区之间的航线;从3区经2区至1区的航线也认为是AT航线。

【例6-9】

航程 SFO—PAR 和 BJS—KHI—PAR—NYC。

3. 经太平洋航线 PA(Via Pacific)

经太平洋航线(主要指北/中太平洋),主要是1区至3区并飞越太平洋的航线。

【例6-10】

航程 TYO—HKG—SFO 和 SHA—ANC—NYC。

4. 既经大西洋又经太平洋的环球航线 AP(Via Atlantic and Pacific)

既经大西洋又经太平洋的环球航线,主要是2区至3区并经过1区的航线。

【例6-11】

航程 HKG—SFO—NYC—LON 和 ROM—MIA—BKK。

5. 从南美经北美至西南太平洋航线 PN(Via Pacific and North America)

从南美经北美至西南太平洋航线(经过太平洋和北美),反向亦然。

【例6-12】

航程 SYD—LAX—MEX—SCL 和 SYD—LAX—SAO。

6. 从南大西洋地区至东南亚之间的航线 SA[Via the Atlantic and via Point(s) in Central Africa, South Africa, Indian Ocean Islands]

从南大西洋地区至东南亚之间的航线,经过大西洋、中部非洲、南部非洲、印度洋岛屿,反向亦然。南大西洋地区即 ABCPU,包括阿根廷、巴西、智利、巴拉圭和乌拉圭。

【例6-13】

航程 RIO—JNB—HKG 和 SCL—CPT—TYO。

7. 东半球航线 EH(Eastern Hemisphere)

东半球航线,是指全部航程在2至3区之内的航线。

【例6-14】

　　航程 MAD—ATH—SIN 和 BJS—BKK—LON。

8. 经西伯利亚航线 TS(Via Siberia and Nonstop Europe—Japan/Korean)

经西伯利亚航线,是指2区与3区之间的航线,有一个直达的航班在欧洲和日本/韩国、朝鲜之间(不包括 RU/FE 路线)。

此处的欧洲是指航空地理上2区中的欧洲次区域,而非自然地理的欧洲。

【例6-15】

　　航程 TYO—STO,BKK—TYO—PAR 和 JED—IST—TYO。

9. 远东航线 FE(Far East)

远东航线,在俄罗斯(乌拉尔山以西)、乌克兰和3区之间的直达航程。

【例6-16】

　　航程 MOW—HKG—POM 和 HRB—IEV。

10. 俄罗斯的欧洲部分和3区之间的航线 RU[between Russia(in Europe) and TC3]

俄罗斯的欧洲部分和3区之间的航线,有一个直达航班在俄罗斯和日、韩、朝之间,不经过欧洲其他国家。

【例6-17】

　　航程 MOW—TYO 和 HKG—SEL—MOW—LED。

11. 北极航线 PO(Polar)

北极航线,也称极地航线,是指穿越北极上空的重要航线,用于连接北美和欧洲、亚洲的航线,当前通常指各区域间旅行经过阿拉斯加(安克雷奇)的航线。

【例6-18】

　　航程 NYC—ANC—SEL 和 MAD—ANC—SEA

总之,在判断一个航程的环球指示代号时,首先看航程中是否有越洋航段(大西洋或太平洋),如有越洋航段,以越洋航段作为判断环球指示代号的依据。

在东半球范围内,有 EH、TS、FE、RU 4 个方向,判断时,首先要判断一个航程是否是 RU 方向;如不是,再判断是否是 TS 方向;如不是,再判断是否是 FE 方向;如仍不是,则一定是 EH 方向。

在判断环球指示代号时,一切地点都是指 IATA 确定的航空地理上的地点,注意与自然地理地点的区别。

第三节　国际航空旅客运价的种类与使用

一、国际航空旅客运价的种类

1. 根据运价制定的来源分

根据运价制定的来源,国际航空旅客运价可分为 IATA 票价、承运人票价和双边协议票价。

IATA 票价指通过 IATA 运价协调大会制定的国际旅客运输价格,也称为公布直达运价。

承运人运价是航空公司建立的较低水平适用于本航空公司或两国之间对飞航空公司的单边或双边运价。

双边协议运价是两国政府或两个航空公司之间签订某种特殊的排他协议,规定了某些航线的旅客运输价格,该协议所规定的条款只在签订协议双方执行,任何第三方均不可参与此双边协议的活动。

2. 根据运价的限制条件分

1)普通运价

普通运价一般是指无任何限制的全额票价,包括 F、C、Y 的全额价格以及按一定比例付费的儿童和婴儿票价。

(1)不受限的普通运价。所谓不受限制,是指对中途分程的次数、使用时间(一年内)以及订座、签转、更改航程等不加限制。

(2)受限制的普通运价。附有相应限制条件的较低水平,如 Y_2、C_2、Y_2,也属于普通运价。

限制条件一般有:航程中的中途分程和转机的限制;季节和处于周几(Day of Week)的限制;航班和承运人的选用限制。

2)特殊运价

特殊运价是指除普通运价外的附有特殊限制条件的运价。特殊限制条件有:最短和最长停留时间;停留点的时间长短;订座、付款和出票限制;一天中某个时段的旅行要求;资格限制;退票和变更的限制。

二、影响国际航空运价制定的因素

影响国际航空运价水平高低的因素主要有:

(1)国家的政治、经济政策。对某类特殊旅客、货物给予扶持或压制,如特殊票价和指定商品运价。

(2)区域经济的发达程度。地区经济越发达,票价越高,运价的方向性会影响运价的高低。例如北京—东京普通经济舱单程运价为 NUC808.13,来回程运价为 NUC1526.07;而东京—北京的普通经济舱单程运价为 NUC1082.23,来回程运价为 NUC1925.48。两者路线相同、旅行方向相反,票价水平却差别较大。

(3)国家外汇汇率的变动,对始发国货币表示的票价有影响。

(4)里程、航程距离的远近。这是最直接的影响因素,距离越长,票价越高。

(5)服务等级,不同的客舱服务等级享受的待遇、占用的空间不同,票价也不同。

(6)承运人成本机型。机型不同,耗油率也不同,折旧、维修费用不同,旅客享受的舒适程度也有差异。

(7)所在国家的税费水平。

(8)供求状况。从时间上看,淡、平、旺季节不同,票价不同;方向上的不平衡导致运价也不相同。

三、《旅客国际航空旅行价目表》(PAT)

PAT(Passenger Air Tariff)是由 IATA 和 SITA 联合发布的,是世界上应用最广的一本航空运价查询手册。这本资料共分为四册:《一般规则手册》《运价手册》《运价规则手册》《最大允许里程手册》。

1.《一般规则手册》(General Rules)

《一般规则手册》每季度出版一本,主要内容包括:

(1)按字母顺序排列的使用指南(Alphabetical Index)。

(2)国家的代号(Country Codes)。

(3)城市的全称和代号(City Names,Codes)。

(4)运价规则部分(Rules Section),此部分为该手册的主要内容,以基础运价计算规则为主,同时还包括:定义及缩写、行李运输规则、税费和其他收费、旅客客票、签转手续、航空公司的特别声明、客票点里程/实际里程。

2.《运价手册》(Wordwide Fares)

《运价手册》每年在 2 月、3 月、5 月、6 月、8 月、9 月、11 月和 12 月出版,一年共出版 8 次。其包括 IATA 在东西半球内使用的运价,主要内容有:

(1)货币兑换率(Currency Conversion Rates):中性货币单位(Heutral Unit of Construction,NUC)和各个国家货币之间的兑换比率,也介绍各个国家的货币知识,如进位单位和进位方法等。

(2)查阅运价的方法(How to Use Fares):包括单程运价和来回程运价的查阅。

(3)运价等级代码(Fares Class/Type Codes):包括等级代码、季节代码、星期代码、运价和旅客类型代码、航班提供的运价等级、环球指示代号。

(4)运价部分(Fare):包括普通运价和特殊运价,这些运价用 NUC 和当地货币(LCF)两种方式表示。

(5)比率运价(Add-on):在无公布直达运价的情况下,Add-on 组合新的运价。

3.《运价规则手册》(Wordwide Rules)

《运价规则手册》每季度出版一本,主要内容包括:

(1)东半球运价规则(Eastern Hemisphere Fares and Rules):在运用东半球运价时需要了解的特别注解。

(2)西半球运价规则(Western Hemisphere Fares and Rules):在运用西半球运价时需要了解的特别注解。

(3)标准运输条款(Standard Conditions SC100 and SC101)。

(4)指定航程(Routings):承运人指定航程列表。

规则手册每年 1 月、4 月、7 月、11 月出版,一年共出版 4 次。

4.《最大允许里程手册》(Maximum Permitted Mileages)

《最大允许里程手册》每年 4 月份出版一本,主要内容包括最大允许里程(MPM)的使用方法和 MPM 列表两部分。最大允许里程 MPM(Maximum Permitted Mileage),即航空公司允许旅客从始发地到目的地之间飞行的最长距离。

5. 运价手册的实例查阅说明

根据复制的 PAT 运价表(表6-3~表6-5),查阅运价。

LON—SEL 的运价表　　　　　　表6-3

LONDON UK (LON)					
FARE TYPE	LOCAL CURRENCY	NUC	CARR CODE	RULE	GI MPM& ROUTING
TO SEOUL（SEL）					EH 8944
					TS 8352
					AP 11748
Y	1839	2988.18			EH TS
Y	**3347**	**5438.52**			**EH TS**
Y	2029	3296.91			AP
Y	**3693**	**6000.74**			**AP**
Y_2	683	1109.80		E032	EH TS
C	2376	3860.75			EH TS
C	**4324**	**7026.05**			**EH TS**
C	2568	4172.73			AP
C	**4674**	**7594.76**			**AP**
F	3802	6177.85			EH TS
F	**6920**	**11244.28**			**EH TS**
F	4109	6676.69			AP
F	**7478**	**12150.97**			**AP**
YLPX3M	1167	1896.25		Y088A	EH TS
YHPX3M	1342	2180.61		Y088A	EH TS
YEEM	1605	2607.95		Y077	EH TS

E032 规 则　　　　　　表6-4

E032	SPECIAL ECONOMY CLASS FARES: UK>JAPAN/KEREA	(A)
1.	**APPLICATION** OW/RT.	
	A. FROM London.	
	To Fukuoka/Osaka/Seoul/Tokyo via BA.	
	B. FROM London.	
	To Seoul via KE.	
	NOTE:These fares do not apply retroactively.	
9.	**EXTENSION OF TICKET VALIDITY** Permitted subject to General Rule 13.2.9.	
10.	**PERMITTED STOPOVERS** None.	
11.	**ROUTINGS**	
	A. Via EH/PO/TS only on BA/KE.	
	B. Permitted Transfers:One in each direction.	
23.	**PASSENGER EXPENSES** Not permitted.	

表 6-5　JED—NYC 的运价表

JEDDAH (JED)					
FARE TYPE	LOCAL CURRENCY	NUC	CARR CODE	RULE	GI MPM& ROUTING
TO NEW YORK（NYC）					AT 7684
Y2	4286	1144.45		X0842	AT
Y1	5418	1446.72		X0842	AT
C	6600	1762.34		X0842	AT
F	9403	2510.81		X0842	AT
S	5418	1446.72	BA	N0234	AT
S2	4286	1144.45	BA	N0840	AT
J	6600	1762.34	BA	N0234	AT
F	9403	2510.81	BA	N0234	AT
S	5418	1446.72	KL	N0235	AT
S7	4286	1144.45	KL	N0569	AT
C	6600	1762.34	KL	N0306	AT
Y2	4286	1144.45	SV	N0816	AT
Y	5418	1446.72	SV	N0816	AT
J	6600	1762.341	SV	N0106	AT
F	9403	2510.81	SV	N0105	AT
Y22	4286	1144.45	TW	N0816	AT

（1）FARE TYPE(运价类型)栏：运价类型栏中的运价类型为从该城市出发所包括的各类相关的运价类型，包括普通运价和特殊运价。

（2）LOCAL CURRENCY(当地货币运价)栏：用始发地货币表示的运价。

（3）NUC(NUC 运价)栏：用 NUC 表示的运价。

（4）CARR CODE(承运人)栏：在某些运价后出现了承运人的两字代码，表示该运价只适合于该承运人运营。运价后未出现任何承运人的代码，表示该运价适合所有的承运人运营。

（5）RULE(规则栏)：规则栏的代码表示在使用该运价时需要参考运价后的规则的适用条件，只有符合该适用条件，该运价才能使用。该规则需到《运价规则手册》中查询，见表 6-3。

（6）GI MPM&ROUTING(环球指示代号、最大允许里程和指定航程)栏：此栏有 3 个信息，运价的环球指示代号 GI；不同方向条件下的最大允许里程 MPM；与运价相对应的适用的指定航程代码。

另外，运价包括单程运价(OW)和来回程运价(RT)，用正常字体表示的运价是单程运价，用粗体字表示的运价是来回程运价。

四、国际航程中运价使用的注意事项

1. 单程运价(OW)和来回程一半运价(1/2RT)的使用

旅客航程类型为单程时，必须使用单程运价，而不能使用 1/2RT 运价代替，一般单程运

价高于 1/2RT 运价。在没有公布直达单程票价时,不能采用 1/2RT 运价代替单程运价,而采用组合运价。

航程类型为来回程时,使用来回程(RT)运价,没有公布直达来回程票价时,可以采用 2OW 运价代替。在分两个运价计算区的来回程计算中,每个运价计算区均使用 1/2RT 运价,去程按实际方向选取运价,回程按与实际相反的方向选取运价。

【例 6-19】

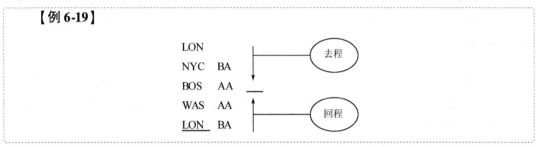

2. 确定环球指示代号

旅客从始发地出发,沿不同的方向进行旅行,虽然最终的目的地是一样的,但由于其旅行路线不同,运价也是不同的。所以计算直达航程的运价,要确定其环球指示代号才能正确选取运价。

3. 承运人选择与票价确定

一般查阅运价时,承运人不做特别规定,但是下列两类特殊情况在选择运价时需遵循:

(1)从美国/加拿大出发或到达的航程,且环球指示代号为 PA/AT 时,优先考虑使用以下两类承运人的适用运价。首先,跨大西洋航段承运人;其次,跨区域航段承运人。

(2)欧洲境内的运价选择。在以下两种运价中选择最低的作为实际采用的运价:承运旅客航程的第一个国际航段的承运人;承运的实际里程数最大的承运人。

当旅客旅行全部都在斯堪的纳维亚半岛内时,视为欧洲境内国际旅行,不再视为一国,适用本条规定。

五、国际航空旅客运价的货币规则

国际航空运价是以当地货币的形式公布的,但是在计算联程运输的票价时,联程经过几个国家,仅用当地货币难以完成复杂的计算过程。为了解决这问题,IATA 制定了中性货币单位 NUC。

(一)NUC 与当地货币的兑换率 ROE

NUC 是 IATA 为了简化国际航空旅客票价计算而采用的一种以美元为基础的计算单位。NUC 和各个国家货币之间都有一个比率,这就是 IATA 兑换率,即 ROE(Rate of Exchange),它是由 IATA 清算所(Clearing House)根据到每个月十五日为止的美元与所涉及货币的五天平均比较得出的平均汇率作为 ROE 来公布的,每三个月公布一次,每年四次。如果在此期间某种货币的汇率变动超过 6%,IATA 清算所会公布最新的兑换率。

从每个国家出发的航线的票价都分别与 NUC 和当地货币同时公布。有些国家的运价不是用本国货币而是用其他国家货币表示的,由于这些国家的货币非常容易出现波动而不够稳定,通常称这类货币为软货币,IATA 在公布运价时使用相对稳定的硬货币,以如美元、欧元为计算单位,以保持运价的相对稳定性。

(二) NUC 与当地货币的转换

在国际运价计算过程中及旅客付款时,均会涉及 NUC 与当地货币(LCF)的转换问题。

1. NUC 转换成当地货币

国际运价计算结束后,得到的数值是用 NUC 表示的,需要将 NUC 转化为当地货币后旅客才能付款。转换公式为:LCF ÷ ROE = NUC。

2. 当地货币转换成 NUC

一般国际旅客在需要支付一些加在机票价格上的税时,需要将用当地货币公布的税款总额换算成 NUC,与国际运价一起进行计算,得到旅客最终需要为旅行支付的费用总额。转换公式为:NUC × ROE = LCF。

(三) 票价计算尾数进位规则

1. NUC 尾数的取舍规则

计算 NUC 时,尾数只保留到小数点后两位,其余全部舍去不计,不涉及进位问题。

> 【例 6-20】
> NUC1230.4567 进位后为 NUC1230.45,NUC1230.0090 进位后为 NUC1230.00。

2. 当地货币的尾数进位规则

NUC 转换为 LCF 后得到的数值会有多位小数,而 IATA 规定了各种货币的进位规则,编制成 IATA 货币转换比价表,此表从主要的运价资料中均可查找到(表 6-6)。

IATA 货币转换表(部分)　　　　　　　　　　　　表 6-6

To calculate fares, rates or charges in currencies listed below:		Multiply NUC fare rate/ Charge by the following rate of exchage;	And round up the resulting amout to the next higher unit as listed below:			
Country (+ local currency acceptance limited)	Currency Name	ISO Codes Alpha　Numeric	From NUC	Rounding Units		
				Local Curr. Fares	Other Charges	Decimal Units	Notes
Haiti	US Dollar	USD　840	1.000000	1	0.1	2	3,5
Hong Kong SAR	Hong Kong SAR Dollar	HKD　344	7.748880	10	1	2	5
Hungary	Forint	HUF　348	230.420000	10	10	2	
Iceland	Iceland Koma	ISK　352	72.014000	100	10	0	
India	Indian Rupee	INR　356	42.442020	5	1	0	26
Italy	Italian Lira	ITL　380	1774.375926	1000	1000	0	
Italy	Euro	EUR　978	0.916389	0.01	0.01	2	5
Jordan	Jordanian Dinar	JOD　400	0.709000	0.1	0.05	3	
New Zealand and Cook Islands	New Zealand Dollar	NZD　554	1.871945	1	0.1	2	18

（1）进位方法。IATA 规定的货币进位方法有两种：一是有数就进 H(Higher)，只要进位位数后面的一位不是 0，就要进位上去；二是四舍五入 N(Nearest)，进位位数后面的一位大于 5 则进上去，小于 5 则省略掉。

（2）进位单位。在对某种货币进行尾数进位时，需遵循下列步骤：

①进位单位如果大于或等于 1，如 1、5、10、100、1000、10000 等，将 NUC 转换为 LCF 后得到的数值只保留一位小数，其余的全部舍去。

如果进位单位是 1，看小数点后面的第一位数，按进位方法计算，即四舍五入或有数就进；如果进位单位是 1 的 10 倍数（如 10、100、1000 等），看进位位数后面的所有数字，按进位方法来计算；如果进位单位是 5 或 5 的 10 倍数（如 50、500 等），看进位位数及其后面的数字，按进位方法进行进位。

②进位单位如果小于 1，如 0.1、0.01 等，则将当地货币的位数保留到比进位单位多一位数，其余的小数全部舍去。进位时看进位单位的后一位，按进位方法进行进位。进位方法示例见表 6-7。

IATA 规定的货币进位方法示例 表 6-7

序　号	当地货币 LCF	进位单位及方法、保留小数位数	进 位 结 果
1	NZD1234.3	H1（保留 2 位小数）	NZD1235.00
2	NZD1234.09	H1（保留 2 位小数）	NZD1234.00
3	INR1232.3	H5（无小数）	INR1235
4	INR1230.09	H5（无小数）	INR1230
5	JOD1234.39	H0.1（保留 3 位小数）	JOD1234.400
6	JOD1234.09	H0.1（保留 3 位小数）	JOD1234.100
7	USD1234.39	N1（保留 2 位小数）	USD1234.00
8	USD1234.09	N1（保留 2 位小数）	USD1234.00
9	HKD1234.3	N10（保留 2 位小数）	HKD1230.00
10	HKD1230.09	N10（保留 2 位小数）	HKD1230.00
11	EUR1234.105	N0.01（保留 2 位小数）	EUR1234.11
12	EUR1234.092	N0.01（保留 2 位小数）	EUR1234.09

复习思考题

一、单项选择题

1．旅客计划前往申根国家意、法、德、比、卢五国旅行，乘机前已成功申请法国签证，该旅客已预订航班北京—巴黎，在上述五国旅行期间还需申请（　　）国家的签证。

A．意大利　　　　　　　　B．比利时

C．德国　　　　　　　　　D．以上均不需要

2. 从始发地出发前往目的地,然后再返回原始发地的行程,如果去程和回程路线相同、运价相同,则此航程是( )。

    A. 单程　　　　B. 来回程　　　　C. 环程　　　　D. 回拽程

3. 航程 HKG—CAN,售票地点 CAN,出票地点 SHA,国际客票销售代号 ISI 是( )。

    A. SITI　　　　B. SITO　　　　C. SOTI　　　　D. SOTO

4. 航程 CPH—LON,售票地点 STO,出票地点 HEL,国际客票销售代号 ISI 是( )。

    A. SITI　　　　B. SITO　　　　C. SOTI　　　　D. SOTO

5. 航程 BJS—KHI—PAR—NYC 的环球指示代号为( )。

    A. EH　　　　B. WH　　　　C. AT　　　　D. PA　　　　E. TS

6. INR1257.50,H5,无小数,应进位为( )。

    A. INR1260.00　B. INR1260　　C. INR1255　　D. INR1255.00　E. INR1255.50

二、计算题

1. 请判断下表中的国际航程的销售代号。

航　　程	销售地点	出票地点	国际客票销售代号
CPH—HEL	STO	CPH	
	HEL	CPH	
	NOK	OSL	
PEK—TYO	TPE	HKG	
	DLC	CTU	
STO—PEK	STO	PEK	
YVR—PEK	YVR	NYC	
	GUM	HNL	

2. 请指出下列航程的环球指示代号。

  (1) JKT—SYD—SAO

  (2) LAX—TYO—DEL

  (3) ASU—JNB—KHI—HKG

  (4) PEK—CPH—YMQ—GUM

  (5) LON—BKK—SEL

  (6) FRA—SEL

  (7) LED—BKK

  (8) MOW—BOM—BKK

  (9) MOW—SYD—JKT

  (10) LED—POM

  (11) AKL—ANC—ASU

  (12) DUB—CAI—AKL

  (13) LIS—CHI—JKT

  (14) BUE—SAO—MIA—TYO

(15) JNB—NBO—CAI—ZRH

(16) SYD—LAX—SCL—BUE

(17) LED—MOW—BJS—TYO

(18) LED—MOW—TYO—BJS

(19) STO—MOW—SEL—BJS

(20) HKG—BKK—IST—MOW

(21) SHA—LON—NYC—WAS

(22) HKG—TPE—YVR—NYC

(23) HKG—JNB—RIO—SAO

(24) ZRH—NYC—SAO

(25) YVR—TPE

(26) BJS—HNL—SFO

(27) MEX—SFO—MNL

(28) SYD—LAX—MEX—SCL

(29) HKG—LON—NYC

(30) RIO—JNB—HKG

(31) SIN—MRU—JNB—SAO

(32) SAO—HKG

(33) HKG—SEA—LON

(34) HKG—SEL—MOW—LED

(35) TYO—STO

(36) BKK—TYO—PAR

(37) JED—IST—TYO

(38) HKG—SEL—MOW

(39) MOW—PAR—OSA

(40) MOW—HKG—POM

(41) HKG—DXB—MOW

(42) JNB—KUL—SYD

(43) OSA—GUM—DEL

3. 将下表中的货币进位。

序　号	当地货币LCF	进位单位及方法、保留小数位数	进位结果
1	CHF1382.18	H1（保留2位小数）	
2	INR1382.00	H5（无小数）	
3	CNY1382.00	H10（保留2位小数）	
4	JPY22300.20	H100（无小数）	
5	EUR1382.128	N0.01（保留3位小数）	
6	ITL22300.20	H1000（无小数）	

续上表

序　号	当地货币 LCF	进位单位及方法、保留小数位数	进 位 结 果
7	ESP29344.08	H50（无小数）	
8	JOD522.08	H0.1（保留 3 位小数）	
9	HKD1232.98	N10（保留 2 位小数）	
10	SEK1665.09	H5（保留 2 位小数）	
11	MTL127.1	N1（保留 2 位小数）	
12	ISK23400.2	H100（无小数）	
13	XPF48702.0	H100（无小数）	
14	EUR312.005	N0.01（保留 2 位小数）	
15	MIM1280429.3	H10000（无小数）	
16	MGF120268.5	H1000（无小数）	
17	MMK1038.2	H1（保留 2 位小数）	
18	IQD51.63	H0.1（保留 3 位小数）	

第七章　国际航空运价计算

> **学习目标**
> ◎ 掌握直达航程、非直达航程运价、来回程运价的计算方法；
> ◎ 了解比例运价和混运运价的计算。

第一节　直达航程运价

直达航程是指从始发地出发到达目的地,中间没有任何停留地点的航程,即点到点的航程。计算直达航程运价的方法如下:

一、确定航程

1. 确定航程的方向

航程是具有方向性的,如航程 A—B,只能使用 A→B 运价,而不能使用 B→A 运价。

> 【例 7-1】
> 航程 BJS—LIM　　Y OW,查阅运价手册后可知:
> 　　AT14445　NUC3277.66
> 　　PA12445　NUC1993.06

旅客从不同的方向进行旅行,虽然最终的目的地是一样的,但由于其旅行路线不同,运价也是不同的。所以计算直达航程的运价,首先要确定其方向。

2. 公布直达运价

公布直达运价是由 IATA 公布的从某一点到另一点的票价。

在 PAT 中可查找直达航程的运价。首先按字母顺序找到始发地,再找到目的地,即可找到航程所适用的运价。但需注意的是:非直达航程不能直接使用此运价,需经过运价计算方可确定航程的运价。

> 【例 7-2】
> 航程 PAR—NYC 可以使用直达航程运价,而 HKG—SHA—LAX 则不能使用直达航程运价。

二、选择运价

如要进行运价计算,首先要在 PAT 中查询始发地到目的地的运价,并选择适合旅客航程的正确运价,才能进行计算。在确定旅客的航程后,即确定了始发地和目的地,并根据旅客的需要选择相应的运价等级,判断航程类型,根据航程确定环球指示代号后,即可选择正确的运价,详见本章第二节。

三、计算直达航程运价

两点之间运价的计算方法有三种:

(1)从 PAT 中直接查出始发地与目的地之间的用当地货币表示的运价。

(2)从 PAT 中先查出公布的用 NUC 表示的运价,再利用公式 LCF = NUC × ROE 计算得出价格。

(3)运用 IATA—UFFAA 运价计算公式进行计算:

IATA—UFFAA FARE FORMULA(Point to Point)

FCP:确定运价计算区的始发地和目的地。

NUC:在明确环球指示代号、运价类型和承运人的情况下,选取 NUC 运价。

RULE:确定所选取运价的运价规则代码,并查阅规则中的内容;无运价规则在此处写 NIL。

AF:确定最适合的 NUC 运价。

ROE:用 NUC 运价乘以始发国货币的 ROE。

LCF:得到旅客可以付款的当地货币价格。

运用各种方法进行计算后,需要填写竖式表达式和横式表达式:

FROM/TO		
	CARR	FARE CALC
TOTAL FARE		
FARE		

（竖式表达式）

（横式表达式）

运用运价公式进行计算,主要是为学习非直达航程的运价计算奠定基础。

【例 7-3】

计算运价:SHA—PAR   EH Y CLASS

方法一:直接查 PAT 中,SHA—PAR 之间的 LCF = CNY9270.00。

方法二:查 PAT 中,SHA—PAR 之间运价为 NUC1600.57,ROE 为 5.790600。

计算 LCF = NUC1600.57 × 5.790600 = CNY9268.2606 ~ (H10) CNY9270.00。

方法三：运用 IATA—UFTAA 运价计算公式进行计算：

  FCP SHA PAR

  NUC Y EH OW NUC1600.57

  RULE NIL

  AF NUC1600.57

  ROE × 5.790600

  LCF CNY9268.2606 ~（H10）CNY9270.00

填写表达式：

FROM/TO			
SHA	CARR	FARE CALC	
PAR	YY	1600.57	
—			
	ROE	5.790600	
TOTAL FARE	NUC1600.57	SHA YY PAR1600.57 NUC1600.57 END ROE 5.790600	
FARE	CNY9270.00		

【例 7-4】

Sold in：JNB Ticketed in：JNB

ISI：<u>SITI</u> Fare Type：Normal Economy

Journey：CPT

    <u>ZRH</u> SA

从 PAT 中查得：

CPT→ZRH，Y EH OW NUC1471.04，RULE：Y046。

始发国货币 SAR 为 N10，不要求保留小数；ROE 为 7.422480。

计算步骤如下：

  FCP CPT ZRH

  NUC Y EH OW 1471.04

  RULE Y046

  AF NUC1471.04

  ROE × 7.422480

  LCF SAR10918.76 ~（N10）SAR10920.00

填写表达式：

FROM/TO		
CPT	CARR	FARE CALC
ZRH	SA	1471.04
—		
	ROE	7.422480
TOTAL FARE	NUC1471.04	CPT SA ZRH1471.04NUC1471.04 END ROE7.422480
FARE	SAR10920.00	

第二节 非直达航程（单程）运价

非直达航程是指航程中不仅包括始发地与目的地，还包括一个以上的中间停留地点（包括分程点和经停点）。计算非直达航程运价分成两种方法：按指定航程计算和按里程制的方法计算。

首先需考虑该航程是否符合指定航程的要求，如果符合要求即可以使用公布直达运价；如不符合，则需使用 IATA—UFFTAA 运价计算公式进行计算。

一、指定航程运价

指定航程是一种特定的非直达航程，当旅客的旅行线路符合运价资料中公布的指定航程的相关规定时，旅客旅行全航程必须完全符合指定航程中的路线，该旅客的航程可以直接使用始发地至目的地的公布直达运价，无须考虑其他限制条件。

在 PAT 中，指定航程如表 7-1 所示。

指定航程示例（选取自 PAT） 表7-1

Between	And	Via
Tehran	Lahore	Karachi
Tehran	Peshawar	Karachi
Tehran	Guangzhou, Taipei, Bangkok, Hong Kong SAR	Karachi
Japan/Korea/China (excluding Hong Kong SAR, Macao SAR), Hong Kong SAR, Macao SAR	Mashad	Tehran (EH)

续上表

Between	And	Via
Cairo	Tokyo	Bangkok-Manila
Cairo/Sanaa	Beijing	Bangkok
Kuwait	Tokyo	Bangkok/Manila

指定航程的使用说明：

(1)指定航程不分方向,正向、反向均可；但必须按照顺序使用,即旅行路线必须与指定航程中的地点的顺序一致。

例如：

Between	And	Via
Seattle	Japan	Los Angeles/San Francisco

航程 SEA—LAX—OSA,OSA—LAX—SEA 均符合指定航程的各项条件,可以使用公布直达运价。

(2)中间经停地点可以减少,但不可增加。

例如：

Between	And	Via
Cairo	Tokyo	Bangkok/Manila

航程 CAI—BKK—MNL—TYO,CAI—BKK—TYO,CAI—MNL—TYO 均是符合要求的指定航程。

(3)符号"-"代表"和"或"或",符号"/"代表"或"。

例如：

Between	And	Via
Seattle	Japan	Los Angeles/San Francisco

航程 SEA—LAX—OSA,OSA—SAN—SEA 均是指定航程,但是 OSA—LAX—SAN—SEA 则不是指定航程。

【例 7-5】

计算航程 CAI—BKK—TYO 的运价,判断该航程是否是指定航程。

Between	And	Via
Cairo	Tokyo	Bangkok/Manila

航程的始发地与目的地均与指定航程相同：Cairo—Tokyo,指定航程要求的经停地点是 Bangkok 及 Manila,无其他限制条件,所以此航程可以使用 CAI—TYO 的公布直达运价。

二、里程制运价的计算

1. 最大允许里程和实际里程

除部分指定航程外,其余绝大多数的运价计算均是按里程制的运价计算方法来进行的。在里程制的计算中,有两个衡量航程里程的指标。

最大允许里程(MPM)随票价一起公布,并且附有环球指示代号,旅行方向不同,最大允许里程也不同。

实际里程(Ticketed Point Mileage,TPM),也称客票点里程,指旅客在旅行中所经过的各个地点的里程总数。由于旅行方向不同,同一对城市会出现不同的 TPM,因此在计算运价时,要按照实际旅行的路线和方向选择 TPM。

2. IATA—UFTAA 的运价计算公式(单程)

FCP:确定运价计算区的运价组合点。

NUC:基于环球指示代号、运价类型、航程类型、承运人的基础上选取 NUC 运价。

RULE:所选取运价适用的规则。

MPM:运价计算区的运价组合点之间的最大允许里程。

TPM:实际里程。

EMA:超里程优惠。

EMS:超里程附加。

HIP:中间较高点检查。检查在航程中下列航段的运价是否高于始发地到目的地的运价,如果高于,则选用高的运价:①从始发地到中间经停点的运价;②两个中途分程点之间的运价;③中途分程点到目的地的运价。

RULE:从上一项中选取的较高运价的运价规则代码。

AF:根据上述计算,最终确定的此航程应选取的运价。

CHECK:BHC 单程回拽检查。检查在航程中是否有从始发地到中途分程点的运价高于始发地到目的地的运价,如果有,则选用高的运价。

TOTAL:从以上计算中最终确定此航程的 NUC 运价。

ROE:乘以始发地货币的 IATA 兑换率 ROE。

LCF:计算后得出当地货币。

3. 非直达航程使用公布直达运价

运用运价计算公式进行计算时,要注意所查阅的运价方向是否与旅客航程方向一致并比较 TPM 与 MPM 的大小关系;根据航程旅行方向查阅始发站至终点站合适的 MPM,根据旅客实际航程计算出 TPM,对比 MPM 与 TPM 的大小:如 TPM 小于 MPM,则该航程可以使用此公布直达运价。

【例7-6】
Sold in:TYO   Ticketed in:TYO
ISI: SITI   Fare Type:Normal Economy
Journey:TPMs   TYO
    EH740   SEL KE
    EH584   BJS OZ

从 PAT 中查得：
TYO→SEL, Y_2　EH　OW　NUC390.47, RULE：无。
TYO→BJS, Y　EH　OW　NUC788.44, RULE：无；MPM EH1575KM。
SEL→BJS, Y_2　EH　OW　NUC221.76, RULE：无。
始发国货币 JPY 为 H100，不要求保留小数；ROE 为 120.109983。
计算步骤如下：

FCP	TYO BJS
NUC	Y EH OW 788.44
RULE	NIL
MPM	EH 1575
TPM	1324
EMA	NIL
EMS	M
HIP	NIL
RULE	NIL
AF	NUC788.44
CHECK	BHC NIL
TOTAL	NUC788.44
ROE	× 120.109983
LCF	JPY94699.512 ~ (H100) JPY94700

填写表达式：

FROM/TO		
TYO	CARR	FARE CALC
SEL	KE	M
BJS	OZ	788.44
—		
	ROE	120.109983
TOTAL FARE	NUC788.44	TYO KE SEL OZ BJS M788.44 NUC788.44END ROE120.109983
FARE	JPY94700	

三、超里程附加

当非直达航程实际里程之和小于航程最大允许里程时,根据里程制的思想,可以采用该航程的公布直达运价作为整个航程的运价。当非直达航程的实际里程之和大于最大允许里程时,就不能使用公布直达运价,而需要按照一定的比例对运价进行附加,即超里程附加(Excess Mileage Surcharge,EMS)。也就是通过计算实际里程之和超出最大允许里程的比例确定超里程附加费,并确定里程附加率,按照超里程附加率计算 EMS,相应提高直达运价。但是允许超出里程的最大限度为25%(表 7-2)。

表 7-2 超里程附加率

TPM 与 MPM 比值(结果保留 5 位小数)	运价附加百分比(%)	在计算中的表示方法(M)
大于 1.00000 而小于 1.05000	5	5M
大于 1.05000 而小于 1.10000	10	10M
大于 1.10000 而小于 1.15000	15	15M
大于 1.15000 而小于 1.20000	20	20M
大于 1.20000 而小于 1.25000	25	25M
大于 1.25000	使用分段相加最低组合运价	

【例 7-7】

Sold in:BGO Ticketed in:BGO
ISI: SITI Fare Type:Normal Economy
Journey:TPMs BGO
　　　　EH188 OSL BU
　　　　EH864 X/ZRH SK
　　　　EH144 GVA SR

从 PAT 查得:

BGO→GVA,Y EH OW NUC797.80,RULE:无;MPM EH 1172KM。
OSL→GVA,Y EH OW NUC797.80,RULE:无。

始发国货币 NOK 为 H5,不要求保留小数;ROE 为 7.815166。

计算步骤如下:

FCP BGO GVA
NUC Y EH OW 797.80
RULE NIL
MPM EH 1172
TPM 1196
EMA NIL
EMS 5M

```
HIP     NIL
RULE    NIL
AF      NUC837.69
CHECK   BHC NIL
TOTAL   NUC837.69
ROE     ×    7.815166
LCF     NOK6546.6 ~ (H5) NOK6550
```

填写表达式：

FROM/TO		
BGO	CARR	FARE CALC
OSL	BU	
X/ZRH	SK	5M
GVA	SR	837.69
——		
	ROE	7.815166
TOTAL FARE	NUC837.69	NOK BU OSL SK X/ZRH SR GVA 5M837.69NUC837.69END ROE7.815166
FARE	NOK6550	

四、超里程优惠

超里程优惠(Extra Mileage Allowance, EMA)是指航程经过某些特定的点，而且发生实际里程之和超过最大允许里程时，按规定可从该航程的实际里程之和中减去一个既定的优惠数额，得出一个新的 TPM，然后再进行超里程附加。在 PAT 中公布了超里程优惠的路线和额度。

超里程优惠只有在发生超里程时才使用，不超里程无须优惠，优惠适用于航程的正反两个方向(表7-3)。

三区常见的超里程优惠   表7-3

Between	And	Via	Mileage Deduction
TC3（不含全程在南亚次大陆的航程）	TC3	同时经 BOM 和 DEL 或同时经 ISB 和 KHI	700

续上表

Between	And	Via	Mileage Deduction
CA/US(除夏威夷)	TC3	夏威夷(仅限中/北太平洋运价)	800
欧洲	南亚次大陆	同时经 BOM 和 DEL 或同时经 ISB 和 KHI	700
中东	TC3(除西南太平洋)	同时经 BOM 和 DEL 或同时经 ISB 和 KHI	700

使用超里程优惠需要注意：

（1）全航程必须在指定的旅行范围之内。
（2）航程必须经过指定的经停点。
（3）每一个运价计算区只能允许一次里程优惠。

【例 7-8】

Sold in：BGO　　　Ticketed in：BGO
ISI：<u>SITI</u>　　　Fare Type：Normal Economy
Journey：　　TPMs　　BGO
　　　　　　EH188　　OSL　　BU
　　　　　　EH864　　X/ZRH　SK
　　　　　　EH144　　<u>GVA</u>　　SR

从 PAT 中查得：

BGO→GVA，Y　EH　OW　NUC797.80，RULE：无；MPM EH 1172KM。
OSL→GVA，Y　EH　OW　NUC797.80，RULE：无。
始发国货币 NOK 为 H5，不要求保留小数；ROE 为 7.815166；此航程优惠 43 公里。
计算步骤如下：

FCP	BGO GVA
NUC	Y EH OW 797.80
RULE	NIL
MPM	EH 1172
TPM	~~1196~~　1153
EMA	−43　E/XXX
EMS	M
HIP	NIL
RULE	NIL
AF	NUC797.80
CHECK	BHC NIL

```
TOTAL      NUC797.80
ROE        ×  7.815166
LCF        NOK6234.9 ~ (H5)NOK6235
```

填写表达式:

FROM/TO	CARR	FARE CALC
BGO		
OSL	BU	E/XXX
X/ZRH	SK	M
GVA	SR	797.80
—		
	ROE	7.815166
TOTAL FARE	NUC797.80	NOK BU OSL SK X/ZRH SR GVA E/XXX M797.80NUC797.80 END ROE7.815166
FARE	NOK6235	

第三节 中间较高点检查

非直达航程的运价计算过程中,可能会出现航程中的某两个中间点(包括始发地和目的地)之间的运价高于始发地到目的地的公布直达运价的情况,该价格则称为中间较高点运价,与该中间较高运价对应的地点,称为中间较高点(Higher Intermediate Point,HIP)。这种情况是不合理的,必须予以纠正,采用中间较高点运价进行全航程的运价计算。

一、中间较高点的类型

(1)始发站中间较高点。即从始发站至某一中间点的运价高于始发地到目的地的运价。

(2)终点站中间较高点。即从某一中间点到终点站的运价高于始发地到目的地的运价。

(3)中间点较高点。即某两个中间点之间的运价高于始发地到目的地的运价。

【例7-9】
航程 A—B—C—D,AD 为全程公布直达运价,AB、AC 为始发站中间较高点,BD、CD 为终点站中间较高点,BC 为中间点较高点。

二、HIP 与国际客票销售代号 ISI 的关系

(1) 当国际客票销售代号 ISI 是 SITI、SOTI 时,中间较高点必须是中途分程点。

【例7-10】
航程 A—X/B—C—D,AC、CD 可作为中间较高点运价,AB、BC、BD 不能作为中间较高点运价检查。

(2) 当国际客票销售代号 ISI 是 SITO、SOTO 时,中间较高点包括中间经停点(转机点)和中途分程点,即对所有的中间点都要进行 HIP 检查。

【例7-11】
航程 A—X/B—C—D,AB、AC、BC、BD、CD 均可作为中间较高点进行检查。

三、中间较高点计算规则

(1) 计算中间较高点运价时,不考虑中间较高点对应的最大允许里程,最大允许里程是针对全航程而言,即始发地与目的地之间。

(2) 有多组中间较高运价高于始发地至目的地的运价时,选用满足条件的最高运价作为全程中间较高运价。

(3) 运价计算中,出现超里程时,中间较高运价附加应该在超里程的基础上进行,即在中间较高运价基础上进行超里程附加。

四、HIP 检查例外情况

HIP 检查例外情况可分成两种:一是免除 HIP 检查,二是附加 HIP 检查。

1. 免除 HIP 检查

(1) 指定航程。符合指定航程运输条件的航程可以直接使用公布直达运价,不需要按里程制进行运价计算,当然不需要进行 HIP 检查。

(2) 印度政府保留。对于从印度始发、目的地为美国/加拿大的航程,当在欧洲或英国中途分程时,欧洲或英国的一点与美国/加拿大的一点之间的运价不能作为中间较高点运价。

例如,航程 DEL—BER—SOF—YVR,如果进行 HIP 检查,理论上检查范围应包括 DEL—BER、DEL—SOF、BER—SOF、BER—YVR、SOF—YVR,但由于 BER 和 SOF 是欧洲范围内的点,YVR 是美国/加拿大的点,所以 BER—YVR、SOF—YVR 即使存在高于 DEL—YVR 的运价,也不能作为中间较高点运价。

(3) 没有公布直达运价。按照正常的运价选择标准,如果相应的旅行方向没有公布直达运价,相应航段的 HIP 检查可以忽略。

2. 附加 HIP 检查

(1) 西非 HIP 检查。对于从西非始发的航程,HIP 检查应该对每个运价计算区内所有属于西非的点进行。

(2) 以色列政府保留。对于从以色列始发的航程,HIP 检查应包括对所有从始发地至中

间点的运价进行。这里只强调始发点到中间点,不包括中间点到其他中间点或终点站之间的情况。

(3)马拉维附加 HIP 检查。对于从马拉维始发的航班,HIP 检查应对每个运价计算区内所有属于马拉维的点进行。

(4)运价规则 17)中关于"中间较高点和里程例外"。有些运价对应的特定运价规则 17)项有关"中间较高点和里程例外"中明确要求对所有点进行 HIP 检查。例如 Y010 运价规则 17)项中要求:对于 EH 方向、从东南亚经欧洲至非洲的航程,需要对所有欧洲的客票点进行 HIP 检查。

五、含有中间较高点运价航程的计算

1. 使用公布直达运价

符合使用公布直达运价条件时,直接选用最高的中间较高运价为全程运价。

【例7-12】
Sold in:SEL　　Ticketed in:SEL
ISI:SITI　　Fare Type:First Class
Journey:TPMs　　SEL
　　　　EH740KM　　TYO　　NH
　　　　TS6078KM　　X/MIL　　AZ
　　　　EH991KM　　OSL　　BU

从 PAT 中查得:
SEL→OSL,F　TS　OW　NUC2624.36,RULE:无;MPM　TS 8017KM。
TYO→OSL,F　TS　OW　NUC7105.98,RULE:无。
始发国货币 KRW 为 H100,不要求保留小数;ROE 为 1235.078863。
计算步骤如下:

FCP	SEL OSL
NUC	F　TS　OW 2624.36
RULE	NIL
MPM	TS 8017
TPM	7809
EMA	NIL
EMS	M
HIP	F TS OW NUC 7105.98 TYO OSL
RULE	NIL
AF	NUC7105.98
CHECK	BHC　NIL
TOTAL	NUC7105.98
ROE	×　1235.078863
LCF	KRW8776445.2 ~(H100)KRW8776500

填写表达式：

FROM/TO		
SEL	CARR	FARE CALC
TYO	NH	M
X/MIL	AZ	TYO OSL
OSL	BU	7105.98
—		
	ROE	1235.078863
TOTAL FARE	NUC7105.98	SEL NH TYO AZ X/MIL BU OSL M TYO OSL7105.98NUC7105.98END ROE1235.078863
FARE	KRW8776500	

2. 含有超里程的中间较高点运价

中间较高点和超里程同时出现时，在中间较高运价基础上附加超里程进行运价计算。

【例7-13】
Sold in：BUD　　Ticketed in：BUD
ISI：SITI　　　　Fare Type：Normal Economy
Journey：TPMs　　BUD
　　　　　EH515　　ROM　MA
　　　　　EH714　　BUH　AZ
　　　　　EH2151　DXB　GF
从运价手册PAT中可查：
BUD→DXB，Y　EH　OW　NUC1030.11，RULE：无；MPM EH 1575。
BUD→ROM，Y　EH　OW　NUC362.08，RULE：无。
BUD→BUH，Y　EH　OW　NUC217.55，RULE：无。
ROM→BUH，Y　EH　OW　NUC591.75，RULE：无。
ROM→DXB，Y　EH　OW　NUC1131.91，RULE：无。
BUH→DXB，Y　EH　OW　NUC1168.00，RULE：无。
始发国货币 HUF 为 H10，要求保留 2 位小数；ROE 为 230.420000。
此航程无指定经停地点，优惠 100 公里。

计算步骤如下：

FCP	BUD DXB
NUC	Y EH OW 1030.11
RULE	NIL
MPM	EH 3024
TPM	3̶3̶8̶0̶ 3280
EMA	−100 E/XXX
EMS	10M
HIP	Y EH OW NUC 1168.00 BUH DXB
RULE	NIL
AF	NUC1284.80
CHECK	BHC NIL
TOTAL	NUC1284.80
ROE	× 230.420000
LCF	HUF296043.6 ~ (H10) HUF296050.00

填写表达式：

FROM/TO		
BUD	CARR	FARE CALC
ROM	MA	E/XXX
BUH	AZ	10M
///	//	BUH DXB
DXB	GF	1284.80
—		
	ROE	230.420000
TOTAL FARE	NUC1284.80	BUD MA ROM AZ BUH GF DXB E/XXX 10M BUH DXB1284.80NUC 1284.80END ROE230.420000
FARE	HUF296050.00	

第四节　单程回拽检查

单程回拽是指航程始发地至航程中某一中途分程点(Stopover Point)的运价高于始发地到目的地运价的情况，当发生这种情况时就必须进行单程回拽检查(One Way Back Haul Check,BHC)。

一、单程回拽检查的公式

（1）检查从始发地至任何一个中途分程点是否有较高运价，如果有则选择最高的一个（HI）。

（2）用 HI 减去从始发地到目的地的直达运价（LO），得到一个回拽差额（BHD）。

（3）将 BHD 与 HI 相加，得出单程回拽最低限额（OWM），将构成运价 AF 与 OWM 相比较，如果 OWM 大于 AF，则选用 OWM 作为最终选用的运价，并用 OWM－AF 得到一个数值 P；如果 OWM 小于 AF，则选用 AF 作为最终的运价。

公式为：

```
   HI    （始发地至运价最高的中途分程点的 NUC）
 - LO    （始发地至目的地的 NUC）
   BHD   （回拽差额）              P
 + HI    （始发地至运价最高的中途分程点的 NUC）
 = OWM   （单程最低限额 NUC）
```

二、单程回拽检查的例外情况

如果旅客的航程属于下列的情况，不需要做 BHC 检查：

（1）全航程在南大西洋（巴西、阿根廷、智利、巴拉圭、乌拉圭，即 ABCPU 五国）与 2 区之间。

（2）全航程在 1 区范围内。

（3）运价计算区在欧洲范围内。即使航程是由多个运价计算区构成，则每个运价计算区都不需进行单程回拽检查。

在 HIP 检查中，如果某些中途分程点不存在 HIP，同样也不需要进行 BHC 检查。

三、单程回拽检查的计算

【例 7-14】
Sold in：BEY   Ticketed in：BEY
ISI：<u>SITI</u>   Fare Type：First Class
Journey：   TPMs   BEY
            EH128   X/LCA   ME
            EH2028 LON   CY
            EH298   DUS   BA

从 PAT 中查得：
BEY→DUS,F　EH　OW　NUC1236.00,RULE：无；MPM EH 2493KM。
BEY→LON,F　EH　OW　NUC1334.00,RULE：无。
LON→DUS,C　EH　OW　NUC311.98, RULE：无（此段无 F 运价）。
始发国货币 USD 为 N1，要求保留 2 位小数；ROE 为 1.000000。

计算步骤如下：

FCP	BEY DUS
NUC	F EH OW1236.00
RULE	NIL
MPM	EH 2493
TPM	2454
EMA	NIL
EMS	M
HIP	F EH OW NUC1334.00　BEY LON
RULE	NIL
AF	NUC1334.00
CHECK	BHC

```
         HI    BEY LON  1334.00
       − LO    BEY DUS  1236.00
         BHD            98.00        P
       + HI    BEY LON  1334.00
       = OWM            1432.00
```

TOTAL	NUC1432.00
ROE	× 1.000000
LCF	USD1432.00 ~ (N1) USD1432.00

填写表达式：

FROM/TO		
BEY	CARR	FARE CALC
X/LCA	ME	M
LON	CY	BEY LON
DUS	BA	1334.00
—		
		BEY LON
		BEY DUS
	P	98.00
	ROE	1.000000
TOTAL FARE	NUC1432.00	BEY ME X/LCA CY LON BA DUS M BEY LON1334.00P BEY LON
FARE	USD1432.00	BEY DUS98.00NUC1432.00 END ROE1.000000

第五节 比例运价

由于世界上通航的城市非常多,PAT 上不可能把所有两点之间的运价予以公布,对于没有公布直达运价的城市对,会采用在直达运价的基础上附加一定运费的方法。

一、比例运价的使用

1. 比例运价的概念

比例运价(Add-ons)是在两点间无公布直达运价时,由其中一点到一个指定的第三点(Interior Point)的直达票价与该第三点与另一点间的附加额(Add-ons Amount)相加之和,构成这两点间的直达运价。

只有在两点间没有公布直达运价时才能使用比例运价,比例运价的附加额不能单独销售,也不能单独标注在客票中,只能用于构成比例运价。

比例运价有两种类型:行业比例运价(Industry Add-ons)和承运人比例运价(Carrier Addons)。行业比例运价使用 IATA 公布的航空公司间联运运价和比例附加额。行业比例运价包括一般行业比例运价和美国行业区域制比例运价两种形式,美国一些城市的比例运价在一般行业比例运价表中找不到,可以使用美国行业区域制比例运价。

承运人比例运价只有在使用承运人运价时才使用,其比例附加额只能与相同的承运人运价相加,不能与 IATA 行业运价相加。如果承运人公布了适用于自己的比例附加额,在符合该承运人的运输条件下,应优先使用该承运人比例运价。

2. 比例运价的使用规定

使用比例运价能够确定两点间的直达运价,但一定是在两点间没有公布直达运价或航程的实际里程(TPM)与最大允许里程(MPM)的比值超过 25M 时才能使用。

比例运价的计算:比例直达运价 = 公布直达运价 + 比例附加额,具体来说又可分为三种具体情况:

一是始发地使用比例附加额,如 A 公布直达运价 B + 比例附加额 C。

二是目的地使用比例附加额,如 A 比例附加额 B + 公布直达运价 C。

三是始发地和目的地均使用比例附加额,A 比例附加额 B + 公布直达运价 C + 比例附加额 D。

比例运价没有方向性,两个方向均使用同一比例运价。比例运价只能加在直达票价的两端,若使用两个比例运价时,只能分别加在直达票价的两端,不得在一端连续相加。

二、一般行业比例运价的计算

使用一般行业比例运价,所涉及的比例附加额需要查阅比例运价表。

1. 一般行业比例运价表

一般行业比例运价见表7-4。

一般行业比例运价表   表 7-4

ADD-ON CITY AREA	GI	ADD TO	FARE TYPE	RULE	NUC NORMAL/SPECIAL OW	SPECIAL RT	LOCAL CURRENCY NORMAL/SPECIAL OW	SPECIAL RT	MILEAGE ADD TO
KNOCK　　(NOC)	IE						IEP		
TO EUROPE	EH	DUB	Y/F		48.50		35		325 MAN
	EH	DUB	SPC		48.50		35		325 MAN
	EH	DUB	EE			69.28		50	325 MAN
	EH	DUB	AP			69.28		50	325 MAN
	EH	DUB	PX			69.28		50	325 MAN
	EH	DUB	SX			69.28		50	325 MAN
	EH	DUB	BB			69.28		50	325 MAN
	EH	DUB	IT			69.28		50	325 MAN
	EH	DUB	BD			96.99		70	325 MAN
	EH	DUB	GV			69.28		50	325 MAN
FROM EUROPE EXC UK	EH	ORK	Y/F		0.00	0.00	0	0	325 MAN
	EH	ORK	ZZ		0.00		0		325 MAN
FROM UK	EH	GWY	Y		0.00	0.00	0	0	325 MAN
	EH	GWY	ZZ		0.00		0		325 MAN
MIDDLE EAST	EH	DUB			34.64	69.28	25	50	325 MAN
AFRICA	EH	DUB			34.64		25		325 MAN
TO AFRICA	EH	DUB	SPC			69.28		50	325 MAN
SASC	EH	DUB			34.64	69.28	25	50	325 MAN
SEA	AP	DUB			34.64		25		325 MAN
	EH /TS	DUB			34.64	69.28	25	50	325 MAN
SWP	AP/EH/TS	DUB			34.64		25		325 MAN
	AP/EH/TS	DUB	SPC		88.68	191.21	64	138	325 MAN
JAPAN/KOREA	AP/EH/TS	DUB			34.64	69.28	25	50	325 MAN
JAPAN	EH/TS	DUB	Y		34.64		25		325 MAN

说明：

（1）比例运价表第一行：适用比例运价的城市，城市全称后有城市的三字代码和所在国家的代码、货币的三字代码。

（2）比例运价表第一列：比例运价适用的地区，与适用比例运价城市相对应的运价计算区的另一个端点所在的区域或国家。适用比例运价城市和不同区域之间的比例附加额可能会有所不同。

（3）比例运价表第二列：旅行的方向代号，根据运价计算区的实际旅行方向选择相应的比例附加额。

（4）比例运价表第三列：构成比例运价所借助的城市，根据该点确定公布直达运价的一个虚拟的端点，另一个端点及运价计算区中的始发地或目的地。确定公布直达运价要注意运价方向要与原运价计算区中的方向保持一致。该点可能是航程中的一个中间点，也可以是不在实际航程中的虚拟的地点。

（5）比例运价表第四列：运价类别，比例附加额的运价等级要与和它相加的公布直达运价相同。

（6）比例运价表第五列：运价规则，该附加额所对应的运价规则代码，用两位数字表示，如果此处有规则代码，需要查阅比例运价规则部分，确认是否符合条件才能使用此比例附加额。

（7）比例运价表第六列和第七列：用 NUC 表示的比例附加额。第六列是单程的普通及特殊运价附加额，第七列是特殊来回程运价附加额。单程比例附加额与单程公布直达运价相加，来回程比例附加额与来回程公布直达运价相加。如果没有公布普通来回程运价比例附加额,需使用时采用 2 个单程附加额来替代。

(8) 比例运价表第八列和第九列:用当地货币表示的比例附加额,与用 NUC 表示的比例附加额使用相同。

(9) 比例运价表第十列和第十一列:构成比例运价的最大允许里程附加额及所借助的地点。根据该地点确定公布直达运价所对应的最大允许里程的一个虚拟的地点,另一个端点就是运价计算区的始发地或目的地,从比例运价表中获取两点间的最大允许里程。该点可能是航程中的一个中间点,也可以是不在实际航程中的虚拟的地点,可以和比例运价借助的点相同,也可以不相同。如果在此列中没有提供最大允许里程附加额和所借助的点,可以从 PAT 的《最大允许里程手册》中查到。

2. 一般行业比例运价计算

当在 PAT 中无法查到始发地到目的地的公布直达运价,或航程中 TPM/MPM 超过 25M 时,需使用比例运价。一般行业运价比例运价计算步骤如下:

(1) 在 PAT 的 Industry Add-ons 中查运价衔接点、比例运价附加额、最大允许里程衔接点和里程附加额。

(2) 从 PAT 中查端点和比例运价衔接点之间的相应运价。

(3) 从《最大允许里程手册》中查端点和最大允许里程衔接点之间的最大允许里程。

(4) 按照 IATA-UFTAA 运价计算公式进行全航程的运价计算。

【例 7-15】

Sold in:SIN　　Ticketed in:SIN
ISI:<u>SITI</u>　　Fare Type:Normal Economy
Journey:　　TPMs　　SIN
　　　　　　EH6748　　LON　　SQ
　　　　　　EH397　　<u>NOC</u>　　FR

查阅 PAT,SIN—NOC 之间无公布直达运价,可考虑使用比例运价。

首先,在 PAT 行业比例运价(Industry Add-ons)中可查到 SIN—NOC 之间的衔接点是 DUB(EH 方向),单程运价比例附加额是 NUC34.64,MPM 的衔接点是 MAN,里程附加额是 325 公里。

其次,从 PAT 中查 SIN—DUB 的运价:SIN DUB Y EH OW NUC2100.75。

再次,从《最大允许里程手册》中查 SIN—MAN 的最大允许里程:MPM EH 8953KM。

最后,计算全航程的运价:

FCP　　SIN NOC
NUC　　(EH)SIN DUB Y OW　2100.75
　　　　　　DUB NOC Y AO　　34.64
　　　　　　SIN　NOC Y OW　2135.39
RULE　　NIL
MPM　　SIN　MAN　EH　　8953
　　　　　MAN　NOC　AO　　325
　　　　　SIN　NOC　MPM　9278

```
TPM        7145
EMA        NIL
EMS                    M
HIP        NIL
RULE       NIL
AF                     NUC2135.39
CHECK      BHC NIL
TOTAL                  NUC2135.39
ROE        ×   1.731280
LCF        SGD3696.9～(H1)SGD3697.00
```

填写表达式：

FROM/TO		
SIN	CARR	FARE CALC
LON	SQ	M
NOC	FR	2135.39
—		
	ROE	1.731280
TOTAL FARE	NUC2135.39	SIN SQ LON FR NOC M 2135.39 NUC2135.39END ROE1.731280
FARE	SGD3697.00	

三、承运人比例运价

承运人比例运价主要在涉及美国和加拿大的航线上使用,除此之外,部分其他区域也有一些承运人比例运价公布。

1. 承运人比例运价表

承运人比例运价见表7-5。

承运人比例运价表(部分)　　　　　　　　　　　　表 7-5

ATL CARRIER/RTG	FT NT	AND AREA	ADD TO	FARE TYPE	CUR IND	ADD ON AMOUNT
BETWEE NORFOLK/NEWPORT NEWS,VA						ORF
US		925	NYC	Y*	USD&	256
US	C	925	NYC	Y*	USD&	512
US 2000	C	150	EWR	**	USD&	144
US 2000	C	150	NYC	**	USD&	60
US 2000	C	945	NYC	**	USD&	80
US 2000	C	945	NYC	**	USD&	160
US 2000	C	950	NYC	**	USD&	80
US 2000	C	950	NYC	**	USD&	160
US 2000	C	955	NYC	**	USD&	80
US 2000	C	955	NYC	**	USD&	160
US 2000	C	975	NYC	**	USD&	60
US 2000	C	975	NYC	**	USD&	120
US 2000	C	985	EWR	**	USD&	144
US 2000	C	985	EWR	**/E*	USD&	MIL
VS		099	WAS	J*/Y*	USD&	245
VS3		099	WAS	**	USD&	155

承运人比例运价表中各列含义：

第一列：承运人及指定航程(CARRIER/RTG)。ATL CARRIER 是指跨大西洋承运人(ATLANTIC CARRIER)，PAC CARRIER 是指跨太平洋承运人(Pacific Carrier)，WHEM CARRIER 是指西半球承运人。RTG 是指比例运价指定航程。

第二列：脚注和参考标记。FT 是指脚注(Footnotes)，NT 是指比例运价方向和参考标记(Add-ons direction and reference marks)。

第三列：与第一行中的城市构成比例运价的区域代码(AND AREA)。

第四列：运价衔接点(ADD TO)。

第五列：运价类型(FARE TYPE)。

第六列：货币代码(CUR IND，Currency Indicator)。

第七列：运价附加额(ADD ON AMOUNT)。

2. 承运人比例运价使用

在无公布直达运价的情况下，需使用比例运价进行附加，具体的计算步骤如下：

(1) 确定需要进行衔接的地点，一般选择较小的城市而不选择较大的城市。

如 LON—ORF，无公布直达运价，进行比例运价计算时，选择 ORF 作为进行衔接的点，而不选择 LON 作为进行衔接的点。

(2) 在承运人比例运价表中查找相应承运人代码。选择承运跨洋航段、西半球航段的承运人。

(3) 确认跨洋航段或西半球航段的运价类型代码。如果在承运人比例运价表中找不到相应的运价类型代码，需要查找比例运价附录中的该承运人附表 1，看是否所要查找的运价合并到"字母加星号(＊)"的代码中,如 E＊;如果在附表中仍找不到所要查找的运价代码,则查找该承运人附表2;如仍未找到,则使用标有两个星号(＊＊)的比例运价。

(4)检查指定航程代码是否适用比例运价。如果该处有指定航程代码,需查找西半球运价规则手册的指定航程部分,确认此航程符合指定航程的要求。

(5)检查第三列中的数字代码,确认构成比例运价的另一端点是否在此区域中。

(6)检查第二列的脚注和参考标记。

(7)找出比例运价衔接点,进行运价组合,得到直达运价。

【例 7-16】
LON
NYC　VS
BOS　CO
ORF　US

运价代码 W。

由于 LON—ORF 无公布直达运价,且相对 LON,ORF 是较小的城市,则考虑选择 ORF 作为内部衔接点。ORF 为美国城市,所以考虑使用承运人比例运价。

在承运人比例运价表中查找 NORFOLK(ORF)部分,在航程中越洋航段承运人为 VS (LON—NYC),则在比例运价表中查看相对应的部分:

ATL CAR-RIER/RTG	FT NT	AND AREA	ADD TO	FARE TYPE	CUR IND	ADD ON AMOUNT
BETWEE	NORFOLK/NEWPORT NEWS,VA					ORF
VS		099	WAS	J*/Y*	USD&	245
VS3		**099**	**WAS**	**＊＊**	**USD&**	**155**

确认运价类型代码、指定航程和连接点是否在 099 区域中,最后确定选取的衔接点为 WAS,比例附加额为 NUC245。

从 PAT 中查找 LON—WAS NUC1389.28,进行比例附加计算:

　LON WAS AT(VS)　　W　　　NUC1389.28
＋WAS ORF AT(VS)　　Y＊　AO NUC245.00
　LON ORF AT(VS)　　W　　　NUC1634.28

计算出直达运价后,该航程可按 IATA—UFFTA 运价计算公式进行计算。

第六节　来回程与环程运价

一、来回程与环程运价计算的一般规则

来回程是指由始发地到另一点(中间折返点),最后又回到原始发地(国)的连续航程。

无论其去程和回程路线是否相同,只要来回程均使用相同的运价,且运价计算区不超过两个,则就认为是来回程。去程和回程路线不同,运价也不同,则是环程。

(1)折返点。来回程的折返点(Point of Turnaround)一般是指距离始发地(运价计算区的起点)地理上最远的运价计算点,以折返点为中心,将航程分为去程和回程两个运价计算区。

(2)运价方向。在来回程的运价计算过程中,每一个运价计算区都应使用从始发点到折返点的1/2来回程运价。去程和回程运价经过一系列计算后最终相等,这也是区别来回程与环程的主要依据。如果无公布的来回程运价,用单程(OW)运价代替1/2RT运价使用。

在环程的运价计算中,遵循使用"一国制原则",即如果运价计算区在美国和加拿大之间、斯堪的纳维亚地区内、澳大利亚与新西兰之间,运价计算始终均采用实际旅行方向。

(3)在非直达航程的情况下,每个运价计算区均按照运价计算公式进行计算,但不需要进行单程回拽检查(BHC),因为BHC检查只适用于单程,不适用于来回程或环程。

(4)环程最低限额检查。环程最低限额检查(Circle Trip Minimum Check,CTM)是指航程的运价不能低于该环程始发地到任意一个中途分程点的同等级最高往返直达运价。将全程运价与从始发地到中途分程点的往返运价进行比较,决定是否提升运价,环程运价不能低于环程最低限额。

在进行环程最低限额检查时,如果同一承运人同一服务等级有多个普通运价,在满足季节性、一周中不同日的条件下,可以采用最低的运价用于CTM检查,不需要考虑中途分程和转机等限制条件。

如果去程和回程有不同的承运人运价、不同的方向代码运价,可以选择较低的运价用于CTM检查。对于可以免除HIP检查的点,同样免除进行CTM检查。

✈ 二、来回程运价的计算

来回程运价的计算公式:

FCP:确定运价计算区的运价组合点。

NUC:基于环球指示代号、运价类型、航程类型、承运人的基础上选取NUC运价。

RULE:所选取运价适用的规则。

MPM:运价计算区的运价组合点之间的最大允许里程。

TPM:实际里程。

EMA:超里程优惠。

EMS:超里程附加。

HIP:中间较高点检查。检查在航程中下列航段的运价是否高于始发地到目的地的运价,如果高于,则选用高的运价:①从始发地到中间经停点的运价;②两个中途分程点之间的运价;③中途分程点到目的地的运价。

RULE:从上一项中选取的较高运价的运价规则代码。

AF:根据上述计算,最终确定的此航程应选取的运价。

SUBTTL:计算去程和回程的运价之和。

CHECK:CTM环程最低限额检查。

检查在航程中是否有从始发地到中途分程点的往返运价高于全航程的运价,如果有,则选用高的运价。

TOTAL：从以上计算中最终确定此航程的 NUC 运价。

IROE：乘以始发地货币的 IATA 兑换率 IROE。

LCF：计算后得出当地货币。

【例 7-17】

Sold in：KTM　　Ticketed in：KTM

ISI：<u>SITI</u>　　Fare Type：Normal Economy

Journey：　　TPMs　　KTM

　　　　　　EH506　　DEL　　RA

　　　　　　EH708　　BOM　　IC

　　　　　　EH1909　SAH　　IY

　　　　　　EH533　　JED　　SV

　　　　　　EH826　　DOH　　GF

　　　　　　EH2091　<u>KTM</u>　　RA

首先确定折返点，从 PAT 中查找从始发地 KTM 到任意中途分程点的最大允许里程 MPM，选取距离始发地最远的中途分程点作为航程的折返点：

KTM SAH EH 3429KM

KTM JED EH 3504KM

KTM DOH EH 2544KM

由于 KTM—DEL, KTM—BOM 之间的距离较近，一般不选取其作为折返点。由于 KTM—JED 之间的距离最远，所以选取 JED 作为中间折返点。

从 PAT 中可查：

KTM→JED, Y　EH　RT　NUC1000.00, RULE：无；MPM EH 3504KM。

始发国通用货币 USD 为 N1，要求保留 2 位小数；ROE 为 1.000000。

航线同时经过 DEL 和 BOM，优惠 700 公里里程。

计算步骤如下：

	Ⅰ	Ⅱ
FCP	KTM JED	KTM JED
NUC	Y 1/2RT　EH 500.00	Y　1/2RT EH 500.00
RULE	NIL	NIL
MPM	EH 3504	EH 3504
TPM	~~3656~~　2956	2917
EMA	－700　E/DEL BOM	NIL
EMS	M	M
HIP	NIL	NIL
RULE	NIL	NIL
AF	<u>OUTBOUND500.00</u>	<u>INBOUND500.00</u>

SUBTTL	RT	NUC1000.00
CHECK	NA	
TOTAL		NUC1000.00
IROE	×	1.000000
LCF		USD1000.00 ~ (N1) USD1000.00

填写表达式：

FROM/TO	CARR	FARE CALC	
KTM			
DEL	RA		
BOM	IC	E/DEL BOM	
SAH	IY	M	
JED	SV	500.00	
DOH	GF	M	
KTM	RA	500.00	
—			
	ROE	1.000000	
TOTAL FARE		NUC1000.00	KTM RA E/DEL IC E/BOM IY SAH SV JED M500.00GF DOH RA KTM M500.00NUC1000.00 END ROE1.000000
FARE		USD1000.00	

【例7-18】

Sold in：TYO　Ticketed in：OSA

ISI：<u>SITI</u>　　　　Fare Type：Normal Economy

Journey：　　TPMs　　TYO

　　　　　　EH740　　SEL　　JL

　　　　　　EH5198　IST　　TK

　　　　　　EH304　　SOF　　LZ

　　　　　　EH304　　X/IST　LZ

　　　　　　EH5755　<u>TYO</u>　TK

从PAT中查找始发地到中途分程点之间的最大允许里程MPM及运价：

从PAT中查得：

TYO→SOF, Y　TS　RT　NUC4983.76, RULE：无; MPM TS 6914KM。

TYO→SOF, Y_2　TS　RT　NUC4118.72, RULE：Y086。

TYO→IST, Y　TS　RT　NUC5373.40, RULE：无; MPM TS 6906KM。

Y086: No stopover, less than two transfers.

由于 TYO—SOF 的 MPM6914＞TYO—IST MPM6906，所以选取 SOF 作为中间折返点。

始发国货币 JPY 为 H100，不要求保留小数；ROE 为 120.109983。

计算步骤如下：

	I	II
FCP	TYO SOF	TYO SOF
NUC	Y 1/2RT TS 2491.88	Y_2 1/2RT TS 2059.36
RULE	NIL	Y086
MPM	TS 6914	TS 6914
TPM	6242	6059
EMA	NIL	NIL
EMS	M	M
HIP	Y 1/2 RT TS 2686.70 TYO IST	NIL
RULE	NIL	NIL
AF	OUTBOUND2686.70	INBOUND2059.36
SUBTTL	CT NUC4746.06	
CHECK	CTM P 627.34	
	TYO IST Y RT 5373.40	
TOTAL	NUC5373.40	
IROE	× 120.109983	
LCF	JPY645398.983～(H100)JPY645400	

填写表达式：

FROM/TO		
TYO	CARR	FARE CALC
SEL	JL	M
IST	TK	TYO IST
SOF	LZ	2686.70
X/IST	LZ	M
TYO	TK	2059.36
—		
		TYO IST
	P	627.34
	ROE	120.109983
TOTAL FARE		NUC5373.40
FARE		JPY645400
		TYO JL SEL TK IST LZ SOF M TYO IST2686.70LZ X/IST TK TYO M2059.36 P TYO IST 627.34NUC5373.40END ROE 120.109983

第七节 混合等级运价

混合等级运价是指在一个航程中包含不同服务等级航段的航程。

一、混合等级运价的计算原则

1. 标准等级差额法（Standard Class Differential Method）

标准等级差额法可用公式 Y + (F – Y) 表示，即以低等级票价计算出全程运价，再加上高等级运价与低等级运价的差额。

2. 全程较高等级运价法（Higher Class Through Fare）

较高等级全程运价法也称"全程 F 法"，即全程采用高等级运价计算。

运用以上两种方法计算后，所得运价取低者作为该航程的票价。

二、混合等级运价的计算

【例 7-19】
Sold in：NBO   Ticketed in：NBO
ISI：SITI   Fare Type：Mixed
Journey：TPM$_S$ NBO
         EH2213   DXB   KQ   Y
         EH1264   DAM   RB   F
         EH1538   MOW   SU   F

从 PAT 中查得：
NBO→MOW，Y EH OW NUC1293.00，RULE：无；MPM EH 4736KM。
NBO→MOW，F EH OW NUC2206.00，RULE：无。
DXB→MOW，F EH OW NUC1238.93，RULE：无；MPM EH 2738KM。
DXB→MOW，Y EH OW NUC876.78，RULE：无。
DAM→MOW，Y EH OW NUC1001.97，RULE：无。

始发国货币 KES 为 H1，要求保留 2 位小数；ROE63.740000。

计算步骤如下：

方法 1：标准等级差额法

(1) 计算低等级运价

FCP	NBO MOW
NUC	Y EH OW 1293.00
RULE	NIL
MPM	EH 4736
TPM	5015

第七章 国际航空运价计算

EMA	NIL	
EMS	10M	
HIP	NIL	
RULE	NIL	
AF	NUC1422.30	
CHECK	BHC NIL	

（2）计算运价差额

FCP	DXB MOW	DXB MOW
NUC	F OW 1238.93	Y OW 876.78
RULE	NIL	NIL
MPM	EH 2738	EH 2738
TPM	2802	2802
EMA	NIL	NIL
EMS	5M	5M
HIP	NIL	Y EH OW1001.97DAM MOW
RULE	NIL	NIL
AF	F NUC1300.87	－ Y NUC1052.06 ＝ D NUC248.81

（3）低等级运价与运价差额相加

TOTAL	NUC1671.11
ROE	× 63.740000
LCF	KES106516.55 ~（H1）KES106517.00

方法2：全程较高等级运价法

FCP	NBO MOW
NUC	F EH OW 2206.00
RULE	NIL
MPM	EH 4736
TPM	5015
EMA	NIL
EMS	10M
HIP	NIL
RULE	NIL
AF	F NUC 2426.60
CHECK	BHC NIL
TOTAL	NUC2426.60
ROE	× 63.740000
LCF	KES154671.48 ~（H1）KES154672.00

经过以上两种方法的计算，可知标准等级差额法计算得到的运价更低，所以作为最终的运价。

填写表达式：

FROM/TO	CARR	FARE CALC
NBO		
DXB	KQ	
DAM	RB	10M
MOW	SU	1422.30
—		
DXB	✕	5M
DAM	✕	Y/DAMMOW
MOW	D	248.81
	ROE	63.740000
TOTAL FARE		NUC1671.11
FARE		KES106517.00

NBO KQ DXB RB DAM SU MOW 10M 1422.30D DXB MOW 5M Y/DAM MOW248.81NUC 1671.00END ROE63.740000

【例 7-20】

Sold in：PFO　　Ticketed in：PFO
ISI：<u>SITI</u>　　　　Fare Type：Mixed
Journey：TPMS　　LCA
　　　　EH1854　　PAR　　AF　　Y
　　　　EH523　　BCN　　IB　　Y
　　　　EH1174　　ATH　　OA　　F
　　　　EH590　　<u>LCA</u>　　CY　　F

从运价手册 PAT 中可查：

LCA→PAR,Y　EH　RT　NUC1370.09,RULE：无；MPM EH 2314KM。

LCA→BCN,Y　EH　RT　NUC1514.81,RULE：无；MPM EH 2116KM。

LCA→BCN,F　EH　RT　NUC1922.64,RULE：无。

LCA→ATH,Y　EH　RT　NUC618.32, RULE：无；MPM EH 708KM。

始发国货币 CYP 为 H1，要求保留 2 位小数；ROE 为 0.532079。

计算步骤如下：

选取 PAR 作为折返点。

(1) 计算低等级运价

	Ⅰ	Ⅱ
FCP	LCA PAR	LCA PAR
NUC	Y 1/2RT NUC 685.04	Y 1/2RT NUC 685.04
RULE	NIL	NIL
MPM		EH 2314
TPM		2287
EMA	POINT	NA
EMS	TO	M
HIP		Y 1/2RT NUC 757.40 LCA BCN
RULE	POINT	NIL
AF	<u>OUTBOUND NUC685.04</u>	<u>INBOUND　　NUC757.40</u>
SUBTTL	CT　　NUC 1442.44	
CHECK	CTM　　P 72.37	
	LCA BCN Y RT NUC1514.81	

(2) 计算运价差额

FCP	LCA BCN	LCA BCN
NUC	F 1/2RT NUC961.32	Y 1/2RT NUC757.40
RULE	NIL	NIL
MPM	EH 2116	EH 2116
TPM	1764	1764
EMA	NA	NA
EMS	M	M
HIP	NIL	NIL
RULE	NIL	NIL
AF	F NUC961.32　－	Y NUC757.40 ＝ D　NUC203.92

(3) 低等级运价与运价差额相加

　　　　Y + D = NUC1514.81 + NUC203.92 = NUC1718.73

TOTAL	NUC1718.73
ROE	× 　0.532079
LCF	CYP914.50 ~ (H1)CYP915.00

填写表达式：

FROM/TO		
LCA	CARR	FARE CALC
PAR	AF	685.04
BCN	IB	M
ATH	OA	LCA BCN
LCA	CY	757.40
——		
		LCA BCN
	P	72.37
——		
LCA		
ATH	✕	M
BCN	D	203.92
	ROE	0.532079
TOTAL FARE	NUC1718.73	LCA AF PAR685.04IB BCN OA ATH CY LCA M LCA BCN757.40 P LCA BCN72.37D LCA BCN 203.92NUC1718.73END ROE 0.532079
FARE	CYP915.00	

 三、中间等级例外条款

在混合等级运价计算中，如果航程属于下列情况，可以选用中间等级运价代替不同等级运价组合：

1. 跨大西洋航线

跨大西洋航线包括两种航程：航程在 1 区和 2 区之间（AT 方向），1 区和 3 区间经 2 区的航程（AT 方向）。只要航程中的跨大西洋航段的运价是中间等级（C/J），其他航段运价是中间等级（C/J）或更低的运价等级（Y）。

2. 欧洲和日韩地区间航线

欧洲和日韩地区间的航线有两种方向类型：

一是经 1 区的航程（AP 方向），只要欧洲与 1 区和 1 区与日韩地区间航段的运价等级是中间等级（C/J），其他航段运价是中间等级（C/J）或更低的运价等级（Y）。

二是直达航程（EH/TS 方向），只要欧洲和日韩间航段的运价等级是中间等级（C/J），其他航段运价是中间等级（C/J）或更低的运价等级（Y）。

3. 欧洲和中东间航线

欧洲与中东地区间航段的运价是中间等级（C/J），其他航段运价是中间等级（C/J）或更低的运价等级（Y）。

4. 欧洲和非洲(除利比亚)间航线

只要欧洲与非洲间航段的运价是中间等级(C/J),其他航段运价是中间等级(C/J)或更低的运价等级(Y)。

5. 欧洲和南亚次大陆(SASC)航线

只要欧洲与3区南亚次大陆之间航段的运价是中间等级(C/J),其他航段运价是中间等级(C/J)或更低的运价等级(Y)。

6. 欧洲和东南亚(SEA)间航线

欧洲和东南亚间航线分为三种方向:

一是东半球方向(EH),只要离开欧洲的最后一个地点与到达东南亚的第一个地点间航段的运价是中间等级(C/J),其他航段运价是中间等级(C/J)或更低的运价等级(Y);

二是西伯利亚方向(TS),只要离开欧洲的最后一个地点与日韩地区间航段的运价是中间等级(C/J),其他航段运价是中间等级(C/J)或更低的运价等级(Y);

三是大西洋太平洋方向(AP),只要离开欧洲的最后一个地点与1区间及1区与达到3区的第一个地点间航段的运价是中间等级(C/J),其他航段运价是中间等级(C/J)或更低的运价等级(Y)。

7. 欧洲和西南太平洋(SWP)间航线

欧洲与西南太平洋航线有两种方向:

一是经大西洋太平洋方向(AP),只要离开欧洲的最后一个地点与到达1区的第一地点之间,离开1区的最后一个地点和到达西南太平洋的第一个地点之间航段的运价是中间等级(C/J),其他航段运价是中间等级(C/J)或更低的运价等级(Y);

二是东半球/西伯利亚/远东航线,只要离开欧洲的最后一个地点与到达西南太平洋的第一个地点之间航段的运价是中间等级(C/J),其他航段运价是中间等级(C/J)或更低的运价等级(Y)。

【例7-21】

Sold in: LON　　　Ticketed in: LON
ISI: SITI　　　　　Fare Type: Normal Economy
Journey: TPMs　　LON
　　EH1494　　ATH　　OA　　Y
　　EH590　　　LCA　　CY　　C
　　EH1171　　BAH　　CY　　Y

由于ATH LCA之间的运价等级是中间等级C,ATH是航程中离开欧洲的最后一个地点,LCA是航程中到达中东的第一个地点,航程符合混合运价中间等级例外条款。

FCP　　　　LON BAH
NUC　　　　C OW 1802.00
RULE　　　 NIL
MPM　　　　EH 3792
TPM　　　　3255

EMA	NIL	
EMS	M	
HIP/RULE	NIL	
AF	NUC1802.00	
CHECK	BHC NIL	
TOTAL	NUC1802.00	
ROE	× 0.615424	
LCF	GBP1108.9 ~ (N1) GBP1109.00	

填写表达式：

FROM/TO	CARR	FARE CALC
LON		
ATH	OA	
LCA	CY	M
BAH	CY	1802.00
—		
	ROE	0.615424
TOTAL FARE		NUC1802.00
FARE		GBP1109.00

LON OA ATH CY LCA CY BAH M 1802.00NUC1802.00END ROE 0.615424

复习思考题

一、多项选择题

1. 计算国际客票运价进行 HIP 检查时，下列（　　）情况需要附加 HIP 检查。
   A. 以色列政府保留　　　　　　B. 印度政府保留
   C. 西非 HIP 检查　　　　　　　D. 马拉维附加 HIP 检查

2. 当航程的国际客票代号是（　　）时，中间较高点必须是中途分程点。
   A. SITI　　　B. SITO　　　C. SOTI　　　D. SOTO

3. 当航程的国际客票代号是（　　）时，中间较高点必包括中途分程点和中间经停点。
   A. SITI　　　B. SITO　　　C. SOTI　　　D. SOTO

二、判断题

1. 航程类型为单程，可以选用 OW 运价，也可选用 1/2RT 运价。　　　　　　（　　）

2. 航程类型为来回程,去程和回程都按实际方向选取运价。　　　　　　　（　）

三、计算题

1. 指出下列航程中哪些可以使用公布直达运价。

(1) CAN—LAX

(2) CAN—TYO—LAX

(3) CAN—HKG—BKK

(4) SEL—TYO

(5) CAN—X/BJS—AMS

2. 计算下列航程的运价。

Sold in：DUB　　Ticketed in：DUB

ISI：_____　　Fare Type：Normal Economy

Journey：DUB

　　　　MLA　KM

从 PAT 中查得:

DUB→MLA,Y　EH　OW　NUC581.94,RuLE:无；

始发国货币 IEP 为 N1,保留 2 位小数；ROE 为 0.721715

FCP

NUC

RULE

AF

ROE

LCF

填写表达式:

FROM/TO	CARR	FARE CALC
TOTAL FARE		
FARE		

3. 计算下列航程的运价。

Sold in: LON   Ticketed in: LON

ISI: _____   Fare Type: Business Class

Journey: LON
　　　　SEL　BA

始发国货币 GBP 为 H0.1，保留 1 位小数；ROE 为 1.430700；其他运价资料可查阅本书第六章中表 6-3。

FCP

NUC

RULE

AF

ROE

LCF

填写表达式：

FROM/TO	CARR	FARE CALC
TOTAL FARE		
FARE		

4. 计算下列航程的运价。

Sold in: MOW   Ticketed in: MOW

ISI: _____   Fare Type: Normal Economy

Journey: TPMs　　MOW
　　　　FE5256　X/SIN　SU
　　　　EH3359　X/ADL　QF
　　　　EH2039　AKL　　NZ

从 PAT 中查得：

FARE TYPE	LOCAL CURRENCY	NUC	CARR CODE	RULE	GI MPM& ROUTING
MOSCOW(MOW)					
RUSSIA					US Dollar(USD)
TO ABIDJAN（ABJ）					EH 5230
Y	2560	2560.00		Y046	EH
Y	**4654**	**4654.00**		**Y046**	**EH**
C	3005	3005.00		Y046	EH
C	**5463**	**5463.00**		**Y046**	**EH**
F	3914	3914.00		Y046	EH
F	**7115**	**7115.00**		**Y046**	**EH**
TO AUCKLAND（AKL）					EH 14556
					FE12114
					AP14764
					TS12188
Y	3278	3278.00			EH AP
Y	**6785**	**6785.00**			**EH AP**
Y	3060	3060.00			FE
Y	**5569**	**5569.00**			**FE**
Y	3914	3914.00		Y169A	TS
Y	**7123**	**7123.00**		**Y169A**	**TS**
Y	3620	3620.00		Y169B	TS
Y	**6588**	**6588.00**		**Y169B**	**TS**

始发国货币 USD 为 N1，保留 2 位小数。
计算此航程运价，并填写表达式。

FCP   HIP
NUC   RULE
RULE   AF
MPM   CHECK
TPM   TOTAL
EMA   ROE
EMS   LCF

FROM/TO		
	CARR	FARE CALC
TOTAL FARE		
FARE		

5. 计算下列航程的运价。

Sold in：BSL　　Ticketed in：BSL

ISI：_____　　Fare Type：Normal Economy

Journey：TPMs　　ZRH

　　　　EH178　　FRA　　SR

　　　　EH4117　　X/ULN　　OM

　　　　EH724　　BJS　　OM

　　　　EH1313　　TYO　　JL

从 PAT 中查得：

ZRH→TYO，Y　EH　OW　NUC2906.02，RULE：无；MPM　EH 9241 KM。

ZRH→BJS，Y　EH　OW　NUC2511.95，RULE：无。

FRA→BJS，Y　EH　OW　NUC2302.06，RULE：无。

FRA→TYO，Y　EH　OW　NUC2754.00，RULE：无。

始发国货币 CHF 为 H1，保留 2 位小数；ROE 为 1.464201。

计算此航程运价，并填写表达式。

FCP　　　　　　　　　　HIP

NUC　　　　　　　　　　RULE

RULE　　　　　　　　　AF

MPM　　　　　　　　　CHECK

TPM　　　　　　　　　TOTAL

EMA　　　　　　　　　ROE

EMS　　　　　　　　　LCF

6. 计算下列航程的运价。

Sold in：TPE　　Ticketed in：TPE
ISI：_____　　Fare Type：Normal Economy
Journey：TPMs　　TPE
　　　　EH2018　　X/KUL　　CI
　　　　EH2750　　KHI　　　MH
　　　　EH701　　　X/ISB　　PK
　　　　EH1213　　DXB　　　EK
　　　　EH2151　　BUH　　　RO

从 PAT 中查得：

TPE→BUH,Y　EH　OW　NUC1615.70，RULE：Y146；MPM EH7949 KM。
TPE→KHI,Y　 EH　OW　NUC707.78，RULE：无。
TPE→DXB,Y　EH　OW　NUC942.91，RULE：无。
KHI→DXB,Y　EH　OW　NUC227.90，RULE：无。
KHI→BUH,Y　EH　OW　NUC821.85，RULE：无。
DXB→BUH,Y　EH　OW　NUC923.07，RULE：无。

始发国货币 TWD 为 H1，不要求保留小数；ROE 为 33.126000。
计算此航程运价，并填写表达式。

FCP　　　　　　　　　　　HIP
NUC　　　　　　　　　　　RULE
RULE　　　　　　　　　　 AF
MPM　　　　　　　　　　　CHECK
TPM　　　　　　　　　　　TOTAL
EMA　　　　　　　　　　　ROE
EMS　　　　　　　　　　　LCF

FROM/TO	CARR	FARE CALC
TOTAL FARE		
FARE		

7. 计算下列航程的运价。

Sold in：MAD　　Ticketed in：MAD
ISI：_____　　Fare Type：Normal Economy
Journey：TPMs　MAD
　　　　EH909　AMS　　　IB
　　　　TS6007　X/TYO　　KL
　　　　EH1822　HKG　　　JL

从 PAT 中查得：

MAD→HKG，Y　EH　OW　NUC3014.17，RULE：无；MPM TS 10340KM。
AMS→HKG，Y　EH　OW　NUC3375.43，RULE：无。
MAD→TYO，Y　TS　OW　NUC3858.44，RULE：无。
AMS→TYO，Y　EH　OW　NUC3955.42，RULE：无。

始发国货币 EUR 为 H1，保留 2 位小数；ROE 为 1.087860。
计算此航程运价，并填写表达式。

FCP	HIP
NUC	RULE
RULE	AF
MPM	CHECK
TPM	TOTAL
EMA	ROE
EMS	LCF

FROM/TO	CARR	FARE CALC
TOTAL FARE		
FARE		

8. 计算下列航程的运价。

Sold in：SEL　　Ticketed in：SEL

ISI：_____　　Fare Type：Normal Economy

Journey：TPMs　　SEL

　　　　EH529　　OSA　　OZ

　　　　EH3141　X/POM　PX

　　　　EH1745　　SYD　　QF

从 PAT 中查得：

SEL→SYD，Y　EH　OW　NUC1107.93，RULE：无；MPM EH 6212KM。

OSA→SYD，Y_2　EH　OW　NUC1965.34，RULE：Y365。

　　　　　　　Y　EH　OW　NUC2368.23，RULE：无。

始发国货币 KRW 为 H100，不要求保留小数；ROE1235.078863。

计算此航程运价，并填写表达式。

FCP　　　　　　　　　　　HIP

NUC　　　　　　　　　　　RULE

RULE　　　　　　　　　　AF

MPM　　　　　　　　　　 CHECK

TPM　　　　　　　　　　 TOTAL

EMA　　　　　　　　　　 ROE

EMS　　　　　　　　　　 LCF

FROM/TO		
	CARR	FARE CALC
TOTAL FARE		
FARE		

9. 计算下列航程的运价。

Sold in：YVR　　Ticketed in：WAS

ISI：_____　　Fare Type：Normal Economy

Journey: TPMs LAX
   WH1071 YVR UA
   WH2706 X/HNL AC
   PA3831   TYO JL
   EH542   SHA MU

从运价手册 PAT 中可查：

LAX→SHA, Y PA OW NUC1225.24, RULE: 无; MPM PA 6741KM。

LAX→TYO, Y PA OW NUC1207.14, RULE: 无。

LAX→YVR, Y WH OW NUC358.23, RULE: 无。

YVR→SHA, Y PA OW NUC1577.00, RULE: 无。

YVR→TYO, Y PA OW NUC1337.56, RULE: 无。

TYO→SHA, Y EH OW NUC480.55, RULE: 无。

始发国货币 USD 为 N1，要求保留 2 位小数；ROE1.000000。

此航程经停夏威夷群岛优惠 800 公里。

计算此航程运价，并填写表达式。

FCP	HIP
NUC	RULE
RULE	AF
MPM	CHECK
TPM	TOTAL
EMA	ROE
EMS	LCF

FROM/TO	CARR	FARE CALC
TOTAL FARE		
FARE		

10. 计算下列航程的运价。

Sold in：CAI　　Ticketed in：CAI
ISI：_____　　Fare Type：Business Class
Journey：TPMs　　CAI
　　　　EH353　X/LCA　CY
　　　　EH2028　LON　　CY
　　　　EH217　　AMS　　U2

从 PAT 中查得：

CAI→AMS, C　EH　OW　NUC818.91, RULE：无；MPM EH2565 KM。
CAI→LON, C　EH　OW　NUC898.78, RULE：无。

始发国货币 EUR 为 N0.01，要求保留 2 位小数；ROE0.761600。
计算此航程运价，并填写表达式。

FCP	HIP
NUC	RULE
RULE	AF
MPM	CHECK
TPM	TOTAL
EMA	ROE
EMS	LCF

FROM/TO	CARR	FARE CALC
TOTAL FARE		
FARE		

11. 计算下列航程的运价。

Sold in：STO　　Ticketed in：CPH
ISI：_____　　Fare Type：Normal Economy
Journey：TPMs　　STO

EH1184   SOF   LZ
EH111   SKP   DU

从 PAT 中查得：

STO→SKP,Y   EH   OW   NUC919.39, RULE:无；MPM EH1470 KM。
STO→SOF,Y   EH   OW   NUC1010.38, RULE:无。

始发国货币 EUR 为 N0.01,要求保留 2 位小数；ROE0.761600。

计算此航程运价,并填写表达式。

FCP   HIP
NUC   RULE
RULE   AF
MPM   CHECK
TPM   TOTAL
EMA   ROE
EMS   LCF

FROM/TO		
	CARR	FARE CALC
TOTAL FARE		
FARE		

12. 计算下列航程的运价。

Sold in:JNB   Ticketed in:CPT
ISI:_____   Fare Type:Business Class
Journey:TPMs   JNB
    EH197   MTS   ZC
    EH593   HRE   UM
    EH939   DAR   TC
    EH2620   X/CAI MS

EH1037   BUH   RO
EH519   <u>VIE</u>   OS

从 PAT 中查得：

JNB→VIE,C EH OW NUC2028.35,RULE：无；MPM EH6218 KM。
MTS→BUH,C EH OW NUC2143.37,RULE：无。
MTS→VIE,C EH OW NUC2127.17,RULE：无。
HRE→BUH,C EH OW NUC1353.00,RULE：无。
HRE→VIE,C EH OW NUC1346.00,RULE：无。
DAR→BUH,C EH OW NUC1489.00,RULE：无。
DAR→VIE,C EH OW NUC1508.00,RULE：无。

始发国货币 ZAR 为 N10，要求保留 2 位小数；ROE 为 6.172500。

计算此航程运价，并填写表达式。

FCP	HIP
NUC	RULE
RULE	AF
MPM	CHECK
TPM	TOTAL
EMA	ROE
EMS	LCF

FROM/TO	CARR	FARE CALC
TOTAL FARE		
FARE		

13. 计算下列航程的运价。

Sold in：AKL   Ticketed in：AKL
ISI：_____   Fare Type：Business Class

Journey: TPMs   IVC
　　　　EH479   WLG   NZ
　　　　EH1398 SYD   QF
　　　　EH5564 BJS   CA

从运价手册中比例运价部分可查到：

ADD-ON CITY GI AREA	ADD TO	FARE TYPE	RULE	NUC NORMAL/SPECIAL OW	SPECIAL RT	LOCAL CURRENCY NORMAL/SPECIAL OW	SPECIAL RT	MILEAGE ADD TO
INVERCARGILL（IVC）		NZ				NZD		
SEA	EH	CHC	Y	108.73				346 CHC
SEA	EH	CHC	C/F	130.77				346 CHC
EUROPE	EH/AP	AKL	Y	100.89				346 CHC
EUROPE	EH/AP	AKL	C/F	122.44				346 CHC

从运价手册中可查到：

AKL→BJS, C   EH   OW   NUC1980.00, RULE: 无; MPM EH 8300 KM。

CHC→BJS, C   EH   OW   NUC1974.92, RULE: 无; MPM EH 8277 KM。

WLG→BJS, C   EH   OW   NUC1974.92, RULE: 无。

SYD→BJS, C   EH   OW   NUC1541.30, RULE: 无。

始发国货币 NZD 为 H1，要求 2 位保留小数；ROE2.041672。

计算此航程运价并填写表达式。

FCP　　　　　　　　　　HIP
NUC　　　　　　　　　　RULE
RULE　　　　　　　　　 AF
MPM　　　　　　　　　　CHECK
TPM　　　　　　　　　　TOTAL
EMA　　　　　　　　　　ROE
EMS　　　　　　　　　　LCF

FROM/TO		
	CARR	FARE CALC
TOTAL FARE		
FARE		

14. 计算下列航程的运价。

Sold in：DAC　　　Ticketed in：DAC

ISI：_____　　　Fare Type：Normal Economy

Journey：TPMs　　　DAC

　　　　EH4797　　BRU　　BG
　　　　EH469　　 CPH　　SN
　　　　EH393　　 AMS　　SK
　　　　EH4460　　KTM　　KL
　　　　EH415　　 DAC　　BG

从运价手册 PAT 中可查：

DAC→AMS,Y　EH　RT　NUC2266.00,RULE：无；MPM EH 6808KM。

DAC→BRU,Y　EH　RT　NUC2406.00,RULE：无；MPM EH 5602KM。

DAC→CPH,Y　EH　RT　NUC2296.00,RULE：无；MPM EH 6742KM。

KTM→AMS,Y　EH　RT　NUC2291.00,RULE：无。

始发国货币 USD：N1，要求保留 2 位小数；ROE1.000000。

计算运价并填写表达式。

FCP			RULE
NUC			AF
RULE			SUBTTL
MPM			CHECK
TPM			TOTAL
EMA			ROE
EMS			LCF
HIP			

FROM/TO	CARR	FARE CALC	
TOTAL FARE			
FARE			

15. 计算下列航程的运价。

Sold in：MNL　　Ticketed in：MNL
ISI：_____　　Fare Type：Normal Economy
Journey：TPMs　　MNL
　　EH4771　　KWI　　KU
　　EH1896　　MOW　　SU
　　EH1264　　FRA　　LH
　　EH6399　　MNL　　PR

从 PAT 中查得：

MNL→FRA，Y　EH　RT　NUC3036.00，RULE：无；MPM EH5728KM。
MNL→KWI，Y　EH　RT　NUC2330.00，RULE：无；MPM FE9087KM。
MNL→MOW，Y　FE　RT　NUC2428.00，RULE：无；MPM EH9116KM。
KTM→AMS，Y　EH　RT　NUC2291.00，RULE：无。

始发国货币 USD 为 N1，要求保留 2 位小数；ROE1.000000。

计算运价并填写表达式。

FCP		RULE
NUC		AF
RULE		SUBTTL
MPM		CHECK
TPM		TOTAL
EMA		ROE
EMS		LCF
HIP		

FROM/TO		
	CARR	FARE CALC
TOTAL FARE		
FARE		

16. 计算下列航程的运价。

Sold in：MNL　　Ticketed in：MNL
ISI：_____　　Fare Type：Normal Economy
Journey：TPMs　　LON
　　　EH3677　　X/ADD　　ET
　　　EH345　　　JIB　　　L2
　　　EH1237　　DXB　　　D3
　　　EH3403　　LON　　　BI

从运价手册 PAT 中可查：
LON→JIB，Y　EH　RT　NUC3680.38，RULE：无；MPM EH4428KM。
LON→DXB，Y　EH　RT　NUC2638.83，RULE：无；MPM FE4304KM。
始发国货币 GBP 为 N1，要求保留 2 位小数；ROE0.615424。
计算运价并填写表达式。

FCP		EMS
NUC		HIP
RULE		RULE
MPM		AF
TPM		SUBTTL
EMA		CHECK

FROM/TO	CARR	FARE CALC
TOTAL FARE		
FARE		

TOTAL
ROE
LCF

17. 计算下列航程的运价。

Sold in：TYO　　Ticketed in：TYO
ISI：_____　　Fare Type：Mixed
Journey：TPMS　　TYO
　　　　EH4859　SYD　　AF　F
　　　　EH1241　NOU　　SB　Y

从 PAT 中查得：

TYO→NOU，Y　EH　OW　NUC1835.81，RULE：无；MPM EH7591KM。
TYO→NOU，F　EH　OW　NUC3093.83，RULE：无。
TYO→SYD，Y_2　EH　OW　NUC1781.70，RULE：无。
TYO→SYD，F　EH　OW　NUC3990.50，RULE：无。

始发国货币 JPY 为 H100，不要求保留小数；ROE 为 120.109983。
计算运价并填写表达式。

方法 1：标准等级差额法

(1) 计算低等级运价

FCP	EMS
NUC	HIP
RULE	RULE
MPM	AF
TPM	CHECK
EMA	

(2) 计算运价差额

FCP	EMA
NUC	EMS
RULE	HIP
MPM	RULE
TPM	AF

(3) 低等级运价与运价差额相加

TOTAL
ROE
LCF

方法 2：全程较高等级运价法

FCP	HIP
NUC	RULE
RULE	AF
MPM	CHECK
TPM	TOTAL
EMA	ROE

EMS   LCF

填写表达式:

FROM/TO		
	CARR	FARE CALC
TOTAL FARE		
FARE		

18. 计算下列航程的运价。

Sold in: DAR   Ticketed in: DAR
ISI: _____   Fare Type: Mixed
Journey: TPMS   DAR
         EH2620   CAI   MS   Y
         EH5608   NYC   MS   F

从 PAT 中查得:

DAR→NYC, Y   AT   OW   NUC1841.00, RULE: X0184; MPM AT 9655KM。
DAR→NYC, F   AT   OW   NUC3089.00, RULE: X0184。
CAI→NYC, F   AT   OW   NUC2206.75, RULE: X0842。
CAI→NYC, Y_2 AT OW   NUC991.73, RULE: X0842。

始发国货币 USD 为 N1,要求保留 2 位小数; ROE1.000000。

计算运价并填写表达式。

方法 1: 标准等级差额法

(1) 计算低等级运价

FCP   EMS
NUC   HIP
RULE   RULE
MPM   AF
TPM   CHECK
EMA

(2) 计算运价差额

FCP	EMA
NUC	EMS
RULE	HIP
MPM	RULE
TPM	AF

(3) 低等级运价与运价差额相加

TOTAL
ROE
LCF

方法2：全程较高等级运价法

FCP	HIP
NUC	RULE
RULE	AF
MPM	CHECK
TPM	TOTAL
EMA	ROE
EMS	LCF

填写表达式：

FROM/TO		
	CARR	FARE CALC
TOTAL FARE		
FARE		

19. 计算下列航程的运价。

Sold in：VIE　　Ticketed in：VIE
ISI：_____　　Fare Type：Mixed
Journey：TPMS　　VIE

EH519	BUH	OS	Y
EH283	IST	RO	F
EH4647	BKK	TG	F

从 PAT 中查得：

VIE→BKK, Y EH OW NUC1992.10, RULE: Y146; MPM EH 7176KM。
VIE→BKK, F EH OW NUC3820.04, RULE: Y146。
BUH→BKK, Y EH OW NUC1539.00, RULE: Y146。
BUH→BKK, F EH OW NUC2921.00, RULE: Y146。
IST→BKK, Y EH OW NUC1665.00, RULE: Y146。
IST→BKK, F EH OW NUC3160.00, RULE: Y146。

始发国货币 ATS 为 H10，要求保留 2 位小数；ROE12.609783。

计算运价并填写表达式。

方法 1：标准等级差额法

(1) 计算低等级运价

FCP	EMS
NUC	HIP
RULE	RULE
MPM	AF
TPM	CHECK
EMA	

(2) 计算运价差额

FCP	EMA
NUC	EMS
RULE	HIP
MPM	RULE
TPM	AF

(3) 低等级运价与运价差额相加

TOTAL
ROE
LCF

方法 2：全程较高等级运价法

FCP	HIP
NUC	RULE
RULE	AF
MPM	CHECK
TPM	TOTAL
EMA	ROE
EMS	LCF

填写表达式：

FROM/TO		
	CARR	FARE CALC
TOTAL FARE		
FARE		

20. 计算下列航程的运价。

Sold in：JRO　　　Ticketed in：JRO
ISI：_____　　　Fare Type：Mixed
Journey：TPMS　　JRO
　　　　EH4273　　X/AMS　　KL　Y
　　　　EH909　　　MAD　　　IB　Y
　　　　EH884　　　FRA　　　LH　Y
　　　　EH3324　　ADD　　　ET　F
　　　　EH1130　　JRO　　　TG　Y

从 PAT 中查得：

JRO→MAD，Y　EH　RT　NUC2137.00，RULE：Y046；MPM EH 5442KM。
JRO→FRA，Y　EH　RT　NUC2172.00，RULE：Y046。
ADD→FRA，Y　EH　RT　NUC1897.00，RULE：Y046。
ADD→FRA，F　EH　RT　NUC2721.00，RULE：Y046。

始发国货币 USD 为 N1，要求保留 2 位小数；ROE1.000000。
计算运价并填写表达式。

方法 1：标准等级差额法

(1) 计算低等级运价

FCP　　　　　　　　　　　EMS
NUC　　　　　　　　　　　HIP
RULE　　　　　　　　　　RULE
MPM　　　　　　　　　　　AF

TPM
EMA
（2）计算运价差额
FCP
NUC
RULE
MPM
TPM
（3）低等级运价与运价差额相加
TOTAL
ROE
LCF
方法2：全程较高等级运价法
FCP
NUC
RULE
MPM
TPM
EMA
EMS

CHECK
EMA
EMS
HIP
RULE
AF

HIP
RULE
AF
CHECK
TOTAL
ROE
LCF

填写表达式：

FROM/TO		
	CARR	FARE CALC
TOTAL FARE		
FARE		

21．计算下列航程的运价。
Sold in：JRO　　　Ticketed in：JRO

ISI:_____   Fare Type:Mixed
Journey:TPMS   JRO
　　　EH4273   X/AMS   KL   Y
　　　EH909   MAD   IB   Y
　　　EH884   FRA   LH   F
　　　EH3324   ADD   ET   F
　　　EH1130   JRO   TG   F

从 PAT 中查得：

JRO→MAD,Y   EH   RT   NUC2137,RULE:Y046;MPM EH 5442KM。

JRO→MAD,F   EH   RT   NUC3621.00,RULE:Y046。

JRO→FRA,Y   EH   RT   NUC2172,RULE:Y046。

JRO→FRA,F   EH   RT   NUC3760,RULE:Y046。

始发国货币 USD 为 N1,要求保留 2 位小数;ROE1.000000。

计算运价并填写表达式。

方法 1：标准等级差额法

（1）计算低等级运价

FCP	EMS
NUC	HIP
RULE	RULE
MPM	AF
TPM	CHECK
EMA	

（2）计算运价差额

FCP	EMA
NUC	EMS
RULE	HIP
MPM	RULE
TPM	AF

（3）低等级运价与运价差额相加

TOTAL

ROE

LCF

方法 2：全程较高等级运价法

FCP	HIP
NUC	RULE
RULE	AF
MPM	CHECK
TPM	TOTAL

EMA   ROE
EMS   LCF

填写表达式：

FROM/TO		
	CARR	FARE CALC
TOTAL FARE		
FARE		

附录 部分城市/机场三字代码表

部分城市/机场三字代码表 附表1

三字代码	英文全称	中文译名	所在国家
ABZ	Aberdeen	阿伯丁	英国
ACC	Accra	阿克拉	加纳
ADD	Addis Ababa	亚的斯亚贝巴	埃塞俄比亚
AKL	Auckland	奥克兰	新西兰
AMD	Ahmedabad	艾哈迈达巴德	印度
AMS	Amsterdam	阿姆斯特丹	荷兰
ANC	Anchorage	安克雷奇	美国
ASU	Asuncion	亚松森	巴拉圭
ASW	Aswan	阿斯旺	埃及
ATH	Athens	雅典	希腊
ATL	Atlanta	亚特兰大	美国
AUH	Abu Dhabi	阿布扎比	阿联酋
AYQ	Ayers Rock	艾尔斯山	澳大利亚
BAH	Bahrain	麦纳麦	巴林
BCN	Barcelona	巴塞罗那	西班牙
BEL	Belem	贝伦	巴西
BEG	Belgrade	贝尔格莱德	南斯拉夫
BEN	Benghazi	班加西	利比亚
BER	Berlin	柏林	德国
BEY	Beirut	贝鲁特	黎巴嫩
BFS	Belfast	贝尔法斯特	英国
BGI	Barbados	巴巴多斯	巴巴多斯
BGO	Bergen	卑尔根	挪威
BGW	Baghdad	巴格达	伊拉克
BIO	Bilbao	毕尔巴鄂	西班牙
BJS	Beijing	北京	中国
BKI	Kota Kinabalu	哥打基纳巴卢	马来西亚
BKK	Bangkok	曼谷	泰国
BKO	Bamako	巴马科	马里

续上表

三字代码	英文全称	中文译名	所在国家
BNE	Brisbane	布鲁斯班	澳大利亚
BOB	Bora Bora	波拉波拉岛	社会群岛
BOD	Bordeaux	波尔多	法国
BOG	Bogota	波哥大	哥伦比亚
BOM	Bombay(Mumbai)	孟买	印度
BOS	Boston	波士顿	美国
BRS	Bristol	布里斯托尔	英国
BRU	Brussels	布鲁塞尔	比利时
BSL	Basle	巴塞尔	瑞士
BUD	Budapest	布达佩斯	匈牙利
BUH	Bucharest	布加勒斯特	罗马尼亚
BUE	Buenos Aires	布宜诺斯艾利斯	阿根廷
BWN	Bandar Seri Begawan	斯里巴加湾市	文莱
BZV	Brazzaville	布拉柴维尔	刚果
CAI	Cairo	开罗	埃及
CAN	Guangzhou	广州	中国
CAS	Casablanca	卡萨布兰卡	摩洛哥
CCS	Caracas	加拉加斯	委内瑞拉
CCU	Calcutta	加尔各答	印度
CGN	Cologne	科隆	德国
CMB	Colombo	科伦坡	斯里兰卡
CMP	Santana Do Araguaia	上巴纳伊巴	巴西
CPH	Copenhagen	哥本哈根	丹麦
CPT	Capetown	开普敦	南非
CUN	Cancun	坎昆	墨西哥
CUR	Curacao	库拉索岛	荷属安第列斯
CUZ	Cuzco	库斯科	秘鲁
DAC	Dhaka	达卡	孟加拉国
DAM	Damascus	大马士革	叙利亚
DAR	Dar es Salaam	达累斯萨拉姆	坦桑尼亚
DEL	Delhi	德里	印度
DHA	Dhahran	宰赫兰	沙特阿拉伯
DKR	Dakar	达喀尔	塞内加尔
DLC	Dalian	大连	中国
DPS	Denpasar Bali	登巴萨(巴厘岛)	印度尼西亚

续上表

三字代码	英文全称	中文译名	所在国家
DTT	Detroit	底特律	美国
DUB	Dublin	都柏林	爱尔兰
DUS	Dusseldorf	杜塞尔多夫	德国
DXB	Dubai	迪拜	阿联酋
ENY	Yan An	延安	中国
FAO	Faro	法鲁	葡萄牙
FCO	Rome	罗马(机场)	意大利
FDF	Fort de France	法兰西堡	马提尼克
FIH	Kinshasa	金沙萨	刚果(金)
FKI	Kisangani	基桑加尼	刚果(金)
FNJ	Pyongyang	平壤	朝鲜
FRA	Frankfurt	法兰克福	德国
FUK	Fukuoka	福冈	日本
GBE	Gaborone	哈博罗内	博茨瓦纳
GCI	Guernsey	根西岛	英国
GIG	Rio de Janeiro	里约热内卢	巴西
GLA	Glasgow	格拉斯哥	英国
GOT	Gothenburg	哥德堡	瑞典
GRZ	Graz	格拉茨	奥地利
GUA	Guatemala City	危地马拉城	危地马拉
GUM	Guam	关岛	美属
GVA	Geneva	日内瓦	瑞士
HAM	Hamburg	汉堡	德国
HAN	Hanoi	河内	越南
HAV	Havana	哈瓦那	古巴
HEL	Helsinki	赫尔辛基	芬兰
HKD	Hakodate	函馆	日本
HKG	Hongkong	香港	中国
HOU	Houston	休斯顿	美国
HNL	Honolulu	火奴鲁鲁	美国
HRE	Harare	哈拉雷	津巴布韦
IEV	Kiev	基辅	乌克兰
IKT	Irkutsk	伊尔库茨克	俄罗斯
ISB	Islamabad	伊斯兰堡	巴基斯坦
IST	Istanbul	伊斯坦布尔	土耳其

续上表

三字代码	英文全称	中文译名	所在国家
ITM	Osaka Itami APT	大阪伊丹机场	日本
JED	Jeddah	吉达	沙特阿拉伯
JER	Jersey	泽西	英国
JIB	Djibouti	吉布提	吉布提
JKT	Jakarta	雅加达	印度尼西亚
JNB	Johannesburg	约翰内斯堡	南非
KAN	Kano	卡诺	尼日利亚
KBL	Kabul	喀布尔	阿富汗
KHI	Karachi	卡拉奇	巴基斯坦
KIN	Kingston	金斯顿	牙买加
KLU	Klagenfurt	克拉根福	奥地利
KTM	Kathmandu	加德满都	尼泊尔
KUL	Kuala Lumpur	吉隆坡	马来西亚
KWI	Kuwait	科威特	科威特
LAD	Luanda	罗安达	安哥拉
LAQ	Baida	拜达	利比亚
LAX	Los Angeles	洛杉矶	美国
LCA	Larnaca	拉纳卡	塞浦路斯
LED	St Petersburg	圣彼得堡	俄罗斯
LFW	Lome	洛美	多哥
LHE	Lahore	拉合尔	巴基斯坦
LHR	London Heathrow	伦敦希斯罗机场	英国
LIM	Lima	利马	秘鲁
LIS	Lisbon	里斯本	葡萄牙
LNZ	Linz	林茨	奥地利
LON	London	伦敦	英国
LOS	Lagos	拉各斯	尼日利亚
LPB	La Paz	拉巴斯	萨尔瓦多
LUN	Lusaka	卢萨卡	赞比亚
LYP	Faisalabad	费萨拉巴德	巴基斯坦
LYS	Lyon	里昂	法国
MAD	Madrid	马德里	西班牙
MAN	Manchester	曼彻斯特	英国
MBA	Mombasa	蒙巴萨	肯尼亚
MCT	Muscat	马斯科特	阿曼

续上表

三字代码	英文全称	中文译名	所在国家
MDK	Mbandaka	姆班达卡	刚果(金)
MEL	Melbourne	墨尔本	澳大利亚
MEX	Mexico City	墨西哥城	墨西哥
MIA	Miami	迈阿密	美国
MIL	Milan	米兰	意大利
MNL	Manila	马尼拉	菲律宾
MOW	Moscow	莫斯科	俄罗斯
MPM	Maputo	马普托	莫桑比克
MRS	Marseille	马赛	法国
MRU	Mauritius	毛里求斯	毛里求斯
MSQ	Minsk	明斯克	白俄罗斯
MUC	Munich	慕尼黑	德国
MUB	Maun	马翁	博茨瓦纳
MUX	Multan	木尔坦	巴基斯坦
MVD	Montevideo	蒙得维的亚	乌拉圭
NAN	Nadi	楠迪	斐济
NBO	Nairobi	内罗毕	肯尼亚
NCE	Nice	尼斯	法国
NGO	Nagoya	名古屋	日本
NGS	Nagasaki	长崎	日本
NIM	Niamey	尼亚美	尼日尔
NUE	Nuremberg	纽伦堡	德国
NYC	New York	纽约	美国
ODE	Odense	欧登塞	丹麦
OPO	Porto	波尔图	葡萄牙
ORK	Cork	科克	爱尔兰
OSA	Osaka	大阪	日本
OSL	Oslo	奥斯陆	挪威
PAP	Port au Prince	太子港	海地
PAR	Paris	巴黎	法国
PBM	Paramaribo	帕拉马里博	苏里南
PEK	Beijing Capital APT	北京首都机场	中国
PEN	Penang	槟榔屿	马来西亚
PEW	Peshawar	白沙瓦	巴基斯坦
PHC	Port Harcourt	哈科特港	尼日利亚

续上表

三字代码	英文全称	中文译名	所在国家
PIT	Pittsburgh	匹兹堡	美国
POM	Port Moresby	莫尔兹比港	巴布亚新几内亚
POS	Port of Spain	西班牙港	特立尼达和多巴哥
PPT	Papeete	帕皮提	法属波利尼西亚
PTY	Panama City	巴拿马城	巴拿马
PUS	Pusan	釜山	韩国
QKL	Cologne Main Station	科隆主火车站	德国
REK	Reykjavik	雷克雅未克	冰岛
NYT	naypyidaw	内比都	缅甸
RIO	Rio de Janeiro	里约热内卢	巴西
ROM	Rome	罗马	意大利
RUH	Riyadh	利雅得	沙特阿拉伯
SAH	Sanaa	萨那	阿拉伯也门
SAL	San Salvador	圣萨尔瓦多	萨尔瓦多
SAN	San Diego	圣迭戈	美国
SAO	Sao Paulo	圣保罗	巴西
SCL	Santiago	圣地亚哥	智利
SCQ	Santiago de	圣地亚哥-德	西班牙
SEA	Seattle	西雅图	美国
SEL	Seoul	首尔	韩国
SEZ	Mahe Island	马埃岛	塞舌尔
SFO	San Francisco	旧金山	美国
SGN	Ho Chi Minh City	胡志明市	越南
SHA	Shanghai	上海	中国
SHE	Shenyang	沈阳	中国
SHJ	Sharjah	沙迦	阿联酋
SIA	Xi'an	西安	中国
SIN	Singapore	新加坡	新加坡
SJU	San Juan	圣胡安	波多黎各
SLU	St Lucia	圣卢西亚	圣卢西亚
SOF	Sofia	索非亚	保加利亚
SPK	Sapporo	札幌	日本
SPN	Saipan	塞班	马里亚纳
STO	Stockholm	斯德哥尔摩	瑞典
STR	Stuttgart	斯图加特	德国

续上表

三字代码	英文全称	中文译名	所在国家
SVG	Stavanger	斯塔万格	挪威
SYD	Sydney	悉尼	澳大利亚
TBU	Tongatapu	汤加塔布群岛	汤加
THR	Tehran	德黑兰	伊朗
TIJ	Tijuana	蒂华纳	墨西哥
TIP	Tripoli	的黎波里	利比亚
TLV	Tel Aviv	特拉维夫	以色列
TPE	Taipei	台北	中国
TYO	Tokyo	东京	日本
UIO	Quito	基多	厄瓜多尔
ULN	Ulaanbaatar	乌兰巴托	蒙古国
UUS	Yuzhno Sakhalinsk	南萨哈林斯克	俄罗斯
VIE	Vienna	维也纳	奥地利
VTE	Vientiane	万象	老挝
VNO	Vilnius	维尔纽斯	立陶宛
WAS	Washington	华盛顿	美国
WAW	Warsaw	华沙	波兰
WDH	Windhoek	温德和克	纳米比亚
WEF	Weifang	潍坊	中国
WLG	Wellington	惠灵顿	新西兰
XMN	Xiamen	厦门	中国
YMQ	Montreal	蒙特利尔	加拿大
YNT	Yantai	烟台	中国
YOW	Ottawa	渥太华	加拿大
YTO	Toronto	多伦多	加拿大
YVR	Vancouver	温哥华	加拿大
YYC	Calgary	卡尔加里	加拿大
ZRH	Zurich	苏黎世	瑞士

参考文献

[1] 赵影,钟小东.民航客货运输实务[M].北京:中国民航出版社,2007.
[2] 竺志奇.民航国内客运销售实务[M].北京:中国民航出版社,2009.
[3] 程小康.民航国内旅客运输[M].成都:西南交通大学出版社,2008.
[4] 王娟娟.民航国内客票销售[M].北京:中国民航出版社,2006.
[5] 李晓津,孔令宇,张晓全.民航旅客运输学[M].北京:兵器工业出版社,2007.
[6] 石丽娜,周慧艳,景崇毅.民航客运实用教程[M].北京:国防工业出版社,2008.
[7] 康自平,杜伟.民航客运价格规制改革研究[M].北京:科学出版社,2007.
[8] 唐忍雪,胡涛.民航国内客票销售[M].北京:科学出版社,2012.
[9] 黄建伟,林彦.民航客运销售[M].北京:国防工业出版社,2013.
[10] 田静,竺志奇.机场服务概论[M].北京:中国民航出版社,2007.
[11] 田静,游婷婷.机场旅客服务[M].北京:中国民航出版社,2015.
[12] 马广岭,王春.民航旅客运输[M].北京:国防工业出版社,2011.
[13] 赵晓硕.民航运输生产组织[M].北京:科学出版社,2016.
[14] 郭沙,汤黎.民航旅客运输[M].重庆:重庆大学出版社,2017.
[15] 中国民用航空局职业技能鉴定指导中心.民航客运员:技能篇(技师·高级技师)[M].北京:中国民航出版社,2015.